Karl R. Popper
Auf der Suche nach einer
besseren Welt

Serie Piper
Band 699

Zu diesem Buch

Karl Raimund Popper zählt zu den bedeutendsten Philosophen dieses Jahrhunderts. Sein »kritischer Rationalismus« und seine Konzeption der »offenen Gesellschaft« haben nachhaltigen Einfluß auf die Philosophie, die Wirtschafts- und Sozialwissenschaften und auf die Politik der westlichen Welt ausgeübt – sie tun dies bis heute. Seine Theorie von den »Drei Welten« hat der Diskussion um das »Leib-Seele-Problem« – vor allem um die Wechselwirkung zwischen physischen Vorgängen und psychischen Prozessen – neue entscheidende Impulse gegeben.

Der vorliegende Band – vom Autor selbst gestaltet – versammelt zentrale Vorträge und Aufsätze Poppers aus dreißig Jahren. Die Texte faszinieren durch ihre lebendige und klare Sprache. Sie konfrontieren den Leser mit Poppers großen Themen und mit der Vielfalt seines Denkens.

Sir Karl Raimund Popper, geboren 1902 in Wien, Professor (emeritus) an der Universität London, Mitglied der Royal Society, des Institut de France, der Accademia Nazionale dei Lincei und zahlreicher wissenschaftlicher Akademien.

Bücher in deutscher Sprache: Logik der Forschung; Die offene Gesellschaft und ihre Feinde; Das Elend des Historizismus; Objektive Erkenntnis; Die beiden Grundprobleme der Erkenntnistheorie; Das Ich und sein Gehirn (mit John C. Eccles); Ausgangspunkte.

Karl R. Popper

Auf der Suche nach einer besseren Welt

Vorträge und Aufsätze aus dreißig Jahren

Piper
München Zürich

Von Karl R. Popper liegen in der Serie Piper außerdem vor:
Die Zukunft ist offen (mit Konrad Lorenz) (340)
Offene Gesellschaft – Offenes Universum (mit Franz Kreuzer) (476)
Das Ich und sein Gehirn (mit John C. Eccles) (1096)

ISBN 3-492-10699-4
Neuausgabe Dezember 1987
6. Auflage, 40.–47. Tausend August 1991
(5. Auflage, 27.–34. Tausend dieser Ausgabe)

Umschlag: Federico Luci
Umschlagfoto: ORF, Wien
Gesamtherstellung: Clausen & Bosse, Leck
Printed in Germany

Inhalt

Eine Zusammenfassung als Vorwort

Alles Lebendige sucht nach einer besseren Welt.

Menschen, Tiere, Pflanzen, auch Einzeller, sind immer aktiv. Sie versuchen, ihre Lage zu verbessern oder zumindest eine Verschlechterung zu vermeiden. Sogar im Schlaf erhält der Organismus den Schlafzustand aktiv aufrecht: Die Tiefe (oder die Seichte) des Schlafes ist ein vom Organismus aktiv herbeigeführter Zustand, der den Schlaf verteidigt (oder den Organismus alarmbereit hält). Jeder Organismus ist dauernd damit beschäftigt, Probleme zu lösen. Und die Probleme entstehen aus Bewertungen seines Zustandes und seiner Umwelt, die er zu verbessern sucht.

Der Lösungsversuch stellt sich oft als irrig heraus, er führt zu einer Verschlechterung. Dann folgen weitere Lösungsversuche, weitere Probierbewegungen.

So kommt mit dem Leben – schon mit dem der Einzeller – etwas völlig Neues in die Welt, etwas, das es vorher nicht gab: Probleme und aktive Lösungsversuche; Bewertungen, Werte; Versuch und Irrtum.

Vermutlich unter dem Einfluß von Darwins natürlicher Auslese entwickeln sich vor allem die aktivsten Problemlöser, die Sucher und die Finder, die Entdecker neuer Welten und neuer Lebensformen.

Jeder Organismus arbeitet auch daran, seine inneren Lebensbedingungen und seine Individualität aufrechtzuerhalten – eine Aktivität, die die Biologen »Homöostase« nennen. Aber auch das ist innere Unruhe, innere Aktivität: Tätigkeit, die die innere Unruhe in Schranken zu halten versucht, Rückkoppelung, Irrtumskorrektur. Die Homöostase muß unvollkommen sein. Sie muß sich selbst beschränken. Wäre sie vollkommen, so wäre das der Tod des Organismus oder zumindest die zeitweilige Aufhebung aller Lebensfunktionen. Die Aktivität, die Unruhe, die Suche ist wesentlich für das

Leben, für die ewige Unruhe, die ewige Unvollkommenheit; das ewige Suchen, Hoffen, Werten, Finden, Entdecken, Verbessern, Lernen und Schaffen von Werten; aber auch für das ewige Irren, das Schaffen von Unwerten.

Der Darwinismus lehrt, daß die Organismen durch die natürliche Auslese an die Umwelt angepaßt und dadurch umgestaltet werden. Und er sagt, daß sie dabei passiv sind. Aber es erscheint mir weit wichtiger, daß die Organismen, in ihrer Suche nach einer besseren Welt, neue Umwelten finden, erfinden und umgestalten. Sie bauen Nester, Dämme, Gebirge. Aber ihre folgenreichste Schöpfung ist wohl die Umschaffung der Lufthülle der Erde durch Anreicherung mit Sauerstoff; ihrerseits eine Folge der Entdeckung, daß das Sonnenlicht als Nahrung dienen kann. Die Entdeckung dieser unerschöpflichen Nahrungsquelle und der zahllosen Methoden, das Licht aufzufangen, erschuf das Pflanzenreich. Und die Bevorzugung der Pflanzen als Nahrungsquelle erschuf das Tierreich.

Wir selbst haben uns durch die Erfindung der spezifisch menschlichen Sprache erschaffen. Wie Darwin sagt (*Die Abstammung des Menschen*, 1. Teil, Kapitel III), der Gebrauch und die Entwicklung der menschlichen Sprache »wirkte auf den Geist zurück« (»reacted on the mind itself«). Ihre Sätze können einen Sachverhalt darstellen, sie können objektiv wahr oder falsch sein. So kommt es zur Suche nach der objektiven Wahrheit, zur menschlichen Erkenntnis. Die Wahrheitssuche, vor allem die der Naturwissenschaften, gehört wohl zum Besten und zum Größten, das das Leben in seiner Suche nach einer besseren Welt geschaffen hat.

Aber haben wir nicht mit unserer Naturwissenschaft die Umwelt zerstört? Nein! Wir haben große Fehler gemacht – alles Lebendige macht Fehler. Es ist ja unmöglich, alle die ungewollten Folgen unserer Handlungen vorauszusehen. Die Naturwissenschaft ist hier unsere größte Hoffnung: Ihre Methode ist die Fehlerkorrektur.

Ich will hier nicht enden, ohne etwas zu sagen über den Erfolg der Suche nach einer besseren Welt während der 87 Jahre meines Lebens, in einer Zeit von zwei unsinnigen Weltkriegen und von verbrecherischen Diktaturen. Trotz allem, und obwohl uns so viel mißlungen ist, leben wir, die Bürger der westlichen Demokratien, in einer Gesellschaftsordnung, die gerechter ist und besser (weil reformfreudiger) als irgendeine andere, von der wir geschichtlich Kenntnis haben. Weitere Verbesserungen sind von größter Dringlichkeit. (Aber Verbesserungen, die die Macht des Staates vergrößern, bringen leider oft das Umgekehrte von dem hervor, das wir suchen.)

Zwei Dinge, die wir verbessert haben, möchte ich kurz erwähnen.

Das allerwichtigste ist, daß das furchbare Massenelend, das es noch in meiner Kindheit und Jugend gab, bei uns verschwunden ist. (Leider nicht in Kalkutta.) Manche Leute entgegnen, daß es bei uns Menschen gibt, die zu reich sind. Aber was kümmert uns das, wenn genug da ist – auch der gute Wille – um gegen Armut und andere vermeidbare Leiden zu kämpfen?

Das zweite ist unsere Reform des Strafrechts. Zunächst hofften wir wohl, daß die Milderung der Strafen zu einer Milderung der Verbrechen führen werde. Als die Dinge aber nicht so kamen, haben wir dennoch die Wahl getroffen, daß wir selbst, auch in unserem Zusammenleben mit anderen, lieber leiden wollen – unter Verbrechen, unter Korruption, Mord, Spionage, Terrorismus – als den sehr fraglichen Versuch zu machen, diese Dinge durch Gewalt auszurotten und dabei Gefahr zu laufen, auch Unschuldige zu Opfern zu machen. (Leider ist es schwierig, das ganz zu vermeiden.)

Kritiker werfen unserer Gesellschaft vor, daß sie korrupt ist, obwohl sie zugeben, daß die Korruption manchmal bestraft wird (Watergate). Vielleicht sehen sie nicht, was die Alternative ist. Wir ziehen eine Ordnung vor, die auch üblen Verbrechern vollen Rechtsschutz gewährt, so daß sie im Zweifelsfalle nicht bestraft werden. Und wir ziehen diese Ordnung insbesondere einer anderen Ordnung vor, in der auch Nichtverbrecher keinen Rechtsschutz finden und auch dann bestraft werden, wenn ihre Unschuld nicht bestritten wird (Sacharow).

Vielleicht haben wir aber mit dieser Entscheidung auch noch andere Werte gewählt. Vielleicht haben wir, ganz unbewußt, die wunderbare Einsicht von Sokrates angewandt: »Es ist besser, Unrecht zu erleiden, als Unrecht zu tun.«

Kenley, im Frühjahr 1989 K. R. P.

I.
Über Erkenntnis

1. Erkenntnis und Gestaltung der Wirklichkeit: Die Suche nach einer besseren Welt

Die erste Hälfte des Titels meines Vortrags wurde nicht von mir gewählt, sondern von den Organisatoren des Alpbacher Forums. Ihr Titel war: Erkenntnis und Gestaltung der Wirklichkeit.

Mein Vortrag besteht aus drei Teilen: *Erkenntnis; Wirklichkeit;* und *Gestaltung der Wirklichkeit* durch Erkenntnis. Der zweite Teil, über die Wirklichkeit, ist bei weitem der längste, denn er enthält schon viel, das den dritten Teil vorbereitet.

1. Erkenntnis

Zunächst über Erkenntnis. Wir leben in einer Zeit, in der wieder einmal der Irrationalismus Mode geworden ist. Ich will daher mit dem Bekenntnis beginnen, daß ich die *naturwissenschaftliche Erkenntnis* für die beste und wichtigste Erkenntnis halte, die wir haben – wenn auch bei weitem nicht für die einzige. Die Hauptpunkte der naturwissenschaftlichen Erkenntnis sind die folgenden:

1. Sie geht von Problemen aus, und zwar sowohl von praktischen als auch von theoretischen Problemen.

Ein Beispiel eines großen praktischen Problems ist der Kampf der

---

Ein Vortrag gehalten in Alpbach, August 1982. Der zweite Titel – »Die Suche nach einer besseren Welt« – wurde von mir hinzugefügt.

Ich danke Ingeborg und Gerd Fleischmann für ihre unschätzbare und aufopfernde Mitarbeit und Ursula Weichart für ihre ausgezeichnete Hilfe mit der oft verbesserten Niederschrift.

Medizin gegen vermeidbares Leiden. Dieser Kampf hat bereits zu großen Erfolgen geführt, und die Bevölkerungsexplosion ist eine der ungewollten Folgen. Das bedeutet, daß ein anderes altes Problem eine neue Dringlichkeit bekommen hat: das Problem der Geburtenkontrolle. Es ist eine der wichtigsten Aufgaben der medizinischen Wissenschaft, eine wirklich befriedigende Lösung dieses Problems zu finden.

In ähnlicher Weise führen unsere größten Erfolge zu neuen Problemen.

Ein Beispiel eines großen theoretischen Problems in der Kosmologie ist die weitere Überprüfung der Gravitationstheorie und die weitere Erforschung der einheitlichen Feldtheorien. Ein ganz großes Problem, das sowohl theoretisch wie auch praktisch wichtig ist, ist die weitere Erforschung der Immunität. Allgemein gesprochen ist ein theoretisches Problem die Aufgabe, einen schwer erklärbaren Naturvorgang verständlich zu erklären und die erklärende Theorie durch Voraussagen zu überprüfen.

2. Erkenntnis ist Wahrheitssuche – die Suche nach objektiv wahren, erklärenden Theorien.

3. Sie ist nicht die Suche nach Gewißheit. Irren ist menschlich: Alle menschliche Erkenntnis ist fehlbar und daher ungewiß. Daraus folgt, daß wir Wahrheit und Gewißheit scharf unterscheiden müssen. Daß Irren menschlich ist, das bedeutet, daß wir immer wieder gegen den Irrtum kämpfen müssen, aber auch bei größter Sorgfalt nie ganz sicher sein können, daß wir nicht doch einen Fehler gemacht haben.

Ein Fehler, den wir machen – ein Irrtum – besteht in der Wissenschaft im wesentlichen darin, daß wir eine Theorie für wahr halten, die nicht wahr ist. (Viel seltener besteht er darin, daß wir eine Theorie für falsch halten, obwohl sie wahr ist.) Den Fehler, den Irrtum bekämpfen heißt also, nach objektiver Wahrheit suchen und alles zu tun, um Unwahrheiten zu entdecken und auszuschließen. Das ist die Aufgabe der wissenschaftlichen Tätigkeit. Man kann also sagen: Unser Ziel als Wissenschaftler ist die objektive Wahrheit; mehr Wahrheit, interessantere Wahrheit, besser verständliche Wahrheit. Gewißheit kann unser Ziel vernünftigerweise nicht sein. Wenn wir einsehen, daß die menschliche Erkenntnis fehlbar ist, dann sehen wir auch ein, daß wir *nie ganz sicher* sein können, ob wir nicht einen Fehler gemacht haben. Man könnte das auch so formulieren:

Es gibt ungewisse Wahrheiten – sogar wahre Sätze, die wir für falsch halten – aber keine ungewissen Gewißheiten.

Da wir nie ganz sicher wissen können, so steht es eben nicht dafür, nach Gewißheit zu suchen; aber es steht sehr dafür, nach Wahrheit zu suchen; und das tun wir hauptsächlich dadurch, daß wir nach Fehlern suchen, um sie zu korrigieren.

Die wissenschaftliche Erkenntnis, das wissenschaftliche Wissen ist also immer hypothetisch: Es ist *Vermutungswissen*. Und die Methode der wissenschaftlichen Erkenntnis ist die *kritische Methode*: die Methode der Fehlersuche und der Fehlerelimination im Dienste der Wahrheitssuche, im Dienste der Wahrheit.

Selbstverständlich wird mir jemand »die alte und berühmte Frage«, wie sie Kant nennt, stellen: »Was ist Wahrheit?« Kant weigert sich in seinem Hauptwerk (884 Seiten), auf diese Frage mehr zu antworten, als daß Wahrheit »die Übereinstimmung der Erkenntnis mit ihrem Gegenstande« ist (*Kritik der reinen Vernunft*, 2. Aufl., S. 82, 83). Ich würde ganz ähnlich sagen: *Eine Theorie oder ein Satz ist wahr, wenn der von der Theorie beschriebene Sachverhalt mit der Wirklichkeit übereinstimmt.* Und ich möchte dazu noch drei Bemerkungen hinzufügen:

1. Jede unzweideutig formulierte Aussage ist entweder wahr oder falsch; und wenn sie falsch ist, dann ist ihre Negation wahr.

2. Es gibt also ebenso viel wahre wie falsche Aussagen.

3. Jede solche unzweideutige Aussage (auch wenn wir nicht mit Sicherheit wissen, ob sie wahr ist) ist entweder wahr, oder ihre Negation ist wahr. Auch daraus folgt, daß es verkehrt ist, die Wahrheit mit der sicheren oder gewissen Wahrheit gleichzusetzen. Wahrheit und Gewißheit müssen scharf unterschieden werden.

Wenn Sie als Zeuge vor Gericht gerufen werden, so werden Sie aufgefordert, die Wahrheit zu sagen. Und es wird, mit Recht, angenommen, daß Sie diese Aufforderung verstehen: Ihre Aussage soll mit den Tatsachen übereinstimmen; *nicht* von Ihren subjektiven Überzeugungen beeinflußt (oder von denen anderer Menschen). Wenn Ihre Aussage nicht mit den Tatsachen übereinstimmt, dann haben Sie entweder gelogen oder einen Fehler gemacht. Aber nur ein Philosoph – ein sogenannter Relativist – wird Ihnen zustimmen, wenn Sie sagen: »Nein; meine Aussage ist wahr, denn ich meine eben mit Wahrheit etwas anderes als Übereinstimmung mit den Tatsachen. Ich meine, nach dem Vorschlag des großen amerikanischen Philosophen William James, Nützlichkeit; oder ich sage, nach dem Vorschlag vieler deutscher und amerikanischer Sozialphilosophen: Wahrheit ist, was die Gesellschaft, oder die Majorität, oder meine Interessensgruppe, oder vielleicht das Fernsehen akzeptiert oder propagiert.«

Der philosophische Relativismus, der sich hinter der »alten und berühmten Frage ›Was ist Wahrheit?‹« verbirgt, öffnet der lügnerischen Verhetzung der Menschen Tür und Tor. Das haben wohl die meisten derer, die den Relativismus vertreten, nicht gesehen. Aber sie hätten es sehen sollen und können. Bertrand Russell hat es gesehen, und ebenso Julien Benda, der Autor des Werkes *»Der Verrat der Intellektuellen«* (*La trahison des clerks*).

Der Relativismus ist eines der vielen Verbrechen der Intellektuellen. Er ist ein Verrat an der Vernunft, und an der Menschheit. Ich vermute, daß der Wahrheitsrelativismus gewisser Philosophen eine Folge der Vermengung der Ideen der Wahrheit und der Gewißheit ist; denn mit der Gewißheit steht es in der Tat so, daß man sagen kann, daß es Grade von Gewißheit gibt; also mehr oder weniger Sicherheit. Die Gewißheit ist auch in dem Sinn relativ, daß es bei der Gewißheit immer darauf ankommt, was auf dem Spiel steht. Ich vermute also, daß hier eine Verwechslung zwischen Wahrheit und Gewißheit stattfindet; und in manchen Fällen läßt sich das auch nachweisen.

Das ist alles von großer Bedeutung für die Rechtslehre und die Rechtspraxis. Die Formel »im Zweifelsfall für den Angeklagten« und die Idee des Geschworenengerichts zeigte das. Was die Geschworenen zu tun haben, das ist, zu beurteilen, ob der Fall, dem sie gegenüberstehen, noch ein Zweifelsfall ist oder nicht. Wer je ein Geschworener war, wird verstehen, daß die Wahrheit etwas Objektives ist, die Gewißheit etwas Subjektives. Das kommt in der Situation des Geschworenengerichts am allerdeutlichsten zum Ausdruck.

Wenn die Geschworenen zu einer Übereinstimmung kommen – zu einer »Konvention« – so nennt man das den »Wahrspruch«. Die Konvention ist weit entfernt davon, willkürlich zu sein. Es ist die Pflicht jedes Geschworenen, zu versuchen, die objektive Wahrheit zu finden, nach bestem Wissen und Gewissen. Aber gleichzeitig soll er sich seiner Fehlbarkeit bewußt sein, seiner Ungewißheit. Und im Falle eines vernünftigen Zweifels an der Wahrheitsfindung soll er für den Angeklagten stimmen.

Die Aufgabe ist schwierig und verantwortungsvoll; und man sieht hier deutlich, daß der Übergang von der Wahrheitssuche zum sprachlich formulierten Wahrspruch Sache eines *Beschlusses* ist, einer *Entscheidung*. Und so ist es auch in der Wissenschaft.

Alles das, was ich bisher gesagt habe, wird mir zweifellos wieder einmal die Bezeichnung »Positivist« und »Szientist« einbringen. Es macht mir nichts, auch dann nicht, wenn diese Ausdrücke als Schimpfwörter verwendet werden. Aber es macht mir schon etwas, daß die, die sie verwenden, entweder nicht wissen, wovon sie reden, oder die Tatsachen verdrehen.

Trotz meiner Verehrung der Wissenschaft bin ich kein Szientist. Denn ein Szientist glaubt dogmatisch an die Autorität der Wissenschaft; während ich an keine Autorität glaube und den Dogmatismus immer bekämpft habe und noch überall bekämpfe, vor allem in der Wissenschaft. Ich bin gegen die These, daß der Wissenschaftler an seine Theorie glauben muß. Was mich betrifft, »I do not believe in belief« (Ich glaube nicht an den Glauben), wie E. M. Foster sagt; und insbesondere nicht in der Wissenschaft. Ich glaube höchstens an den Glauben in der Ethik, und auch hier nur in wenigen Fällen. Ich glaube zum Beispiel daran, daß die objektive Wahrheit ein Wert ist; also ein ethischer Wert, vielleicht sogar der größte Wert; und daran, daß die Grausamkeit der größte Unwert ist.

Und ich bin auch deshalb kein Positivist, weil ich es für moralisch falsch halte, nicht an die Wirklichkeit und an die unendliche Wichtigkeit des menschlichen und tierischen Leidens zu glauben und an die Wirklichkeit und Wichtigkeit der menschlichen Hoffnung und der menschlichen Güte.

Eine andere Anklage, die häufig gemacht wird, muß anders beantwortet werden. Es ist die Anklage, daß ich ein Skeptiker bin und mir daher selbst widerspreche oder Unsinn rede (gemäß Wittgensteins *Tractatus* 6.51).

Nun ist es richtig, daß ich insofern als Skeptiker (im klassischen Sinn) bezeichnet werden kann, als ich die Möglichkeit eines allgemeinen Kriteriums der (nicht logisch-tautologischen) Wahrheit leugne. Aber das tut jeder vernünftige Denker, zum Beispiel Kant oder Wittgenstein oder Tarski. Und wie diese akzeptiere ich die klassische Logik (die ich als Organon der Kritik interpretiere; also nicht als Organon des Beweises, sondern als Organon der Widerlegung, des Elenchos). Aber ich unterscheide mich grundlegend von dem, was man heutzutage gewöhnlich einen Skeptiker nennt. Als Philosoph bin ich an Zweifel und Unsicherheit nicht interessiert, und zwar deshalb, weil das subjektive Zustände sind und weil ich die Suche nach subjektiver Sicherheit längst als überflüssig aufgegeben habe. Was mich interessiert, sind *die objektiven kritischen Vernunftgründe,* die dafür sprechen, daß eine Theorie einer anderen *in der Suche nach der Wahrheit vorzuziehen* ist. Und etwas Ähnliches hat sicher vor mir noch kein moderner Skeptiker gesagt.

Damit schließe ich für den Augenblick meine Bemerkungen zum Thema »*Erkenntnis*«; und ich komme jetzt als nächstes zum Thema »*Wirklichkeit*«, um dann am Schluß über die »*Gestaltung der Wirklichkeit durch die Erkenntnis*« zu sprechen.

2. Wirklichkeit

I

Teile der Wirklichkeit, in der wir leben, sind eine materielle Wirklichkeit. Wir leben auf der Oberfläche der Erde, die die Menschen erst vor kurzem – während der achtzig Jahre meines Lebens – entdeckt haben. Über das Innere wissen wir ein wenig, mit Betonung auf »wenig«. Abgesehen von der Erde gibt es Sonne, Mond und Sterne. Sonne, Mond und Sterne sind materielle Körper. Die Erde, zusammen mit Sonne, Mond und Sternen, gibt uns die erste Idee eines Universums, eines Kosmos. Seine Erforschung ist die Aufgabe der Kosmologie. Alle Wissenschaft dient der Kosmologie

Auf Erden haben wir zwei Arten von Körpern gefunden: lebende und nicht-lebende. Beide gehören zur Körperwelt, zur Welt der materiellen Dinge. Diese Welt nenne ich »Welt 1«.

Das, was ich »Welt 2« nenne, ist die Welt unserer Erlebnisse, vor allem der Erlebnisse der Menschen. Schon die bloße Unterscheidung zwischen den Welten 1 und 2, also der Körperwelt und der Welt der Erlebnisse, hat viel Widerspruch erregt, aber ich will damit ja nur sagen, daß diese Welt 1 und diese Welt 2 wenigstens prima facie verschieden sind. Die Untersuchung ihrer Beziehungen, einschließlich ihrer möglichen Identität, ist eine der Aufgaben, die wir, natürlich mit Hypothesen, zu bewältigen suchen. Mit ihrer verbalen Unterscheidung wird nichts vorweggenommen. Diese Unterscheidung soll im wesentlichen nur ermöglichen, die Probleme klar zu formulieren.

Tiere haben vermutlich auch Erlebnisse. Das wird manchmal bezweifelt; aber ich habe nicht Zeit, solche Zweifel zu diskutieren. Es ist durchaus möglich, daß alle Lebewesen Erlebnisse haben, auch die Amöben. Denn wie wir von unseren Träumen wissen oder von Patienten in hohem Fieber und ähnlichen Zuständen, gibt es subjektive Erlebnisse von sehr verschiedenen Bewußtseinsgraden. In Zuständen von tiefer Bewußtlosigkeit oder auch von traumlosem Schlaf verschwindet das Bewußtsein, und mit ihm verschwinden unsere Erlebnisse. Aber wir können annehmen, daß es auch unbewußte Zustände gibt, die zur Welt 2 gerechnet werden können. Es kann vielleicht auch Übergänge geben zwischen Welt 2 und Welt 1: Wir sollten solche Möglichkeiten nicht dogmatisch ausschließen.

Wir haben also die Welt 1, die physische Welt, die wir in belebte und unbelebte Körper unterscheiden und die auch insbesondere Zustände und Vorgänge enthält, wie Spannungen, Bewegungen, Kräfte, Kraftfelder. Und wir haben die Welt 2, die Welt aller bewußten Erlebnisse und, vermutlich, auch von unbewußten Erlebnissen.

Was ich Welt 3 nenne, ist die Welt der objektiven Produkte des menschlichen Geistes; also die Welt der Produkte des menschlichen Teils von Welt 2. Die Welt 3, die Welt der Produkte des menschlichen Geistes, enthält solche Dinge wie Bücher, Symphonien, Werke der Bildhauerei, Schuhe, Flugzeuge, Computer; und auch unzweifelhaft materielle Dinge, die gleichzeitig zur Welt 1 gehören, wie zum Beispiel Kochtöpfe und Knüppel. Es ist zum Verständnis dieser Terminologie wichtig, daß alle geplanten oder gewollten *Produkte* der menschlichen Geistestätigkeit als Welt 3 klassifiziert werden.

Unsere Wirklichkeit besteht also dieser Terminologie nach aus drei untereinander verbundenen und irgendwie aufeinander einwirkenden Welten, die sich auch teilweise überschneiden. (Das Wort »Welt« bedeutet hier offenbar nicht Universum oder Kosmos, sondern Teilstücke daraus.) Diese drei Welten sind: die physische Welt 1 der Körper und der physischen Zustände, Vorgänge und Kräfte; die psychische Welt 2 der Erlebnisse und der unbewußten psychischen Vorgänge; und die Welt 3 der geistigen Produkte.

Es gab und es gibt Philosophen, die *nur* die Welt 1 für wirklich halten, die sogenannten Materialisten oder Physikalisten; und andere, die *nur* die Welt 2 für wirklich halten, die sogenannten Immaterialisten. Sogar Physiker gab und gibt es unter den Immaterialisten. Der berühmteste war Ernst Mach, der (ähnlich wie vor ihm schon Bischof Berkeley) nur unsere Sinnesempfindungen für wirklich hielt. Er war ein bedeutender Physiker, aber er löste die Schwierigkeiten der Theorie der Materie durch die Annahme, daß es keine Materie gibt, also insbesondere keine Atome und Moleküle.

Dann gab es sogenannte Dualisten, die annahmen, daß sowohl die physische Welt 1 als auch die psychische Welt 2 wirklich seien. Ich gehe noch weiter: Ich nehme nicht nur an, daß die physische Welt 1 und die psychische Welt 2 wirklich sind, und daher auch, selbstverständlich, die physischen Produkte des menschlichen Geistes, wie zum Beispiel Automobile oder Zahnbürsten und Statuen, sondern auch geistige Produkte, die weder zur Welt 1 noch zur Welt 2 gehören. Mit anderen Worten, ich nehme an, daß es einen immateriellen Teil der Welt 3 gibt, der wirklich ist und der sehr wichtig ist; zum Beispiel *Probleme*.

Die Reihenfolge der Welten 1, 2 und 3 entspricht ihrem Alter. Nach dem gegenwärtigen Stand unseres Vermutungswissens ist der unbelebte Teil der Welt 1 bei weitem der älteste; dann kommt der belebte Teil der Welt 1 und gleichzeitig oder etwas später die Welt 2, die Welt der Erlebnisse; und mit den Menschen kommt dann die Welt 3, die Welt der geistigen Produkte; also die Welt, die die Anthropologen »Kultur« nennen.

II

Ich will jetzt etwas näher auf jede dieser drei Welten eingehen; zuerst auf die physische Welt 1.

Da mein gegenwärtiges Thema *Wirklichkeit* ist, so möchte ich zunächst sagen, warum die physische Welt 1 Anspruch hat, als die wirklichste meiner drei Welten angesehen zu werden. Damit meine ich eigentlich nur, daß das Wort »Wirklichkeit« zuerst in Hinsicht auf die physische Welt seine Bedeutung erhält. Mehr meine ich damit nicht.

Als der Vorgänger von Mach, der anglikanische Bischof George Berkeley, die Wirklichkeit von materiellen Körpern leugnete, sagte

Samuel Johnson »Ich widerlege ihn so«, und stieß mit seinem Fuß mit aller Macht gegen einen Felsblock. Es ist der *Widerstand* des Felsblocks, der die Wirklichkeit der Materie zeigen sollte: Der Felsen stieß zurück! Damit meine ich, daß Johnson den Widerstand, die Wirklichkeit, als eine Rückwirkung, eine Art Rückstoß empfunden hat. Obwohl Johnson selbstverständlich auf diese Weise nichts beweisen oder widerlegen konnte, so konnte er doch zeigen, wie die Wirklichkeit von uns verstanden wird.

Ein Kind lernt, was wirklich ist, durch die Wirkung, durch den Widerstand. Die Wand, das Gitter, ist wirklich. Was man in die Hand oder in den Mund nehmen kann, ist wirklich. Wirklich sind vor allem feste Gegenstände, die uns entgegenstehen, entgegenwirken. Die materiellen Dinge: das ist der zentrale Grundbegriff der Wirklichkeit, und von diesem Zentrum aus erweitert sich der Begriff. Wirklich ist alles, was auf diese Gegenstände, die materiellen Dinge, *einwirken* kann. Damit wird das Wasser und die Luft wirklich; und auch die magnetische Anziehungskraft, die elektrische Anziehungskraft und die Schwerkraft; die Wärme und die Kälte; die Bewegung und die Ruhe.

Wirklich ist also alles, was uns oder andere Dinge, zum Beispiel Radarstrahlen, zurückstoßen oder was Widerstand leisten kann; und was auf uns oder auf andere wirkliche Dinge einwirken kann. Ich glaube, das ist klar genug, und es schließt die Erde ein, und Sonne, Mond und Sterne: Der Kosmos ist wirklich.

III

Ich bin kein Materialist, aber ich verehre die materialistischen Philosophen, insbesondere die großen Atomisten, Demokrit, Epikur und Lukrez. Sie waren die großen Aufklärer des Altertums, die Kämpfer gegen den Dämonenglauben, die Befreier der Menschheit. Aber der Materialismus hat sich selbst überwunden.

Wir Menschen sind vertraut mit *einer* Art der Wirkung: Wir greifen nach einem Ding, etwa einen Schalter, und drücken ihn. Oder wir schieben oder stoßen einen Sessel. Der Materialismus war die Theorie, daß die Wirklichkeit *nur* aus materiellen Dingen besteht, die aufeinander durch Druck, Schieben oder Stoß wirken. Und es gab zwei Versionen des Materialismus: erstens den Atomismus, der lehrte, daß winzige Teilchen sich miteinander verketten und aufeinander stoßen, Teilchen, die zu klein sind, um gesehen zu werden. Zwischen den Atomen war leerer Raum. Die andere Version lehrte, daß es keinen leeren Raum gibt: Die Dinge bewegen sich in der vollen Welt des Weltäthers etwa wie Teeblätter in der vollen Teeschale, die man umrührt.

Für beide Theorien war wesentlich, daß es keine schwerverständliche, uns unbekannte Wirkungsweise gibt – nur Druck, Stoß, Schieben; und daß sogar der Zug und die Anziehung durch Druck oder Schieben erklärt werden: Wenn wir einen Hund an der Leine ziehen, so ist in Wirklichkeit die Wirkung die, daß sein Halsband ihn drückt oder schiebt. Die Leine wirkt wie eine Kette, deren Glieder einander drücken oder schieben. Der Zug, die Anziehung, muß irgendwie auf Druck zurückgeführt werden.

Dieser Materialismus von Druck und Stoß, der vor allem auch von René Descartes gelehrt wurde, wurde durch die Einführung der Idee der Kraft erschüttert. Zuerst kam Newtons Theorie der Schwerkraft als einer in die Ferne wirkenden Anziehungskraft. Dann kam Leibniz, der zeigte, daß die Atome abstoßende Kraftzentren sein müssen, um undurchdringlich zu sein und um stoßen zu können. Dann kam die Maxwellsche Theorie des Elektromagnetismus. Und schließlich wurden sogar das Schieben, Drücken und der Stoß durch die elektrische Abstoßung der Elektronenschalen der Atome erklärt. Das war das Ende des Materialismus.

An Stelle des Materialismus kam der Physikalismus. Aber das war etwas völlig anderes. An Stelle eines Weltbildes, das darin bestand, daß unsere *alltäglichen Erfahrungen von Druck und Stoß* alle anderen Wirkungen und damit die ganze Wirklichkeit erklären, rückte ein Weltbild, in dem die Wirkungen durch Differentialgleichungen beschrieben wurden, und schließlich durch Formeln, die die größten Physiker, wie Niels Bohr, als unerklärbar erklärten und, wie Bohr immer wieder betonte, als unverstehbar.

Übervereinfacht kann man die Geschichte der modernen Physik wie folgt darstellen: Der Materialismus starb, unbemerkt, mit Newton, Faraday und Maxwell. Er überwand sich selbst, als Einstein, de Broglie und Schrödinger das Forschungsprogramm verfolgten, die Materie selbst zu erklären; und zwar als Schwingungen, Vibrationen,

Wellen; nicht als Schwingungen von Materie, sondern als die Vibration eines nicht-materiellen Äthers, der aus Kraftfeldern besteht. Aber auch dieses Programm wurde überwunden und durch noch abstraktere Programme ersetzt: zum Beispiel durch ein Programm, das die Materie als Vibrationen von Wahrscheinlichkeitsfeldern erklärt. In allen Stadien waren die verschiedenen Theorien überaus erfolgreich. Aber sie wurden durch noch erfolgreichere Theorien überwunden.

Das ist, so ungefähr, was ich die Selbstüberwindung des Materialismus nenne. Das ist auch der Grund, weshalb der Physikalismus eben etwas ganz anderes ist als der Materialismus.

IV

Es würde viel zu lange dauern, die sich sehr schnell ändernde Situation zu schildern, die sich zwischen Physik und Biologie ausgebildet hat. Aber ich möchte darauf hinweisen, daß man vom Standpunkt des modernen selektionstheoretischen Darwinismus ein und dieselbe Situation in zwei grundverschiedenen Weisen darstellen kann. Die eine Darstellungsweise ist traditionell; die andere scheint mir aber bei weitem die bessere zu sein.

Der Darwinismus wird gewöhnlich als ein grausames Weltbild gesehen: Er malt »die Natur blutrot, mit Zähnen und mit Klauen«. (»Nature, red in tooth and claw«.) Also ein Bild, in dem die Natur uns und dem Leben überhaupt feindlich und drohend gegenübersteht. Ich behaupte, daß das ein vorurteilsbehaftetes Bild des Darwinismus ist, von einer Ideologie beeinflußt, die schon vor Darwin bestand (Malthus, Tennyson, Spencer) und die mit dem eigentlichen theoretischen Gehalt des Darwinismus fast nichts zu tun hat. Es ist richtig, daß der Darwinismus das sehr betont, was wir »natural selection« oder »natürliche Auslese« oder »natürliche Zuchtwahl« nennen; aber das kann man eben auch ganz anders interpretieren.

Wie bekannt, war Darwin von Malthus beeinflußt, der zu zeigen versuchte, daß der Bevölkerungszuwachs, verbunden mit einer Knappheit der Nahrungsmittel, zu einem grausamen Wettbewerb, zu einer grausamen Auslese der Stärksten und zur Vernichtung der Nicht-so-Starken führt. Aber auch die Stärksten werden nach Malthus durch den Wettbewerb unter Druck gesetzt: Sie werden zur Anspannung aller Kräfte *gezwungen*. Der Wettbewerb führt also nach dieser Interpretation zur *Freiheitsbeschränkung*.

Nun kann man das auch anders sehen. *Die Menschen suchen nach Erweiterung ihrer Freiheit*: Sie suchen nach neuen Möglichkeiten. Der Wettbewerb kann offenbar auch als ein Verfahren angesehen werden, das das Auffinden von neuen Erwerbsmöglichkeiten und damit neuen Lebensmöglichkeiten begünstigt, und damit das Auffinden sowie das Aufbauen von neuen ökologischen Nischen, auch von Nischen für den einzelnen Menschen – etwa für einen körperlich Behinderten.

Diese Möglichkeiten bedeuten: Wahl zwischen alternativen Entscheidungen, mehr Wahlfreiheit, mehr Freiheit.

Die beiden Interpretationen sind also grundverschieden. Die erste ist pessimistisch: *Freiheitsbeschränkung*. Die zweite ist optimistisch: *Freiheitserweiterung*. Beide sind, selbstverständlich, Übervereinfachungen, aber beide können als gute Annäherungen an die Wahrheit angesehen werden. Können wir sagen, daß eine von ihnen *die bessere Interpretation* ist?

Ich glaube, daß wir das können. Der große Erfolg der Wettbewerbsgesellschaft und die große Erweiterung der Freiheit, zu der sie geführt hat, werden *nur* von der optimistischen Interpretation erklärt. Sie ist die bessere Interpretation: Sie kommt der Wahrheit näher, sie erklärt mehr.

Wenn das so ist, so ist wohl die Initiative des Individuums, der Druck von innen, die Suche nach neuen Möglichkeiten, nach neuen Freiheiten, und die Aktivität, die die neuen Möglichkeiten zu verwirklichen sucht, wirksamer als der Selektionsdruck von außen, der zur Elimination der schwächeren Individuen und zur Freiheitsbeschränkung auch der stärksten führt.

In dieser Überlegung können wir den Druck des Bevölkerungszuwachses als gegeben hinnehmen.

Das Problem der Interpretation von Darwins Theorie der Entwicklung durch natürliche Auslese scheint mir nun ganz ähnlich zu sein wie das der Theorie von Malthus.

Die alte, pessimistische und immer noch akzeptierte Ansicht ist die: Die Rolle der Organismen in der Anpassung ist rein passiv. Sie stellen eine Bevölkerung mit vielen Variationen dar, aus der der Kampf ums Dasein, der Wettbewerb die (im großen und ganzen) am besten angepaßten Individuen auswählt, durch Vernichtung der anderen. Der Selektionsdruck kommt von außen.

Gewöhnlich wird sehr viel Wert darauf gelegt, daß es nur dieser von außen kommende Selektionsdruck ist, durch den alle Erscheinungen der Evolution zu erklären sind, und insbesondere die Erscheinungen der Anpassung. Von innen kommt nichts als die Mutationen, die Variationsbreite (des Gene-Pools).

Meine neue, optimistische Interpretation betont (ähnlich wie Bergson) die Aktivität aller Lebewesen. Alle Organismen sind vollbeschäftigt als Problemlöser. Ihr erstes Problem ist, zu überleben. Aber es gibt unzählige konkrete Probleme, die in den verschiedensten Situationen auftreten. Und eines der wichtigsten Probleme ist die Suche nach besseren Lebensbedingungen: nach größerer Freiheit; nach einer besseren Welt.

Durch natürliche Zuchtwahl und (so können wir annehmen) durch ursprünglich äußeren Selektionsdruck entsteht, gemäß dieser optimistischen Interpretation, schon sehr früh ein starker Selektionsdruck von innen, ein Selektionsdruck der Organismen auf die Außenwelt. Dieser Selektionsdruck erscheint in der Form von Verhaltensweisen, die als ein *Suchen* nach neuen und bevorzugten ökologischen Nischen gedeutet werden können. Oft handelt es sich auch um die *Konstruktion* einer ganz neuen ökologischen Nische.

Unter diesem Druck von innen kommt es zu einer *Auswahl* von Nischen; das heißt, zu Formen des Verhaltens, die als *Wahl von Lebensweisen* und von Umgebungen gedeutet werden können. Dazu muß auch die Wahl von Freunden, die Symbiose, gerechnet werden, und vor allem das biologisch vielleicht Wichtigste: die Gattenwahl; und die Bevorzugung gewisser Arten von Nahrung, vor allem Sonnenlicht.

Wir haben also einen Selektionsdruck von innen; und die optimistische Interpretation hält diesen Selektionsdruck von innen *zumindest* für ebenso wichtig wie den Selektionsdruck von außen: Die Organismen suchen neue Nischen, auch ohne sich organisch geändert zu haben; und sie ändern sich später durch den äußeren Selektionsdruck, den Selektionsdruck der *von ihnen selbst aktiv gewählten Nische.*

Man könnte sagen: Es gibt einen Zirkel, oder besser eine Spirale, von Rückwirkungen zwischen äußerem und innerem Selektionsdruck. Die Frage, die von den beiden Interpretationen verschieden beantwortet wird, ist: Welche Runde in diesem Zirkel oder in dieser Spirale ist aktiv und welche ist passiv? Die alte Theorie sieht die Aktivität im Selektionsdruck von außen; die neue im Selektionsdruck von innen: Der Organismus ist es, der wählt, der aktiv ist. Man kann sagen, daß beide Interpretationen Ideologien sind, ideologische Interpretationen desselben objektiven Sachverhalts. Aber wir können fragen: Gibt es eine Tatsache, die durch eine der beiden Interpretationen besser erklärt werden kann als durch die andere?

Ich glaube, es gibt eine solche Tatsache. Ich möchte sie kurz als den Sieg des Lebens über seine nicht-lebende Umgebung beschreiben.

Die wesentliche Tatsache ist folgende: Es gab, so nehmen die meisten von uns an – selbstverständlich hypothetisch – eine Urzelle, aus der allmählich alles Leben entstanden ist. Nach dem besten Urteil der darwinistischen Entwicklungsbiologie ist es dadurch entstanden, daß die Natur an dem Leben mit einem furchtbar grausamen Meißel gearbeitet hat, der dann alle die Dinge herausgemeißelt hat, die Anpassungen sind und die wir im Leben bewundern.

Aber dem gegenüber können wir auf eine Tatsache hinweisen: *Die Urzelle lebt noch immer.* Wir alle sind die Urzelle. Das ist kein Bild, keine Metapher, sondern es ist wörtlich wahr.

Ich will das nur ganz kurz erklären. Es gibt für eine Zelle drei Möglichkeiten; die eine ist Tod; die zweite ist Zellteilung; die dritte ist Fusion: eine Vereinigung, eine Verschmelzung mit einer anderen Zelle, die fast immer eine Teilung anregt. Weder die Teilung noch die Vereinigung bedeutet den Tod: Es ist Vermehrung, die Verwandlung einer lebenden Zelle in zwei lebende Zellen, die praktisch gleich sind: Beide sind die lebenden Fortsetzungen der ursprünglichen Zelle. Die Urzelle hat vor Billionen von Jahren begonnen, und die Urzelle hat in Form von Trillionen von Zellen überlebt. Und sie lebt noch immer, in jeder einzelnen aller der jetzt lebenden Zellen. Und alles Leben, alles was je gelebt hat und alles was heute lebt, ist das Resultat von Teilungen der Urzelle. Es ist daher die noch lebende Urzelle. Das sind Dinge, die kein Biologe bestreiten kann und die kein Biologe bestreiten wird. Wir alle sind die Urzelle, in einem ganz ähnlichen Sinn (»Genidentität«), in dem ich derselbe bin, der ich vor 30 Jahren war, obwohl sich vielleicht kein Atom meines jetzigen Körpers in meinem damaligen Körper befand.

Anstelle eines Bildes der Umwelt, die mit »tooth and claw«, mit

Zähnen und Krallen, auf uns einschlägt, sehe ich eine Umwelt, in der ein winzig kleines Lebewesen es verstanden hat, für Billionen von Jahren zu überleben und seine Welt zu erobern und zu verschönern. Wenn es also einen Kampf zwischen Leben und Umwelt gibt, dann ist es das Leben, das siegreich war. Ich glaube, daß dieses etwas veränderte Weltbild des Darwinismus zu einer ganz anderen Ansicht führt als die alte Ideologie, nämlich zu der Ansicht, daß wir in einer Welt leben, die durch das tätige Leben und seine Suche nach einer besseren Welt immer schöner geworden ist und immer lebensfreundlicher.

Aber wer will das wahrhaben? Heute glaubt jeder an den suggerierten Mythos von der radikalen Bösartigkeit der Welt und der »Gesellschaft«; so wie einst jeder an Heidegger und an Hitler glaubte, an Krieck und an den Krieg. Aber der Irrglaube an die Bösartigkeit ist selbst bösartig: Er entmutigt junge Menschen und verführt sie, in Zweifeln und in Verzweiflung, bis hin zur Gewalttätigkeit. Obwohl dieser Irrglaube hauptsächlich politischer Natur ist, so hat doch die alte Interpretation des Darwinismus einiges zu ihm beigetragen.

Zu der pessimistischen Ideologie gehört eine sehr wichtige These: daß die Anpassung des Lebens an die Umwelt und alle diese (wie ich denke großartigen) Erfindungen, die das Leben in Billionen von Jahren gemacht hat, und die wir heute im Laboratorium noch nicht nachmachen können, gar keine Erfindungen sind, sondern das Resultat von reinem Zufall. Es wird gesagt, das Leben habe überhaupt keine Erfindungen gemacht, das alles sei der Mechanismus der rein zufälligen Mutationen und der natürlichen Auslese; der innere Druck des Lebens sei nichts als Sich-Vermehren. Alles andere entstehe dadurch, daß wir uns gegenseitig und die Natur bekämpfen, und zwar *blind* bekämpfen. Und das Resultat des Zufalls seien dann Dinge (meiner Meinung nach großartige Dinge), wie die Verwendung des Sonnenlichtes als Nahrung.

Ich behaupte, daß das wieder nur eine Ideologie ist, und zwar ein Teil der alten Ideologie, zu der übrigens auch der Mythos vom selbstsüchtigen Gen gehört (Gene können nur durch Kooperation wirken und überleben) und der wiederbelebte Sozialdarwinismus, der sich jetzt, nagelneu und naiv-deterministisch, als »Sociobiology« vorstellt.

Ich möchte noch die Hauptpunkte der beiden Ideologien zusammenstellen.

(1) Alt: Der Selektionsdruck von außen wirkt durch Tötung: Er eliminiert. Also ist die Umgebung lebensfeindlich.

Neu: Der aktive Selektionsdruck von innen ist die Suche nach besseren Umgebungen, nach besseren ökologischen Nischen, nach einer besseren Welt. Er ist lebensfreundlich im höchsten Grade. Das Leben verbessert die Umwelt für das Leben, es macht die Umwelt lebensfreundlicher (und freundlicher für den Menschen).

(2) Alt: Die Organismen sind völlig passiv, aber sie werden aktiv selektiert.

Neu: Die Organismen sind aktiv: Sie sind dauernd damit beschäftigt, Probleme zu lösen. Leben ist Problemlösen. Die Lösung ist oft die Wahl oder der Aufbau einer neuen ökologischen Nische. Die Organismen sind nicht nur aktiv, sondern ihre Aktivität nimmt dauernd zu. (Uns Menschen die Aktivität absprechen zu wollen – wie es die Deterministen tun – ist paradox, besonders in Hinsicht auf unsere kritische geistige Arbeit.)

Wenn das tierische Leben im Meer entstand – was zu vermuten ist –, dann war seine Umwelt in vielen Bereichen ziemlich monoton. Trotzdem entwickelten sich die Tiere (ganz abgesehen von den Insekten) bis zu Wirbeltieren, bevor sie ans Land gingen. Die Umwelt war gleichmäßig lebensfreundlich und verhältnismäßig undifferenziert, aber das Leben differenzierte sich selbst – in unabsehbar verschiedenen Formen.

(3) Alt: Die Mutationen sind eine reine Zufallsangelegenheit.

Neu: Ja; aber die Organismen machen immer wieder großartige, das Leben verbessernde Erfindungen. Die Natur, die Evolution und die Organismen, sie alle sind erfinderisch. Sie arbeiten, als Erfinder, so wie wir: mit der Methode von Versuchen und der Eliminierung von Irrtümern.

(4) Alt: Wir leben in einer feindlichen Umgebung, die von der Evolution durch grausame Eliminationen verändert wird.

Neu: Die erste Zelle lebt, nach Billionen von Jahren, noch immer, und jetzt sogar in vielen Trillionen von Exemplaren. Wo immer man hinblickt, dort ist sie. Sie hat aus unserer Erde einen Garten gemacht und durch die grünen Pflanzen unsere Atmosphäre umgeschaffen. Und sie hat unsere Augen erschaffen und sie für unseren blauen Himmel und die Sterne geöffnet. Es geht ihr gut.

V

Ich komme nun zur Welt 2.

Die Verbesserungen im Organismus und in der Umgebung sind verbunden mit einer Erweiterung und Verbesserung des tierischen Bewußtseins. Das Problemlösen, das Erfinden, ist nie *völlig* bewußt. Es vollzieht sich immer durch Probieren: durch Versuche und durch die Elimination von Irrtümern. Und das heißt, durch Wechselwirkung zwischen dem Organismus und seiner Welt, seiner Umgebung. Und in diese Wechselwirkung schaltet sich dann manchmal das Bewußtsein ein. Bewußtsein, die Welt 2, war vermutlich von Anfang an ein *bewertendes und erkennendes Bewußtsein*, ein problemlösendes Bewußtsein. Vom lebendigen Teil der physischen Welt 1 habe ich gesagt, daß alle Organismen Problemlöser sind. Meine Grundvermutung über die Welt 2 ist, daß diese problemlösende Tätigkeit des lebendigen Teils der Welt 1 zur Emergenz der Welt 2, der Welt des Bewußtseins, führt. Aber damit will ich nicht sagen, daß das Bewußtsein die ganze Zeit Probleme löst, wie ich das von den Organismen behauptet habe. Im Gegenteil. Die Organismen sind tagaus, tagein mit dem Problemlösen beschäftigt, aber das Bewußtsein ist *nicht nur* mit Problemlösen beschäftigt, obwohl das die wichtigste biologische Funktion des Bewußtseins ist. Was ich vermute, ist, daß es die ursprüngliche Funktion des Bewußtseins war, Erfolg und Mißerfolg im Problemlösen zu antizipieren und dem Organismus, in Form von Freude und Schmerz, zu signalisieren, ob er auf dem richtigen oder unrichtigen Weg zur Lösung des Problems ist. (»Weg« ist ursprünglich – etwa bei der Amöbe – ganz wörtlich als die physikalische Richtung der Fortbe*weg*ung des Organismus zu verstehen.) Durch das Erlebnis von Freude und Schmerz hilft das Bewußtsein dem Organismus in seinen *Entdeckungsfahrten*, in seinen *Lernprozessen*. Es schaltet sich dann in viele der Gedächtnismechanismen ein, die – wieder aus biologischen Gründen – nicht alle bewußt sein können. Es ist, glaube ich, recht wichtig, sich darüber klar zu sein, daß es nicht möglich ist, daß die Gedächtnismechanismen meistens bewußt sind. Sie würden einander stören. Eben deshalb – so kann man, fast schon a priori, zeigen – gibt es bewußte und unbewußte Vorgänge, die einander ziemlich nahe verwandt sind.

Und so kommt es, fast mit Notwendigkeit, zu einem Bereich des Unbewußten, der wesentlich mit unseren Gedächtnisapparaten verknüpft ist. Er enthält vor allem eine Art unbewußte Landkarte unserer Umgebung, unserer lokalen biologischen Nische. Die Ausgestaltung dieser Landkarte und der *Erwartungen*, die sie enthält, und später die sprachlichen Formulierungen von Erwartungen, also von *Theorien*, ist die Aufgabe des Erkenntnisapparates, der also bewußte und unbewußte Seiten hat, die in Wechselwirkung stehen mit der Körperwelt, der Welt 1, den Zellen; beim Menschen, dem Gehirn.

So sehe ich also die Welt 2 nicht als das an, was Mach die Empfindungen genannt hat, die Gesichtsempfindungen, Hörempfindungen usw.: Das halte ich alles für ganz verfehlte Versuche, unsere vielseitigen Erlebnisse systematisch zu beschreiben, zu klassifizieren, und so zu einer Theorie der Welt 2 zu kommen.

Fundamental müßte man davon ausgehen, welche biologischen Funktionen das Bewußtsein hat und welche dieser Funktionen grundlegend sind. Und wie wir, in der aktiven Suche nach Information über die Welt, unsere Sinne erfinden: die Kunst des Tastens lernen; den Phototropismus und das Sehen; und das Hören. So werden wir neuen Problemen gegenübergestellt und reagieren mit neuen Antizipationen, mit neuen Theorien über die Umwelt. So entsteht die Welt 2 in Wechselwirkung mit der Welt 1.

(Selbstverständlich gibt es dann auch das Problem, Signale für schnelle Handlungen zu entdecken; und für diese sind unsere Sinne wichtig.)

VI

Ich komme bald zu Welt 1 und Welt 2 zurück; zunächst ein paar Worte über den Beginnn der Körperwelt, der Welt 1, und über die Idee der Emergenz, die ich mit Hilfe der Idee der Phase einführen möchte.

Wir wissen nicht, *wie* die Welt 1 entstanden ist und *ob* sie entstanden ist. Sollte die Urknall-Hypothese wahr sein, dann wäre wohl das, was zuerst entstand, Licht. »Es werde Licht!« wäre also das erste. Aber dieses erste Licht wäre kurzwellig, weit innerhalb des ultravioletten Bereichs, also für den Menschen Finsternis. Dann, so erzählen uns die Physiker, kamen die Elektronen und die Neutrinos, und dann kamen die ersten Atomkerne – nur die Kerne des Wasserstoffs und des Heliums: Die Welt war noch immer viel zu heiß für die Atome.

Wir können also vermuten, daß es eine nicht-materielle oder vormaterielle Welt 1 gibt. Man kann sagen, wenn man die (meiner Meinung nach überaus zweifelhafte) Theorie der Ausdehnung der Welt vom Urknall an annimmt, daß sich die Welt, dank ihrer Ausdehnung, langsam abkühlt, und so mehr und mehr »materiell« wird, im Sinne des alten Materialismus.

Man könnte vielleicht eine Anzahl von Phasen in diesem Prozeß der Abkühlung unterscheiden:

Phase 0: Hier gibt es nur Licht, noch keine Elektronen, noch keine Atomkerne.

Phase 1: In dieser Phase gibt es außer dem Licht (Photonen) auch Elektronen und andere Elementarteilchen.

Phase 2: Hier gibt es auch Wasserstoffkerne und Heliumkerne.

Phase 3: Hier gibt es auch Atome: Wasserstoffatome (aber keine Moleküle) und Heliumatome.

Phase 4: Hier können außer Atomen auch zweiatomige Moleküle existieren, also unter anderem zweiatomige Wasserstoffgasmoleküle.

Phase 5: Hier gibt es unter anderem auch flüssiges Wasser.

Phase 6: Hier gibt es unter anderem die zunächst sehr seltenen Wasserkristalle, also Eis in den mannigfaltigen und wunderbaren Formen der Schneekristalle, und später auch kristallinische feste Körper, zum Beispiel Eisblöcke und, noch später, andere Kristalle.

Wir leben in dieser Phase 6, das heißt, in unserer Welt gibt es lokale Gebiete, in denen es feste Körper gibt, natürlich auch flüssige und gasförmige Körper. In größerer Entfernung gibt es natürlich auch große Gebiete, die zu heiß sind für die molekularen Gase.

VII

Das, was wir als Leben kennen, konnte nur in einem hinreichend abgekühlten, aber nicht zu kalten Gebiet der Welt in Phase 6 entstehen. Man kann das Leben als eine sehr spezielle Phase innerhalb der Phase 6 ansehen: Die gleichzeitige Anwesenheit von Materie in gasförmigem, flüssigem und festem Zustand ist wesentlich für das, was wir als Leben kennen, sowie ein weiterer Zustand, der kolloide Zustand, der irgendwie zwischen dem flüssigen und dem festen Zustand liegt. Lebende Materie unterscheidet sich von (oberflächlich) sehr ähnlichen, aber nicht-lebenden materiellen Strukturen, wie sich zwei Phasen des Wassers voneinander unterscheiden, zum Beispiel die flüssige und gasförmige Form des Wassers.

Was für diese temperaturabhängigen Phasen so charakteristisch ist, das ist, daß der größte Naturwissenschaftler von der gründlichsten Untersuchung einer temperaturabhängigen Phase nicht die Eigenschaften der nächsten, späteren Phase voraussagen kann: Wenn der größte Denker die Atome als solche untersucht und nichts anderes zur Verfügung hat für seine Untersuchung als die Phase 3, in der es nur Atome, aber noch keine Moleküle gibt, so kann er, vermutlich, auch aus der genauesten Untersuchung der Atome kaum auf die kommende Welt der Moleküle schließen. Und die beste Untersuchung von Wasserdampf in Phase 4 hätte es ihm wohl kaum ermöglicht, die ganz neuen Eigenschaften einer Flüssigkeit wie die des Wassers vorauszusagen oder den Formenreichtum der Schneekristalle, von den hochkomplexen Organismen ganz zu schweigen.

Eigenschaften wie die, gasförmig, flüssig oder fest zu sein, nennen wir (mit Rücksicht auf ihre Unvoraussehbarkeit) »emergente« Eigenschaften. Offenbar ist »lebend« oder »lebendig« eine solche Eigenschaft. Das sagt nicht viel, aber es deutet eine Analogie mit den Phasen des Wassers an.

VIII

Das Leben ist also, wir vermuten, emergent; ebenso wie das Bewußtsein; und ebenso das, was ich Welt 3 nenne.

Der größte emergente Schritt, den das Leben und das Bewußtsein bisher getan haben, ist, ich vermute, die Erfindung der *menschlichen* Sprache. Das ist wohl die Menschwerdung.

Die *menschliche* Sprache ist nicht nur *Ausdruck* (1), nicht nur *Kommunikation* (2): Das haben auch die Tiere. Sie ist auch nicht nur Symbolik. Auch das, und sogar Rituale, gibt es bei den Tieren. Der große Schritt, der eine nicht vorauszusehende Entwicklung des Bewußtseins zur Folge hatte, ist die Erfindung von *beschreibenden Sätzen* (3), Karl Bühlers *Darstellungsfunktion*: von Sätzen, die einen objektiven Sachverhalt beschreiben, der mit den Tatsachen übereinstimmen kann oder nicht; also von Sätzen, die wahr oder falsch sein können. Das ist das bahnbrechend Neue an der menschlichen Sprache.

Hier liegt der Unterschied zu den Tiersprachen. *Vielleicht* könnten wir von der Bienensprache sagen, daß ihre Mitteilungen wahr sind – außer wenn etwa ein Wissenschaftler eine Biene irreführt. Irreführende Symbole gibt es auch bei den Tieren: zum Beispiel Schmetterlinge, die Augen vortäuschen. Aber nur wir Menschen haben den Schritt gemacht, unsere eigenen Theorien durch kritische Argumente auf ihre objektive Wahrheit hin zu *überprüfen*. Das ist die vierte Funktion der Sprache, die *argumentative Funktion* (4).

IX

Die Erfindung der beschreibenden (oder, wie Bühler sagt, der darstellenden) Menschensprache macht einen weiteren Schritt möglich, eine weitere Erfindung: die Erfindung der Kritik. Es ist die Erfindung einer *bewußten Selektion*, einer *bewußten Auslese* von Theorien, anstelle ihrer *natürlichen* Auslese. So wie der Materialismus sich selbst überwindet, so, könnte man sagen, überwindet die natürliche Auslese sich selbst. Sie führt zur Entwicklung einer Sprache, die wahre und falsche Sätze hat. Und diese Sprache führt dann zur Erfindung der Kritik, zur Emergenz der Kritik, und damit zu einer neuen Phase der Auslese: Die natürliche Auslese wird ergänzt und teilweise überholt durch die kritische, die kulturelle Auslese. Diese erlaubt uns, kritisch und bewußt unsere Irrtümer zu verfolgen: Wir können bewußt unsere Irrtümer aufsuchen und ausmerzen, und wir können bewußt eine Theorie als weniger gut beurteilen als eine andere. Das ist meiner Meinung nach der entscheidende Punkt. Hier fängt das an, was man im Titel, der mir gegeben wurde, »Erkenntnis« nennt: menschliche Erkenntnis. Es gibt keine Erkenntnis ohne rationale Kritik, Kritik im Dienste der Wahrheitssuche. Die Tiere haben keine Erkenntnis *in diesem Sinn*. Natürlich erkennen sie alles mögliche – der Hund erkennt seinen Herrn. Aber das, was wir Erkenntnis nennen, und das wichtigste, die wissenschaftliche Erkenntnis, das hängt mit rationaler Kritik zusammen. Hier ist also der entscheidende Schritt, der Schritt, der von der Erfindung der wahren oder falschen Sätze abhängt. Und das ist der Schritt, der, wie ich vermute, die Welt 3, die menschliche Kultur, begründet.

X

Die Welt 3 und die Welt 1 überschneiden sich: Die Welt 3 besteht etwa zum Beispiel aus Büchern; sie besteht aus Sprechakten; sie besteht vor allem aus der menschlichen Sprache. Das sind alles *auch* physische Dinge, Dinge, Vorgänge, die sich in der Welt 1 abspielen. Die Sprache besteht, so kann man sagen, aus nervlich-materiell gestützten Dispositionen; aus Gedächtniselementen, Engrammen, Erwartungen, gelernten und entdeckten Verhaltensweisen; und aus Büchern. Meinen gegenwärtigen Vortrag hören Sie aufgrund der Akustik: Ich mache Lärm; und dieser Lärm gehört zur Welt 1.

Daß dieser Lärm vielleicht etwas über das rein Akustische hinausgeht, das möchte ich jetzt zeigen. Das, worin er über die Welt 1 hinausgeht, die ich benütze, das ist, was ich eben die Welt 3 genannt habe und was bisher nur selten bemerkt wurde. (Über die Geschichte der Welt 3 habe ich leider nicht Zeit zu sprechen; siehe aber mein Buch »Objektive Erkenntnis«, III,5.) Ich will versuchen, den Hauptpunkt zu erklären, nämlich den immateriellen Anteil, die immaterielle Seite der Welt 3; oder, wie man auch sagen kann, die autonome Seite der Welt 3: das, was über die Welten 1 und 2 hinausgeht. Gleichzeitig möchte ich zeigen, daß diese immaterielle Seite der Welt 3 nicht nur eine Rolle in unserem Bewußtsein spielt – da spielt sie eine Hauptrolle – sondern daß sie, auch außerhalb der Welten 1 und 2, *wirklich* ist: Die immaterielle (und nicht bewußte) Seite der Welt 3 kann, wie ich zeigen möchte, eine *Wirkung* auf unser Bewußtsein ausüben und, durch unser Bewußtsein, auf die Körperwelt, die Welt 1.

Ich möchte also die Wechselwirkung, oder sagen wir, die Spirale der Rückkoppelungen und der gegenseitigen Verstärkungen der drei Welten aufeinander besprechen. Und ich möchte zeigen, daß es hier etwas Immaterielles gibt, nämlich den *Inhalt* unserer Sätze, unserer Argumente, im Gegensatz zur körperlich-akustischen oder schriftlich-mechanischen (physischen) Formulierung dieser Sätze oder Argumente. Und um diesen *Inhalt oder Gehalt* geht es uns immer, wenn wir die Sprache im eigentlichen menschlichen Sinne verwenden. *Es ist vor allem der Inhalt* eines Buches, nicht seine körperliche Gestalt, der zur Welt 3 gehört.

Ein sehr einfacher Fall, an dem die Wichtigkeit des Inhaltes deutlich wird, ist folgender: Mit der Entwicklung der menschlichen Sprache kommt es zu *Zahlwörtern*, zum Zählen mit den Wörtern: »eins, zwei, drei« usw. Es gibt Sprachen, die nur »eins«, »zwei« und »viele« haben; Sprachen, die »eins«, »zwei« ... bis »zwanzig« und dann »viele« haben; und Sprachen, wie die unsere, die eine Methode erfunden haben, die es uns erlaubt, von jeder Zahl weiterzuzählen; also eine Methode, die essentiell nicht endlich ist, sondern unendlich in dem Sinn, daß jedes Ende prinzipiell noch überschritten werden kann, indem man eine weitere Zahl hinzufügt. Das ist eine der großen Erfindungen, die erst *durch die Erfindung der Sprache* möglich wurde: die Methode, immer weitere Zahlwörter ohne Ende zu konstruieren. Die Konstruktionsanweisung kann man sprachlich oder in einem Computerprogramm formulieren, und man könnte sie also als etwas *Konkretes* bezeichnen. Aber wenn wir entdecken, daß nunmehr die Folge der natürlichen Zahlen (potentiell) unendlich ist, so entdecken wir etwas völlig *Abstraktes*. Denn diese unendliche Folge kann weder in der Welt 1 noch in der Welt 2 konkretisiert werden. Die unendliche Folge der natürlichen Zahlen ist »etwas rein Ideelles«, wie man zu sagen pflegt: Sie ist ein reines Welt 3-Produkt, denn sie gehört *nur* jenem abstrakten Teil der Welt 3 an, der aus Elementen oder »Bewohnern« besteht, die zwar gedacht, aber weder im Denken noch in physisch-konkreten Zahlwörtern oder in einem Computerprogramm konkretisierbar sind. Die (potentielle) *Unendlichkeit* der Folge der natürlichen Zahlen ist, so könnte man sagen, keine Erfindung, sondern eine Entdeckung. Wir entdecken sie als eine Möglichkeit; als eine nicht intendierte Eigenschaft der von uns erfundenen Folge.

Ähnlich entdecken wir die Zahleigenschaften »gerade« und »ungerade«, »teilbar« und »Primzahl«. Und wir entdecken Probleme, wie das Problem des Euklid: Ist die Folge der Primzahlen unendlich oder (wie es die immer größere Seltenheit großer Primzahlen nahelegt) endlich? Dieses Problem war sozusagen vollkommen versteckt; es war nicht einmal unbewußt, sondern es war einfach nicht da, als wir die Zahlenreihe erfanden. Oder war es da? Wenn es da war, dann war es in einem ideellen und rein abstrakten Sinn da, das heißt in folgendem Sinn: daß es in der von uns konstruierten Zahlenfolge verborgen steckte, aber doch da war, ohne einem Menschen bewußt zu sein oder irgendwie im Unbewußten irgendeines Menschen verborgen zu sein und ohne irgendeine physikalische Spur zu hinterlassen. Es existierte kein Buch, in dem darüber zu lesen war. Es war also physikalisch nicht da. Es war auch vom Standpunkt der Welt 2 nicht da. Aber es war da als ein *noch nicht entdecktes, aber entdeckbares Problem*: ein typischer Fall eines Problems, das *nur* zum rein abstrakten Teil der Welt 3 gehört. Das Problem wurde übrigens von Euklid nicht nur gefunden, sondern auch gelöst. Euklid fand einen Beweis des Satzes, daß es nach jeder Primzahl immer wieder eine Primzahl geben muß; woraus wir schließen können, daß die Folge der Primzahlen eine unendliche Folge ist. Dieser Satz beschreibt einen Sachverhalt, der offenbar seinerseits rein abstrakt ist: er ist ebenfalls ein Bewohner des rein abstrakten Teils der Welt 3.

XI

Es gibt auch viele ungelöste Probleme, die mit den Primzahlen zusammenhängen, wie zum Beispiel das Goldbachsche Problem: Ist *jede* gerade Zahl, die größer ist als 2, die Summe zweier Primzahlen? Ein solches Problem kann entweder positiv lösbar sein oder negativ lösbar; oder es kann unlösbar sein; und die Unlösbarkeit kann ihrerseits beweisbar sein oder unbeweisbar. So entstehen neue Probleme.

Das sind lauter Probleme, die in dem Sinn *wirklich* sind, daß sie *Wirkungen* haben. Sie können vor allem auf den menschlichen Geist wirken. Ein Mensch kann das Problem sehen, entdecken, und dann versuchen, es zu lösen. Das Erfassen des Problems und der Versuch, ein Problem zu lösen, ist eine Tätigkeit des Bewußtseins, des menschlichen Geistes; und diese Tätigkeit ist offenbar mitverursacht von dem Problem, von der Existenz des Problems. Eine Lösung des Problems kann zu einer Veröffentlichung führen; und so kann das abstrakte Welt 3-Problem kausal (auf dem Wege über die Welt 2) dazu führen, die schwersten Druckmaschinen in Bewegung zu setzen. Euklid hat seine Lösung des Primzahlenproblems niedergeschrieben. Das war ein physischer Vorgang mit vielen Folgen. In vielen Lehrbüchern, also in physischen Körpern, wurde der Beweis des Euklid reproduziert. Das sind Vorgänge in der Welt 1.

In den Kausalketten, die von dem abstrakten Problem zur Welt 1 führen, spielt selbstverständlich das Bewußtsein, die Welt 2, eine große Rolle. Soweit ich es absehen kann, nimmt der abstrakte Teil der Welt 3, die Welt der abstrakten, nicht-physischen Inhalte, also die eigentliche, spezifische Welt 3 bis heute keinen *direkten* Einfluß auf die Welt 1; auch nicht mit Hilfe von Computern. Der Einfluß geht immer über das Bewußtsein, die Welt 2. (Vielleicht wird das eines Tages anders sein.) Ich schlage vor, von »Geist« zu sprechen, wenn wir die Funktion des Bewußtseins meinen, mit der Welt 3 in Wechselwirkung zu stehen.

Ich glaube, daß die Wechselwirkung des Geistes mit den Bewohnern der Welt 3 unser bewußtes und unbewußtes Leben in entscheidender Weise beeinflußt und gestaltet. Hier, in der Wechselwirkung zwischen Welt 2 und Welt 3, liegt der Schlüssel zum Verständnis des Unterschieds zwischen menschlichem und tierischem Bewußtsein.

XII

Zusammenfassend können wir sagen, daß die Welt 3, und vor allem jener Teil der Welt 3, der durch die menschliche Sprache geschaffen wird, ein Produkt unseres Bewußtseins, unseres Geistes ist. Sie ist, wie die menschliche Sprache, unsere Erfindung.

Aber diese Erfindung ist etwas außer uns, außerhalb unserer Haut (»exosomatisch«). Sie ist etwas Objektives, wie alle unsere Erfindungen. Wie alles Erfundene erzeugt sie ihre von uns abhängigen, autonomen Probleme. (Man denke an die Erfindung der Behandlung des Feuers oder an die Erfindung des Kraftwagens.) Diese Probleme sind ungewollt und unerwartet. Sie sind typische, unbeabsichtigte Konsequenzen unserer Handlungen, die dann ihrerseits auf uns zurückwirken.

So entsteht die objektive, abstrakte, autonome, aber wirkliche und wirkende Welt 3.

Ein vielleicht nicht allzu typisches aber eklatantes Beispiel ist die Mathematik. Sie ist, offenbar, unser Werk, unsere Erfindung. Aber wohl der größte Teil der Mathematik ist objektiv und gleichzeitig abstrakt: Es ist eine ganze Welt von Problemen und Lösungen, die wir nicht erfinden, sondern entdecken.

So kommen die, die über den Status der Mathematik nachgedacht haben, im wesentlichen zu zwei Ansichten. Und wir haben im wesentlichen zwei Philosophien der Mathematik.

(1) *Die Mathematik ist Menschenwerk.* Denn sie gründet sich auf unsere Intuition; oder sie ist unsere Konstruktion; oder sie ist unsere Erfindung. (Intuitionismus; Konstruktivismus; Konventionalismus.)

(2) *Die Mathematik ist ein an sich existierendes objektives Gebiet.* Es ist ein unendlich reiches Gebiet von objektiven Wahrheiten, die wir nicht machen, sondern die uns objektiv gegenüberstehen. Und nicht wenige dieser Wahrheiten können wir entdecken. (Diese Auffassung der Mathematik wird gewöhnlich als »Platonismus« bezeichnet.)

Diese beiden Philosophien der Mathematik stehen sich bisher unversöhnlich gegenüber. Aber die Theorie der Welt 3 zeigt, daß sie beide recht haben: Die unendliche Folge der natürlichen Zahlen (zum Beispiel) ist unsere sprachliche Erfindung; unsere Konvention; unsere Konstruktion. Aber nicht die Primzahlen und ihre Probleme: Diese *entdecken* wir in einer objektiven Welt, die wir zwar erfunden oder erschaffen haben, die sich aber (wie alle Erfindungen) objektiviert, von ihren Schöpfern loslöst und von deren Willen unabhängig wird: Sie wird »autonom«, »rein ideell«: sie wird »platonisch«.

Zwischen den beiden Philosophien der Mathematik kann es also vom Standpunkt der Theorie der Welt 3 keinen Streit geben. Man könnte höchstens darüber streiten, ob ein bestimmtes mathematisches Objekt – zum Beispiel die unendliche Zahlenfolge oder die axiomatische Mengenlehre – Menschenwerk ist, oder ob uns dieses Gebiet, wie von Gott gegeben, als ein Teil der objektiven Welt gegenübertritt. Aber zumindest seit 1963 (Paul Cohen) wissen wir, daß auch die axiomatische Mengenlehre Menschenwerk ist. Daß auch die Mathematiker fehlbar sind und daß wir unsere Theorien widerlegen, aber nicht immer beweisen können, das wissen wir schon lange.

Ich habe versucht, die Welt 3 zu erklären. Und ich komme jetzt zu dem dritten und letzten Teil meines Vortrages: Über die Gestaltung der Wirklichkeit.

3. Über die Gestaltung der Wirklichkeit

I

Es ist die Wechselwirkung zwischen Welt 1, Welt 2 und Welt 3, die als *Gestaltung der Wirklichkeit* betrachtet werden kann; die Wechselwirkung, die aus vielfachen Rückkoppelungen besteht, und innerhalb der wir mit der Methode von Versuch und Irrtum arbeiten. Wir greifen also bewußt in diese Rückkoppelungsspirale ein. Wir: der menschliche Geist, unsere Träume, unsere Zielsetzungen. Wir sind Urheber des Werkes, des Produkts, und gleichzeitig werden wir von unserem Werk geformt. Das ist eigentlich das Schöpferische am Menschen: daß wir, indem wir schaffen, uns gleichzeitig durch unser Werk selbst umschaffen. Die Gestaltung der Wirklichkeit ist also unser Werk; ein Prozeß, der nicht verstanden werden kann, wenn wir nicht alle seine drei Seiten, diese drei Welten zu verstehen versuchen; und wenn wir nicht die Art und Weise zu verstehen suchen, in der die drei Welten aufeinanderwirken.

In diese Spirale von Rückwirkungen oder Rückkoppelungen gehen unsere wachsenden Theorien ein und unsere Träume. Ein Beispiel ist die Gestaltung, die Schöpfung, die Erfindung von Leonardos Vogel: von dem, was wir alle heute als Flugzeug kennen. Es ist wichtig, daß es der Traum vom Fliegen ist, der zum Fliegen führt, und nicht, wie die materialistische Geschichtsauffassung von Marx und Engels wohl vorschlagen würde, der Traum, damit Geld zu verdienen. Otto Lilienthal (dessen Bruder ich noch persönlich kannte) und die Brüder Wright und viele andere haben vom Fliegen geträumt und haben bewußt ihr Leben für ihren Traum aufs Spiel gesetzt. Es war nicht die Hoffnung auf Gewinn, die sie inspirierte, sondern der Traum von einer neuen Freiheit – von der Erweiterung unserer ökologischen Nische: Es war die Suche nach einer besseren Welt, bei der Otto Lilienthal sein Leben verlor.

Bei der Gestaltung der Wirklichkeit, bei dem Versuch, den Welt-2-Traum vom Fliegen zu realisieren, spielt die Welt 3 eine entscheidende Rolle. Was entscheidend ist, das sind die Pläne und Beschreibungen, die Hypothesen, die Versuche, die Unglücksfälle und die Korrekturen; mit einem Wort, die Methode der Versuche und der Elimination der Irrtümer durch die Kritik.

Das ist die Rückkoppelungsspirale; und in ihr spielt auch die Welt 2 der Forscher und Erfinder eine große Rolle; aber eine Rolle, die, wie ich glaube, nicht so entscheidend wichtig ist wie die emergenten Probleme und überhaupt die Welt 3, die auf die Welt 2 dauernd zurückwirkt. Durch die Welt 3 werden unsere Träume dauernd korrigiert, bis sie dann schließlich konkretisiert werden können.

Pessimisten haben mich darauf hingewiesen, daß Otto Lilienthal, der deutsche Gleitflieger, ähnlich wie Leonardo, von einem Fliegen träumte, das mit dem Vogelflug Ähnlichkeit hat. Sie wären wohl entsetzt gewesen, wenn sie unseren Airbus gesehen hätten.

An dieser Bemerkung ist richtig, daß sich unsere Ideen wohl nie *so* realisieren, wie wir sie erträumt haben. Aber trotzdem ist die Bemerkung falsch. Wer heute genau so fliegen will, wie es Leonardo und Lilienthal wollten, der braucht nur ein Mitglied eines Segelfliegerklubs zu werden. Falls cr den Mut hat, ist es nicht zu schwierig. Die anderen, die im Airbus oder in der Boeing 747 fliegen, werden schon ihre Gründe haben, warum sie diese Art zu fliegen, trotz ihrer großen Verschiedenheit vom Segelflug, diesem oder der Eisenbahn oder dem Schiff oder dem Kraftwagen vorziehen. Auch das Fliegen im beengten Riesenflugzeug hat vielen Menschen viele neue Möglichkeiten und viele neue wertvolle Freiheiten gebracht.

II

Ohne Zweifel sind die Riesenflugzeuge Folgen der Träume Leonardos und Lilienthals, aber wohl unvorhersehbare Folgen. Mit unserer Sprache, unserer Wissenschaft und unserer Technik können wir die zukünftigen Folgen unserer Träume, unserer Wünsche und unserer Erfindungen besser voraussehen, als es die Pflanzen und Tiere können, aber sicher *nicht sehr viel besser.* Es ist wichtig, daß wir uns darüber klarwerden, wie wenig wir über diese unvorhersehbaren Folgen unserer Handlungen wissen. Die besten Mittel, die uns zur Verfügung stehen, sind noch immer *Versuch und Irrtum*: Versuche, die oft gefährlich sind, und die noch gefährlicheren Irrtümer – manchmal gefährlich für die Menschheit.

Von besonderer Gefahr ist der Glaube an eine politische Utopie. Das hängt möglicherweise damit zusammen, daß die Suche nach einer besseren Welt (wenn ich recht habe), ähnlich wie die Erforschung der Umgebung, einer der ältesten und wichtigsten aller Lebensinstinkte ist. Mit Recht glauben wir, daß wir zur Verbesserung unserer Welt beitragen sollen und können. Aber wir dürfen uns nicht einbilden, daß wir die Folgen unserer Pläne und Handlungen voraussehen können. Vor allem dürfen wir kein Menschenopfer bringen (außer vielleicht uns selbst, im äußersten Fall). Wir haben auch kein Recht, andere zu motivieren oder gar zu überreden, sich selbst zu opfern – auch nicht für eine Idee, eine Theorie, die uns (wegen unseres Nichtwissens wohl mit Unrecht) vollkommen überzeugt hat.

Jedenfalls muß es ein Teil unserer Suche nach einer besseren Welt werden, eine solche Welt zu suchen, in der andere ihr Leben nicht unfreiwillig für eine Idee zu opfern brauchen.

III

Ich bin am Ende meines Vortrags. Ich möchte nur noch einen letzten optimistischen Gedanken hinzufügen, mit dem ich auch meinen Beitrag zu einem Buch beschlossen habe, das ich zusammen mit meinem Freund Sir John Eccles schrieb. (Dieses Buch ist vor kurzem in deutscher Übersetzung erschienen.)

Wie ich oben zu zeigen versucht habe, wird Darwins Selektion, die natürliche Auslese und der Selektionsdruck, gewöhnlich mit einem blutigen Kampf ums Dasein assoziiert. Das ist eine Ideologie, die nur teilweise ernst zu nehmen ist.

Aber mit der Emergenz des menschlichen Bewußtseins und des Geistes und der sprachlich formulierten Theorien wird das alles noch ganz anders. Wir können es dem Wettbewerb unserer Theorien überlassen, die unbrauchbaren Theorien auszumerzen. In früheren Zeiten wurde der Träger der Theorie ausgeschieden. Jetzt können wir unsere Theorien an unserer Statt für uns sterben lassen. Vom biologischen Standpunkt der natürlichen Auslese ist die Hauptfunktion des Geistes und der Welt 3, daß sie die Anwendung der bewußten Kritik möglich machen; und damit die Auswahl der Theorien ohne die Tötung ihrer Träger. Die Anwendung der Methode der rationalen Kritik ohne Tötung der Träger wird möglich durch die biologische Entwicklung; dadurch, daß wir unsere Sprache erfinden, und damit die Welt 3. So überwindet, so transzendiert die natürliche Auslese ihren ursprünglich wohl etwas gewalttätigen Charakter: Mit der Emergenz der Welt 3 wird es möglich, daß die Auslese der besten Theorien, der besten Anpassungen, auch ohne Gewalt erfolgt. Wir können jetzt falsche Theorien durch nicht-gewaltsame Kritik eliminieren. Natürlich ist nicht-gewaltsame Kritik noch selten: Die Kritik ist gewöhnlich noch eine halb-gewaltsame, auch dann, wenn sie auf Papier ausgefochten wird. Aber es gibt keine biologischen Gründe mehr für eine gewaltsame Kritik und nur Gründe dagegen.

So könnte die heute noch übliche, die halb-gewaltsame Kritik ein vorübergehendes Stadium in der Entwicklung der Vernunft sein. Die Emergenz der Welt 3 bedeutet, daß die nicht-gewaltsame kulturelle Evolution kein utopischer Traum ist. Sie ist ein biologisch durchaus mögliches Resultat der Emergenz der Welt 3 durch die natürliche Zuchtwahl.

Eine Gestaltung unserer sozialen Umwelt mit dem Ziel des Friedens und der Gewaltlosigkeit ist nicht nur ein Traum. Sie ist eine mögliche und, vom biologischen Standpunkt aus, offenbar eine notwendige Zielsetzung für die Menschheit.

Anmerkung zu Seite 24, Zeile 7

Es gibt natürlich auch Tatsachen, die für die alte Interpretation sprechen: Es sind die *Katastrophen der Nischen*, etwa durch die Einführung eines Giftes wie DDT oder Penizillin. In diesen Fällen, die nichts mit der Wahl der Organismen zu tun haben, ist es in der Tat die zufällige Existenz eines Mutanten, die das Überleben entscheiden mag. Ähnlich ist die Lage bei dem in England berühmten Fall des »industriellen Melanismus«; das ist die Entwicklung von dunklen Varianten (von Faltern) als Anpassung an die industrielle Verschmutzung. Diese auffallenden und experimentell wiederholbaren, aber sehr speziellen Fälle erklären vielleicht, weshalb die von mir als »pessimistisch« beschriebene Interpretation des Darwinismus bei den Biologen so beliebt ist.

2. Über Wissen und Nichtwissen

Herr Präsident, Herr Dekan, meine Damen und Herren!
Vor allem möchte ich dem Fachbereich Wirtschaftswissenschaften der Johann-Wolfgang-Goethe-Universität sehr herzlich für die große Ehre danken, mir die Würde eines *Doctor rerum politicarum honoris causa* zu verleihen.

> Heiße Magister, heiße Doktor gar

kann ich nun sagen, mit Goethes Faust. Und ähnlich wie Goethes Faust scheint es auch mir mehr als zweifelhaft zu sein, ob ich diese Ehre verdient habe.

> Da steh ich nun, ich armer Tor!
> Und bin so klug als wie zuvor ...
> Und sehe, daß wir nichts wissen können!
> Das will mir schier das Herz verbrennen.

Damit bin ich auch am angekündigten Thema meines Vortrages angelangt, an dem Thema »*Über Wissen und Nichtwissen*«.
Ich habe vor, dieses Thema historisch zu behandeln, wenn auch nur sehr kurz, und die Lehre des Sokrates in den Mittelpunkt zu stellen; und so beginne ich mit der schönsten philosophischen Schrift, die ich kenne, mit Platons *Apologie des Sokrates*.

Vortrag, gehalten am 8. Juni 1979 in der Aula der Universität Frankfurt a. M. anläßlich der Verleihung der Ehrendoktorwürde.

I

Platons *Apologie* enthält die Verteidigungsrede des Sokrates und einen kurzen Bericht über seine Verurteilung. Ich halte die Rede für authentisch.[1] Sokrates erzählt hier, wie erstaunt und bestürzt er war, als er hörte, daß das Delphische Orakel auf die verwegene Frage: »Gibt es jemanden, der weiser ist als Sokrates?« antwortete: »Niemand ist weiser.«[2] »Als ich das hörte«, sagte Sokrates, »da fragte ich mich: Was will der Gott damit wohl sagen? Denn ich weiß, daß ich nicht weise bin; weder sehr weise, noch auch nur ein wenig.« Da Sokrates nicht durch Nachdenken herausbringen konnte, was der Gott mit seinem Orakelspruch meinte, so beschloß er, den Versuch zu machen, das Orakel zu widerlegen. Er ging also zu einem, der als weise galt – zu einem der Staatsmänner Athens – um von ihm zu lernen. Das Ergebnis beschreibt Sokrates folgendermaßen (*Apologie* 21 D): »Weiser als dieser Mann bin ich schon: Zwar weiß keiner von uns beiden etwas Rechtes. *Er* aber glaubt, daß er etwas weiß, und weiß nichts. *Ich* weiß zwar auch nichts; aber ich bilde mir nicht ein, etwas zu wissen.« Nachdem er mit den Politikern gesprochen hatte, ging Sokrates zu den Dichtern. Das Ergebnis war das gleiche. Und dann ging er zu den Handwerkern. Diese wußten nun in der Tat Dinge, von denen er nichts verstand. Aber sie bildeten sich ein, auch vieles andere zu wissen, sogar das Wichtigste. Und ihr Dünkel wog ihr echtes Wissen mehr als reichlich auf.

So kam Sokrates schließlich zu folgender Deutung der Absicht des

---

1 Natürlich gibt es keinen Beweis für die Authentizität von Platons *Apologie*: Auch ausgezeichnete Gelehrte haben sich gegen sie ausgesprochen. Aber die Gründe, die für sie sprechen, sind schwerwiegend. Daß Platon wollte, daß sie als authentisch betrachtet werde, scheint mir sicher zu sein, auch, daß sie zu seinen frühen Werken gehört, und daß daher viele Zeugen noch am Leben waren, als Platon die *Apologie* schrieb. Wie in allen frühen Dialogen (zumindest vor dem Gorgias) verwendet Sokrates in der *Apologie* die *Widerlegung durch praktische Beispiele* (*Elenchos*: 21 B/C); und er betont sein *Nichtwissen*.

2 Dieser Orakelspruch ist offenbar gleichfalls historisch. Chairephon, der die Frage an das Orakel stellte, ein Jugendfreund und Bewunderer des Sokrates, ist eine historische Persönlichkeit, ein militanter Gegner der Dreißig Tyrannen, der in der Schlacht im Piräus fiel. Sein Bruder wird von Sokrates als Zeuge zitiert und war während seines Prozesses anwesend. Da Platon ein Gegner der Demokratie war, so spricht die entscheidende Rolle, die der demokratische Parteigänger Chairephon in der *Apologie* spielt, ebenfalls für deren Authentizität.

Delphischen Orakels: Der Gott wollte offenbar gar nichts über Sokrates sagen; er hatte sich dieses Namens nur bedient, um zu sagen: »Unter den Menschen ist derjenige der weiseste, der, wie Sokrates, erkennt, daß er in Wahrheit keine Weisheit besitzt.«

II

Sokrates' Einsicht in unser Nichtwissen – »Ich weiß, daß ich fast nichts weiß, und kaum das« – scheint mir von der allergrößten Bedeutung zu sein. Diese Einsicht wurde nie deutlicher formuliert als in Platons *Apologie des Sokrates*. Man hat diese sokratische Einsicht oft nicht ernst genommen. Unter dem Einfluß von Aristoteles hat man sie für Ironie gehalten. Platon selbst gab schließlich (im *Gorgias*) die Sokratische Lehre von unserem Nichtwissen auf, und damit auch die charakteristisch sokratische Haltung: die Forderung nach intellektueller Bescheidenheit.

Das wird deutlich, wenn wir die Sokratische Lehre vom Staatsmann mit der Platonischen Lehre vergleichen. Es ist das ein Punkt, der einem *doctor rerum politicarum* besonders wichtig sein muß.

Sowohl Sokrates wie auch Platon stellen die Forderung auf, daß der Staatsmann weise sein soll. Aber das bedeutet bei diesen beiden etwas Grundverschiedenes. Bei Sokrates bedeutet es, daß der Staatsmann sich seiner eklatanten Unwissenheit voll bewußt sein soll. Sokrates wirbt also für intellektuelle Bescheidenheit. »Erkenne dich selbst!« bedeutet für ihn: »Sei dir bewußt, wie wenig du weißt!«

Im Gegensatz dazu interpretiert Platon die Forderung, daß der Staatsmann weise sein soll, als eine Forderung nach der Herrschaft der Weisen, nach der Sophokratie. Nur der wohlunterrichtete Dialektiker, der gelehrte Philosoph, ist fähig zu herrschen. Das ist der Sinn der berühmten Platonischen Forderung, daß die Philosophen Könige werden müssen und die Könige voll ausgebildete Philosophen. Die Philosophen waren von dieser Platonischen Forderung zutiefst beeindruckt; die Könige vermutlich etwas weniger.

Ein größerer Gegensatz zwischen zwei Interpretationen der Forderung, daß der Staatsmann weise sein soll, läßt sich kaum denken. Es ist der Gegensatz zwischen intellektueller Bescheidenheit und intellektueller Anmaßung. Und es ist auch der Gegensatz zwischen dem Fallibilismus – der Anerkennung der Fehlbarkeit alles menschlichen Wissens – und dem Szientismus oder Szientizismus: der These, daß dem Wissen und den Wissenden, der Wissenschaft und den Wissenschaftlern, der Weisheit und dem Weisen, der Gelehrtheit und dem Gelehrten, Autorität zugeschrieben werden soll.

Man sieht hier klar, daß ein Gegensatz in der Beurteilung des menschliche Wissens – also ein erkenntnistheoretischer Gegensatz – zu gegensätzlichen ethisch-politischen Zielsetzungen und Forderungen führen kann.

III

An dieser Stelle möchte ich einen Einwand gegen den Fallibilismus besprechen; einen Einwand, der, wie mir scheint, geradezu als ein Argument *für* den Fallibilismus verwendet werden kann.

Es ist der Einwand, daß das Wissen, im Gegensatz zum Meinen oder zum Vermuten, wesentlich autoritativ ist; und auch, daß der allgemeine Sprachgebrauch hier die These vom autoritativen Charakter des Wissens unterstützt. So wird der Ausdruck »ich weiß« nur dann sprachlich richtig verwendet, wenn er die folgenden drei Dinge impliziert: erstens, die Wahrheit dessen, was ich zu wissen behaupte; zweitens, dessen Gewißheit; und drittens, das Vorliegen von zureichenden Gründen.

Analysen wie diese kann man oft in philosophischen Diskussionen hören und in philosophischen Büchern lesen. (Vgl. W. T. Krug, *Fundamentalphilosophie*, 1818, S. 237; J. F. Fries, *System der Logik*, 1837, S. 421f.) Und diese Analysen zeigen wirklich, was man im allgemeinen Sprachgebrauch mit dem Wort »Wissen« meint. Sie analysieren einen Begriff, den ich den klassischen Begriff des Wissens nennen möchte: Dieser klassische Begriff des Wissens impliziert die Wahrheit und die Sicherheit des Gewußten; auch, daß wir hinreichende Gründe für unser Fürwahrhalten besitzen müssen.

Es ist nun genau dieser klassische Begriff des Wissens, den Sokrates verwendet, wenn er sagt: »Ich weiß, daß ich fast nichts weiß – und ich weiß kaum das!« Und es ist derselbe klassische Begriff des Wissens, den Goethe verwendet, wenn er Faust sagen läßt:

Und sehe, daß wir nichts wissen können!
Das will mir schier das Herz verbrennen.

Es ist also gerade der klassische Begriff des Wissens, der Wissensbegriff des allgemeinen Sprachgebrauchs, der auch vom Fallibilismus, von der Fehlbarkeitslehre, verwendet wird, wenn sie betont, daß wir uns immer oder fast immer irren können und daß wir daher, im klassischen Sinne von »Wissen«, nichts oder nur sehr wenig wissen; oder, wie Sokrates sagt, daß wir »nichts Rechtes« wissen.

Woran dachte wohl Sokrates, wenn er sagte, daß wir »nichts Rechtes« wissen oder, in mehr wörtlicher Übersetzung, »nichts Schönes und Gutes«? (*Apologie* 21 D.) Sokrates dachte dabei insbesondere an die Ethik. Er war weit davon entfernt, ethisches Wissen als unmöglich zu erklären; im Gegenteil, er versuchte, ethisches Wissen zu begründen. Dabei war seine Methode eine kritische: Er kritisierte, was ihm und anderen als gewiß erschien. Es war diese kritische Methode, die ihn zum Fallibilismus führte und zu der Einsicht, daß er und andere vom Wissen in ethischen Dingen weit entfernt waren. Dennoch ist Sokrates ein bahnbrechender Ethiker. Von ihm und von seinem Zeitgenossen Demokrit stammt die gute und wichtige Lebensregel: »Unrecht erleiden ist besser als Unrecht tun.«

IV

Um aber zur *Apologie* zurückzukehren; wenn Sokrates dort sagt, daß weder er noch die andern etwas Rechtes wissen, so denkt er vielleicht auch an die Naturphilosophen, an jene großen Denker Griechenlands, die wir jetzt die Vorsokratiker nennen und die die Vorläufer unserer jetzigen Naturwissenschaft sind. Sokrates mag insbesondere an den Naturphiliosophen Anaxagoras gedacht haben, den er auch in seiner *Apologie* etwas später erwähnt, übrigens in einer nicht sehr respektvollen Weise: Er sagt nämlich, daß das Werk des Anaxagoras, das er als »verfehlt« (*atopos*) bezeichnet, bei den athenischen Buchhändlern, wenn's hoch kommt, für eine Drachme erhältlich sei. (*Apologie* 26 D.) Auch aus einem anderen Werk von Platon, dem *Phaidon*, scheint hervorzugehen, daß Sokrates von der Naturphilosophie des Anaxagoras – und von der Naturphilosophie überhaupt

– schwer enttäuscht war. Wir haben also Grund anzunehmen, daß Sokrates, wenn er sagte, »Ich weiß, daß ich fast nichts weiß – und ich weiß kaum das«, an viele ungelöste ernste Probleme dachte, die ihm begegnet waren; von den Problemen der Ethik und der Politik bis zu denen der Philosophie der Natur.

Zugegeben, daß Sokrates nicht allzuviel mit Goethes Figur des Faust gemein hat. Aber wir können doch vermuten, daß die Einsicht, daß wir nichts wissen können, auch das Herz des Sokrates verbrannt hat: daß er, wie Faust, tief unter dem unerfüllbaren Wunsche aller echten Wissenschaftler litt; ich meine den Wunsch,

> Daß ich erkenne, was die Welt
> Im Innersten zusammenhält.

Aber diesem unerreichbaren Ziel hat uns die moderne Naturwissenschaft doch etwas näher gebracht. So müssen wir fragen, ob nicht der Standpunkt des sokratischen Nichtwissens durch die moderne Naturwissenschaft als überholt erwiesen wurde.

V

In der Tat, Newtons Theorie der Gravitation schuf eine völlig neue Lage. Diese Theorie kann als die Verwirklichung, nach über 2000 Jahren, des ursprünglichen Forschungsprogrammes der vorsokratischen Naturphilosophen angesehen werden. Und Newton hat seine Theorie vielleicht selbst so gesehen, als er den Titel seines Buches wählte: *Die mathematischen Prinzipien der Naturphilosophie*. Es war eine Verwirklichung, die die kühnsten Träume der Antike weit hinter sich ließ.

Es war ein beispielloser Fortschritt: Die Theorie von Descartes, die von Newtons Theorie langsam verdrängt wurde, kann mit Newtons Theorie überhaupt nicht verglichen werden. Descartes' Theorie lieferte nur eine ganz vage qualitative Erklärung der Planetenbewegung. Trotzdem widersprach Descartes' Theorie Tatsachen, die damals schon längere Zeit bekannt waren. Diese Theorie hatte unter anderem die fatale Konsequenz, daß die Planeten, die von der Sonne am weitesten entfernt sind, sich am schnellsten bewegen, im Widerspruch nicht nur zu den Beobachtungen, sondern vor allem auch zu Keplers drittem Gesetz.

Im Gegensatz dazu konnte Newtons Theorie nicht nur die Keplerschen Gesetze erklären, sondern sie korrigierte diese Gesetze, indem sie kleine Abweichungen von diesen Gesetzen quantitativ richtig voraussagte.

VI

Newtons Theorie schuf also eine neue intellektuelle Situation; es war ein intellektueller Sieg ohnegleichen. Die Voraussagen der Newtonschen Theorie wurden mit unglaublicher Genauigkeit bestätigt. Und als für den Planeten Uranus kleine Abweichungen von der von Newton vorausgesagten Bewegung gefunden wurden, berechneten Adams und Leverrier mit Hilfe von Newtons Theorie (und von viel Glück) aus eben diesen Abweichungen die Position eines neuen, unbekannten Planeten, der dann auch prompt von Galle entdeckt wurde. Darüber hinaus erklärte Newtons Theorie nicht nur die Bewegung der Himmelskörper, sondern auch die irdische Mechanik, die Bewegungen unserer irdischen Mechanismen.

Hier, so schien es, war in der Tat Wissen; wahres, sicheres und zureichend begründetes Wissen. Daran konnte wohl kein Zweifel mehr sein.

Es brauchte merkwürdig lange, bevor die Neuheit der intellektuellen Situation begriffen wurde. Wenige sahen, was da geschehen war. David Hume, einer der größten Philosophen, sah, daß ein großer Fortschritt gemacht worden war; aber er verstand nicht, wie groß und wie radikal dieser Fortschritt der menschlichen Erkenntnis war. Ich fürchte, daß das auch heute noch von vielen nicht ganz verstanden wird.

VII

Der erste Denker, der es ganz verstand, war Immanuel Kant. Von Hume zum Skeptizismus bekehrt, sah er das Paradoxe, das fast Widersinnige dieses neuen Wissens. Er fragte sich, wie so etwas wie die Newtonsche Wissenschaft überhaupt möglich sein könne.

Diese Frage, und Kants Antwort, wurde die Kernfrage seiner *Kritik der reinen Vernunft*. In diesem Buch warf Kant die Fragen auf:

Wie ist reine Mathematik möglich?

und

Wie ist reine Naturwissenschaft möglich?

Und er schrieb:

»Von diesen Wissenschaften, da sie wirklich gegeben sind, läßt sich nun wohl geziemend fragen: *wie* sie möglich sind; denn *daß* sie möglich sein müssen, wird durch ihre Wirklichkeit bewiesen«.[3]

Man merkt Kants Staunen; sein berechtigtes Staunen über die Existenz von Newtons Theorie, die er als »reine Naturwissenschaft« charakterisierte.

Im Gegensatz zu allen anderen, die darüber eine Meinung hatten, sah Kant, daß Newtons Theorie nicht der Erfolg einer experimentellen oder induktiven Methode war, sondern ein Erfolg des menschlichen Denkens, des menschlichen Verstandes.

Kants Antwort auf die Frage »Wie ist reine Naturwissenschaft möglich?« war die folgende:

»Der Verstand schöpft seine Gesetze [die Naturgesetze] nicht aus der Natur, sondern schreibt sie dieser vor.«

Mit anderen Worten, Newtons Gesetze sind nicht von der Natur abgelesen, sondern sie sind Newtons Werk, sie sind das Produkt seines Verstandes, seine Erfindung: Der menschliche Verstand erfindet die Gesetze der Natur.

Diese überaus originelle erkenntnistheoretische Position Kants wurde von Kant selbst als die Kopernikanische Wendung in der Theorie des Wissens bezeichnet. Newtons Wissenschaft war, nach Kant, Wissen im klassischen Sinn: wahres, sicheres und hinreichend begründetes Wissen. Und dieses Wissen war möglich, weil die menschliche Erfahrung selbst das Produkt der aktiven Verarbeitung und Interpretation unserer Sinnesdaten durch unseren Erkenntnisapparat war, insbesondere durch unseren Verstand.

---

3 Kant, *Kritik der reinen Vernunft*, 2. Aufl., S. 20

Diese Kantsche Theorie der Erkenntnis ist wichtig und zum großen Teil richtig. Aber Kant irrte, wenn er glaubte, daß seine Theorie die Frage beantwortete, wieso Wissen möglich ist, Wissen im klassischen Sinn.

Die klassische Idee der Wissenschaft als eines wahren, gesicherten und zureichend begründeten Wissens ist auch heute noch lebendig. Aber sie wurde vor sechzig Jahren überholt durch die Einsteinsche Revolution; durch Einsteins Theorie der Gravitation.

Das Resultat dieser Revolution ist: Ob nun Einsteins Theorie wahr ist oder falsch – sie zeigt, daß Wissen im klassischen Sinn, gesichertes Wissen, Gewißheit, unmöglich ist. Kant hatte recht: Unsere Theorien sind freie Schöpfungen unseres Verstandes. Und wir versuchen, sie der Natur vorzuschreiben. Aber es gelingt uns nur selten, die Wahrheit zu erraten; und wir können nie sicher sein, ob es uns gelungen ist. *Wir müssen uns mit Vermutungswissen begnügen.*

VIII

Es ist notwendig, hier kurz auf die logischen Beziehungen zwischen der Gravitationstheorie von Newton und der von Einstein einzugehen.

Die Theorie von Newton und die von Einstein stehen logisch miteinander in Widerspruch: Gewisse Folgerungen aus den beiden Theorien sind unvereinbar. Es können also unmöglich beide Theorien wahr sein.

Dennoch stehen die beiden Theorien in einer Beziehung der *Annäherung* zueinander: Die Abweichungen zwischen ihren empirisch überprüfbaren Konsequenzen sind so klein, daß alle die ungezählten beobachteten Fälle, die Newtons Theorie bewähren und unterstützen, gleichzeitig auch Einsteins Theorie bewähren und unterstützen.

Newtons Theorie war, wie ich schon angedeutet habe, empirisch glänzend bewährt; man kann wohl sagen, optimal bewährt. Aber die Entdeckung, oder Erfindung, von Einsteins Theorie macht es unmöglich, daß wir diese glänzenden Bewährungen als Gründe betrachten, auch nur eine dieser beiden Theorien als wahr und als gesichert anzusehen. Denn dieselben Gründe würden dann auch dafür sprechen, die andere Theorie als wahr und als gesichert anzusehen. Aber es ist logisch unmöglich, daß von zwei unvereinbaren Theorien beide wahr sind.

Wir finden hier also, daß es unmöglich ist, auch die am besten bewährten naturwissenschaftlichen Theorien als Wissen im klassischen Sinn zu interpretieren. Auch unsere am besten überprüften und am besten bewährten naturwissenschaftlichen Theorien sind nur Vermutungen, erfolgreiche Hypothesen, und sie sind auf immer dazu verurteilt, Vermutungen oder Hypothesen zu bleiben.

IX

Wissenschaft ist Wahrheitssuche; und es ist durchaus möglich, daß manche unserer Theorien in der Tat wahr sind. Aber auch wenn sie wahr sind, so können wir das niemals sicher wissen.

Es ist das eine Einsicht, die schon von dem Dichter und Sänger Xenophanes erreicht wurde, der etwa hundert Jahre vor Sokrates und 500 Jahre vor Christi Geburt schrieb (die Übersetzungen sind von mir):

> Sichere Wahrheit erkannte kein Mensch und wird keiner erkennen
> Über die Götter und alle die Dinge, von denen ich spreche.
> Sollte einer auch einst die vollkommenste Wahrheit verkünden,
> Wissen könnt' er das nicht: Es ist alles durchwebt von Vermutung.

Xenophanes lehrte aber schon damals, daß es einen Fortschritt geben kann in unserer Wahrheitssuche; denn er schreibt:

> Nicht vom Beginn an enthüllen die Götter den Sterblichen alles.
> Aber im Laufe der Zeit finden wir, suchend, das Bess're.

Die beiden Fragmente des Xenophanes, die ich zitiert habe, können vielleicht durch die folgenden zwei Thesen interpretiert werden.

1. Es gibt kein Kriterium der Wahrheit; nicht einmal wenn wir die Wahrheit erreicht haben, können wir dessen sicher sein.
2. Es gibt ein rationales Kriterium des Fortschritts in der Wahrheitssuche, und daher ein Kriterium des wissenschaftlichen Fortschritts.

Ich glaubte, daß beide Thesen richtig sind.

Was ist nun aber das rationale Kriterium des wissenschaftlichen

Fortschritts in der Wahrheitssuche, des Fortschritts in unseren Hypothesen, in unseren Vermutungen? Wann ist eine wissenschaftliche Hypothese besser als eine andere Hypothese?

Die Antwort ist: Die Wissenschaft ist eine kritische Tätigkeit. Wir überprüfen unsere Hypothesen kritisch. Wir kritisieren sie, um Fehler zu finden; und in der Hoffnung, die Fehler zu eliminieren und so der Wahrheit näherzukommen.

Wir halten eine Hypothese – zum Beispiel eine neue Hypothese – für besser als eine andere, wenn sie die folgenden drei Forderungen erfüllt: Erstens muß die neue Hypothese alle jene Dinge erklären, die die alte Hypothese erfolgreich erklärt hat. Das ist der erste und wichtigste Punkt. Zweitens soll sie zumindest einige der Fehler der alten Hypothese vermeiden: Das heißt, sie soll womöglich einigen von jenen kritischen Prüfungen standhalten, denen die alte Hypothese nicht standgehalten hat. Drittens soll sie womöglich Dinge erklären, die die alte Hypothese nicht erklären oder voraussagen konnte.

Das ist also das Kriterium des wissenschaftlichen Fortschritts. Es wird insbesondere in den Naturwissenschaften ganz allgemein und gewöhnlich ganz unbewußt angewendet. Eine neue Hypothese wird nur ernst genommen, wenn sie zumindest das erklärt, was ihre Vorgängerin erfolgreich erklärt hat, und wenn sie außerdem entweder gewisse Fehler der alten Hypothese zu vermeiden verspricht oder neue Voraussagen macht, womöglich überprüfbare Voraussagen.

X

Dieses Kriterium des Fortschritts kann gleichzeitig als ein Kriterium der Annäherung an die Wahrheit betrachtet werden. Denn wenn eine Hypothese das Kriterium des Fortschritts erfüllt und daher unseren kritischen Überprüfungen mindestens so gut standhält wie ihre Vorgängerin, so sehen wir das nicht als einen Zufall an; und wenn sie den kritischen Prüfungen noch besser standhält, so nehmen wir an, daß sie der Wahrheit näher kommt als ihre Vorgängerin.

Das Ziel der Wissenschaft ist also die Wahrheit: Wissenschaft ist Wahrheitssuche. Und wenn wir auch, wie Xenophanes gesehen hat, nie wissen können, ob wir dieses Ziel erreicht haben, so können wir dennoch recht gute Gründe für die Vermutung haben, daß wir unserem Ziel, der Wahrheit, nähergekommen sind; oder, wie Einstein sagt, daß wir auf dem rechten Weg sind.

XI

Zum Abschluß möchte ich noch einige Folgerungen aus dem ziehen, was ich gesagt habe.
Die Sokratische These vom Nichtwissen scheint mir überaus wichtig zu sein. Wir haben gesehen, daß die Newtonsche Naturwissenschaft von Kant im Sinne des klassischen Wissensbegriffes gedeutet wurde. Diese Deutung ist seit Einstein unmöglich. Wir wissen nun, daß auch das beste Wissen im Sinne der Naturwissenschaften kein Wissen im klassischen Sinn ist, also kein Wissen im Sinne des allgemeinen Sprachgebrauchs. Das führt zu einer wirklichen Revolution des Wissensbegriffes: Das Wissen im Sinne der Naturwissenschaften ist *Vermutungswissen*; es ist ein kühnes Raten. So behält Sokrates recht, trotz Kants verständnisvoller Einschätzung der Riesenleistung Newtons. Aber es ist ein Raten, das durch rationale Kritik diszipliniert wird.

Das macht den Kampf gegen das dogmatische Denken zur Pflicht. Es macht auch die äußerste intellektuelle Bescheidenheit zur Pflicht. Und es macht vor allem die Pflege einer einfachen und unprätentiösen Sprache zur Pflicht: zur Pflicht jedes Intellektuellen.

Alle großen Naturwissenschaftler waren intellektuell bescheiden; und Newton spricht für alle, wenn er sagt: »Ich weiß nicht, wie ich der Welt erscheine. Mir selbst erscheine ich wie ein Knabe, der am Meeresstrand spielt. Ich vergnügte mich damit, hier und da einen Kiesel aufzulesen, der glatter war als die anderen, oder eine hübschere Muschel – während der große Ozean der Wahrheit unerforscht vor mir lag.« Einstein nannte seine allgemeine Relativitätstheorie eine Eintagsfliege.

Und alle großen Wissenschaftler waren sich klar darüber, daß jede Lösung eines wissenschaftlichen Problems viele neue ungelöste Probleme aufwirft. Je mehr wir über die Welt lernen, um so bewußter, um so detaillierter und um so genauer wird unser Wissen von den noch ungelösten Problemen, unser sokratisches Wissen von unserem Nichtwissen. Die wissenschaftliche Forschung ist in der Tat die beste

Methode, uns über uns selbst und über unser Nichtwissen aufzuklären. Sie führt uns zu der wichtigen Einsicht, daß wir Menschen sehr verschieden sind hinsichtlich der Kleinigkeiten, über die wir vielleicht etwas wissen. In unserer unendlichen Unwissenheit sind wir aber alle gleich.

XII

Der Vorwurf des Szientismus oder Szientizismus – das heißt, der Vorwurf des dogmatischen Glaubens an die Autorität der naturwissenschaftlichen Methode und ihrer Ergebnisse – ist daher ganz verfehlt, wenn er sich gegen die kritische Methode der Naturwissenschaft richtet oder gegen die großen Naturwissenschaftler; insbesondere seit der Reform des Wissensbegriffes, die wir solchen Menschen wie Sokrates, Nicolaus von Cues, Erasmus, Voltaire, Lessing, Goethe und Einstein verdanken. Goethe war, wie alle großen Naturwissenschaftler, ein Gegner des Szientismus, des Autoritätsglaubens; und er bekämpfte ihn im Zusammenhang mit seiner Kritik an Newtons Optik. Seine Argumente gegen Newton waren wohl nicht stichhaltig, aber alle großen Naturwissenschaftler haben manchmal auch Fehler gemacht; und in seiner Polemik gegen den dogmatischen Glauben an die Autorität Newtons war Goethe sicher im Recht. Ich möchte hier sogar die Vermutung wagen, daß der Vorwurf des Szientismus – also der Vorwurf des Dogmatismus, des Autoritätsglaubens und der arroganten Anmaßung von Wissen – viel öfter die Anhänger der Wissenssoziologie und der Wissenschaftssoziologie trifft als ihre Opfer, die großen Naturwissenschaftler. In der Tat, manche, die sich für Kritiker des Szientismus halten, sind dogmatische, in Wirklichkeit ideologische und autoritäre Gegner der Naturwissenschaften, von denen sie leider nur allzu wenig verstehen.

Vor allem wissen sie nicht, daß die Naturwissenschaften ein objektives und nicht-ideologisches Kriterium des Fortschritts besitzen: des Fortschritts zur Wahrheit hin. Es ist jenes einfache und rationale Kriterium, das die Entwicklung der Naturwissenschaften beherrscht, seit Kopernikus, Galilei, Kepler und Newton, seit Pasteur und Claude Bernard. Das Kriterium ist nicht immer anwendbar. Aber die Naturwissenschaftler (außer wenn sie Moden zum Opfer fallen, wie es sogar guten Physikern passiert) wenden es gewöhnlich mit Sicherheit und richtig an, wenn auch nur selten voll bewußt. In den Sozialwissenschaften ist leider die Herrschaft dieses rationalen Kriteriums viel weniger gesichert. So kam es zu modischen Ideologien, zur Herrschaft der großen Worte, und zur Feindschaft gegen die Vernunft und gegen die Naturwissenschaft.

Goethe hat auch diese wissenschaftsfeindliche Ideologie gekannt, und er hat sie verurteilt. Es ist der Teufel selbst, der darauf lauert, daß wir uns dieser wissenschaftsfeindlichen Ideologie in die Arme werfen. Die Worte, die Goethe dem Teufel in den Mund legt, sind unzweideutig:

> Verachte nur Vernunft und Wissenschaft,
> des Menschen allerhöchste Kraft ...
> So hab ich Dich schon unbedingt.

Meine Damen und Herren, ich hoffe, Sie werden mich nicht verdammen, wenn ich für dieses eine Mal dem Teufel selbst das letzte Wort lasse.

3. Über die sogenannten Quellen der Erkenntnis

Ich danke Ihnen für die große Ehre, mir die Würde eines Doktors der Philosophie in der geisteswissenschaftlichen Fakultät Ihrer Universität zu verleihen. Ich nehme diese Ehre mit Dank und mit großer Freude an.

Nun habe ich aber auch, und zwar im letzten Moment, eine schwere Verpflichtung übernommen, die Verpflichtung, einen kurzen Vortrag zu halten. Bevor ich mit diesem Vortrag beginne, will ich aber eine wahre Geschichte aus meinen neuseeländischen Tagen erzählen.

In Christchurch in Neuseeland war ich mit dem Physiker Professor Coleridge Farr befreundet, der zur Zeit meiner Ankunft ungefähr so alt war, wie ich es jetzt bin; ein sehr origineller und witziger Mann und ein Fellow of the Royal Society of London. Professor Farr war ein sozial denkender Mann, und er hielt populärwissenschaftliche Vorträge in den verschiedensten Kreisen, unter anderem auch in Gefängnissen. Einmal begann er seinen Vortrag in einem Gefängnis mit den Worten:

»Ich halte hier heute genau denselben Vortrag wie vor sechs Jahren. Wenn also einer von Euch ihn schon gehört hat, dann geschieht ihm ganz recht!« Kaum hatte er diese etwas anzüglichen Worte ausgesprochen, als das Licht im Saale erlosch. Er sagte nachher, er hätte sich, solange es finster war, etwas unbehaglich gefühlt.

Vortrag, gehalten am 27. 7. 1979 in der Universität Salzburg anläßlich der Verleihung eines Ehrendoktorates an den Autor.

An diese Situation wurde ich nun erinnert, als mir Professor Weingartner am letzten Samstag mitteilte – also wirklich im letzten Augenblick –, es werde von mir erwartet, daß ich heute hier einen Vortrag halten soll. Er fügte nämlich hinzu, daß ich ja einen alten Vortrag von mir wiederholen könne. Da fiel mir natürlich Professor Farr ein, und auch, daß ich ja offenbar hier *nicht* sagen kann: »Wenn jemand von Ihnen meinen Vortrag schon gehört hat, so geschieht ihm recht.« Ich bin also in einer noch schlimmeren Lage als Professor Farr; denn wegen der Kürze der Zeit blieb mir, nach mehreren mißglückten Versuchen, nichts übrig, als eine größere alte Arbeit von mir[1] neu aufzubügeln, mit einer neuen Einleitung zu versehen und, vor allem, um etwa sieben Achtel zu kürzen. Ich bitte also vielmals um Entschuldigung, vor allem weil mein Vortrag noch immer viel zu lang ist. Aber bis auf einen oder zwei meiner verehrten Zuhörer wird hoffentlich niemand meinen Vortrag wiedererkennen. Das Thema meines Vortrages lautet:

Über die sogenannten Quellen der menschlichen Erkenntnis.

Seit fast 2500 Jahren gibt es so etwas wie eine Theorie der Erkenntnis. Und von den griechischen Philosophen bis zu den Mitgliedern des Wiener Kreises war die Grundfrage dieser Theorie der Erkenntnis *die Frage nach den Quellen unserer Erkenntnisse*.

Noch in einer der späteren Arbeiten von Rudolf Carnap, einem der Führer des Wiener Kreises, können wir etwa folgendes lesen:

Wenn Du eine Behauptung aufstellst, so mußt Du sie auch rechtfertigen. Und das bedeutet, daß Du imstande sein mußt, die folgenden Fragen zu beantworten:

Woher weißt Du das? Auf welche *Quelle* stützt sich Deine Behauptung? Welche *Wahrnehmungen* liegen Deiner Behauptung zugrunde?

Ich finde diese Kette von Fragen ganz und gar unbefriedigend, und ich will in diesem Vortrag versuchen, einige der Gründe anzugeben, *warum* ich diese Fragen so unbefriedigend finde.

Mein Hauptgrund ist, daß diese Fragen eine autoritäre Einstellung

1 Es ist die »Introduction« zu meinem Buch *Conjectures and Refutations*, 1963; 8. Auflage 1981. Eine deutsche Übersetzung dieses Buches unter dem Titel *Vermutungen und Widerlegungen* ist in Vorbereitung.

zum Problem des menschlichen Wissens voraussetzen. Sie setzen voraus, daß unsere Behauptungen dann, und nur dann, zulässig sind, wenn wir uns auf die Autorität von *Erkenntnisquellen* berufen können und insbesondere auf *Wahrnehmungen*.

Demgegenüber behaupte ich, daß es solche Autoritäten nicht gibt und daß *allen* Behauptungen ein *Moment der Unsicherheit* anhaftet; auch allen auf *Wahrnehmung* gestützten Behauptungen, ja sogar allen *wahren* Behauptungen.

Ich werde daher hier vorschlagen, die alte Frage nach den Quellen unserer Erkenntnis durch eine ganz andere Frage zu ersetzen. Die traditionelle Fragestellung in der Theorie der Erkenntnis hat eine gewisse Ähnlichkeit mit der traditionellen Fragestellung in der Theorie des Staates, und diese Ähnlichkeit kann uns dazu verhelfen, eine neue und bessere Fragestellung in der Erkenntnistheorie aufzufinden.

Die traditionelle Grundfrage nach den autoritären Quellen der Erkenntnis entspricht nämlich der traditionellen Grundfrage der Staatsphilosophie, wie sie von Platon aufgestellt wurde. Ich meine die Frage: »Wer soll herrschen?«

Diese Frage verlangt eine autoritäre Antwort. Die traditionellen Antworten waren: »Die Besten« oder »Die Weisesten«. Aber auch andere und anscheinend freiheitliche Antworten auf die Frage wie »Das Volk« oder »Die Mehrheit« bleiben in der autoritären Fragestellung stecken.

Sie verleitet übrigens auch zu solchen albernen Alternativen wie: »Wer soll herrschen, die Kapitalisten oder die Arbeiter?« (Diese Frage ist analog zu der erkenntnistheoretischen Frage: »Was ist die letzte Quelle unserer Erkenntnis? Der Intellekt oder die sinnliche Wahrnehmung?«)

Die Frage »Wer soll herrschen?« ist offenbar falsch gestellt, und die Antworten, die sie hervorruft, sind autoritär. (Sie sind auch paradox.)

Ich schlage nun vor, daß man an ihre Stelle eine ganz andere und viel bescheidenere Fragestellung setzen sollte. Etwa: »Was können wir tun, um unsere politischen Institutionen so zu gestalten, daß schlechte oder untüchtige Herrscher (die wir natürlich zu vermeiden suchen, aber trotzdem nur allzu leicht bekommen können) möglichst geringen Schaden anrichten können?«

Ich glaube, daß wir ohne eine solche Änderung in unserer Fragestellung niemals hoffen können, zu einer vernünftigen Theorie des Staates und seiner Einrichtungen zu kommen.

Die Demokratie kann meiner Meinung nach nur als Antwort auf diese viel bescheidenere Frage theoretisch begründet werden. Die Antwort ist: Die Demokratie erlaubt uns, schlechte oder untüchtige oder tyrannische Herrscher ohne Blutvergießen loszuwerden.

In ganz ähnlicher Weise kann man die Frage nach den Quellen unserer Erkenntnis durch eine andere Frage ersetzen. Die traditionelle Frage war und ist noch immer: »Welches sind die besten Quellen unserer Erkenntnis, die verläßlichsten Quellen – Quellen, die uns nicht in die Irre führen werden und an die wir, wenn wir im Zweifel sind, als eine letzte Instanz appellieren können?«

Ich schlage vor, davon auszugehen, daß es solche ideale und unfehlbare Quellen der Erkenntnis ebensowenig gibt wie ideale und unfehlbare Herrscher, und daß alle »Quellen« unserer Erkenntnis uns manchmal irreleiten. Und ich schlage vor, die Frage nach den Quellen unserer Erkenntnis durch eine grundverschiedene Frage zu ersetzen, durch die Frage: »Gibt es einen Weg, Irrtümer zu entdekken und auszuschalten?«

Wie so viele autoritäre Fragen, so ist auch die Frage nach den Quellen der Erkenntnis eine Frage nach der Herkunft. Sie fragt nach dem Ursprung unserer Erkenntnis in dem Glauben, daß die Erkenntnis sich durch ihren Stammbaum legitimieren könne. Die (oft unbewußte) metaphysische Idee, die ihr zugrunde liegt, ist die einer rassisch reinen Erkenntnis, einer unverfälschten Erkenntnis, einer Erkenntnis, die sich von der höchsten Autorität, wenn möglich von Gott selbst ableitet und der daher die Autorität eines eigenen Adels innewohnt. Meine abgeänderte Fragestellung: »Was können wir tun, um Irrtümer aufzufinden?« ist der Ausfluß der Überzeugung, daß es solche reine, unverfälschte und unfehlbare Quellen nicht gibt und daß man die Frage nach Ursprung und nach Reinheit nicht mit der Frage nach Gültigkeit und nach Wahrheit verwechseln darf. Die Ansicht, die ich hier vertrete, ist alt und geht auf Xenophanes zurück. Schon Xenophanes wußte, etwa 500 v. Chr., daß das, was wir Wissen nennen, nichts ist als Raten und

Meinen – *doxa* und nicht *episteme* –, wie wir aus seinen Versen ersehen[2]:

> Nicht vom Beginn an enthüllen die Götter uns Sterblichen alles.
> Aber im Laufe der Zeit finden wir, suchend, das Bess're.

> Sichere Wahrheit erkannte kein Mensch und wird keiner erkennen
> Über die Götter und alle die Dinge, von denen ich spreche.
> Sollte einer auch einst die vollkommenste Wahrheit verkünden,
> Wissen könnt' er das nicht: Es ist alles durchwebt von Vermutung.

Und doch wird die traditionelle Frage nach den autoritativen Quellen unseres Wissens auch heute noch gestellt – sehr oft sogar von Positivisten und anderen Philosophen, die überzeugt sind, daß sie gegen alle Autorität revoltieren.

Die richtige Antwort auf meine Frage »Auf welche Weise haben wir Aussicht, Irrtümer zu erkennen und auszuschalten?« scheint mir zu sein: »Durch Kritik an den Theorien und Vermutungen anderer und – falls wir uns dazu erziehen können – durch Kritik an unseren eigenen Theorien und spekulativen Lösungsversuchen.« (Übrigens ist eine solche Kritik der eigenen Theorien zwar höchst wünschenswert, aber nicht unerläßlich; denn wenn wir nicht selbst dazu imstande sind, werden sich andere finden, die es für uns tun.)

Diese Antwort faßt eine Einstellung zusammen, die man als einen »Kritischen Rationalismus« beschreiben könnte. Es ist das eine Anschauungsweise, eine Haltung und eine Überlieferung, die wir den Griechen verdanken. Sie unterscheidet sich grundlegend vom »Rationalismus« oder »Intellektualismus«, die Descartes und seine Schule proklamierten, und sogar auch von Kants Erkenntnislehre. Jedoch auf dem Gebiete der Ethik und sittlicher Erkenntnis kommt Kants *Prinzip der Autonomie* dieser Einstellung sehr nahe. Dieses Prinzip drückt seine Einsicht aus, daß wir niemals das Gebot einer Autorität, und sei sie noch so erhaben, als Grundlage der Ethik anerkennen dürfen. Denn wenn wir uns dem Befehl einer Autorität gegenübersehen, so steht es immer bei uns, kritisch zu urteilen, ob es

2 Übersetzt vom Verfasser dieses Vortrages.

moralisch zulässig ist, diesem Befehl zu gehorchen. Es kann sein, daß die Autorität die Macht hat, ihre Befehle durchzusetzen, und daß wir machtlos sind, Widerstand zu leisten. Aber wenn es uns physisch möglich ist, unsere Handlungsweise zu bestimmen, so können wir uns der letzten Verantwortung nicht entziehen. Denn die kritische Entscheidung liegt bei uns: Wir können dem Befehl gehorchen oder nicht gehorchen; wir können die Autorität anerkennen oder sie verwerfen.

Kant hat diese Idee mutig auch auf das Gebiet der Religion angewendet: Die Verantwortung dafür, ob die Lehren einer Religion als gut anzuerkennen oder als böse abzulehnen sind, liegt nach Kant bei uns.

In Anbetracht dieser kühnen Stellungnahme erscheint es eigentlich seltsam, daß Kant in seiner *Wissenschaftslehre* nicht dieselbe Haltung des kritischen Rationalismus einnimmt, die Haltung einer kritischen Suche nach dem Irrtum. Es erscheint mir klar, daß nur *eines* Kant davon abgehalten hat, diesen Schritt zu tun: seine Anerkennung der Autorität Newtons auf dem Gebiete der Kosmologie. Diese Anerkennung beruhte darauf, daß Newtons Theorie den strengsten Prüfungen mit fast unglaublichem Erfolg standgehalten hatte.

Wenn meine Deutung Kants richtig ist, dann ist der kritische Rationalismus – und ebenso der kritische Empirismus, den ich gleichfalls verfechte – eine Vervollständigung der kritischen Philosophie Kants. Diese Vervollständigung wurde erst durch Albert Einstein möglich, der uns lehrte, daß Newtons Theorie trotz ihres überwältigenden Erfolges vielleicht doch falsch sein könnte.

Meine Antwort auf die traditionelle Frage der Erkenntnistheorie: »Woher weißt Du das? Was ist die Quelle, die Grundlage Deiner Behauptung? Welche Beobachtungen liegen ihr zugrunde?« ist also die folgende:

»Ich sage ja gar nicht, daß ich etwas *weiß*: Meine Behauptung war nur als *Vermutung* gemeint, als Hypothese. Auch wollen wir uns nicht um die Quelle oder die Quellen kümmern, aus denen meine Vermutung entsprungen sein mag: Es gibt viele mögliche Quellen, und ich bin mir keineswegs über alle im klaren. Auch haben Ursprung und Herkunft nur wenig mit der Wahrheit zu tun. Aber wenn Dich das Problem interessiert, das ich mit meiner Vermutung versuchsweise lösen wollte, dann kannst Du mir einen Dienst erweisen. Versuche, sie sachlich so scharf, wie es Dir nur möglich ist, zu kritisieren! Und wenn Du Dir ein Experiment ausdenken kannst, dessen Ausgang, Deiner Meinung nach, meine Behauptung widerlegen könnte, so bin ich bereit, Dir bei dieser Widerlegung zu helfen, soweit es in meinen Kräften steht.«

Genaugenommen gilt diese Antwort allerdings nur, wenn es sich um eine naturwissenschaftliche Behauptung handelt und nicht etwa um eine historische. Denn wenn die versuchsweise aufgestellte Behauptung sich auf etwas Historisches bezieht, so muß sich jede kritische Erörterung ihrer Richtigkeit natürlich auch mit *Quellen* befassen – wenn auch nicht mit »letzten« und »autoritativen« Quellen. Aber im Grunde würde meine Antwort dieselbe bleiben.

Ich will nun die Resultate unserer Diskussion zusammenfassen. Ich will sie in die Form von acht Thesen kleiden:

1. Es gibt keine letzten Quellen der Erkenntnis. Jede Quelle, jede Anregung ist uns willkommen; aber jede Quelle, jede Anregung ist auch Gegenstand kritischer Überprüfung. Soweit es sich aber nicht um historische Fragen handelt, pflegen wir eher die behaupteten Tatsachen selbst zu prüfen, als den Quellen unserer Informationen nachzugehen.

2. Die Fragen der Wissenschaftslehre haben mit Quellen eigentlich nichts zu tun. Was wir fragen ist vielmehr, ob eine Behauptung wahr ist – das heißt, ob sie mit den Tatsachen übereinstimmt.

Im Zuge einer solchen kritischen Untersuchung der Wahrheit können alle nur möglichen Arten von Argumenten herangezogen werden. Eine der wichtigsten Methoden ist, unseren eigenen Theorien kritisch gegenüberzustehen und insbesondere nach Widersprüchen zwischen unseren Theorien und den Beobachtungen zu suchen.

3. Die Tradition ist – abgesehen von jenem Wissen, das uns angeboren ist – bei weitem die wichtigste Quelle unseres Wissens.

4. Die Tatsache, daß die meisten Quellen unseres Wissens auf Traditionen beruhen, zeigt, daß die Gegnerschaft gegen die Tradition, also der Antitraditionalismus, ohne jede Bedeutung ist. Diese Tatsache darf aber nicht als Stütze für den Traditionalismus angesehen werden; denn kein noch so kleiner Teil unseres überlieferten Wissens (und sogar des uns angeborenen Wissens) ist davor gefeit,

kritisch untersucht und gegebenenfalls umgestoßen zu werden. Trotzdem wäre ohne Tradition Erkenntnis unmöglich.

5. Erkenntnis kann nicht mit nichts beginnen – mit der *tabula rasa* –, aber sie kann auch nicht von der Beobachtung ausgehen. Der Fortschritt unseres Wissens besteht in der Modifikation, in der Korrektur von früherem Wissen. Gewiß ist es manchmal möglich, durch eine Beobachtung oder durch eine Zufallsentdeckung einen Schritt vorwärts zu tun; aber im allgemeinen hängt die Tragweite einer Beobachtung oder einer Entdeckung davon ab, ob wir durch sie in den Stand gesetzt werden, *bestehende* Theorien zu modifizieren.

6. Weder die Beobachtung noch die Vernunft sind Autoritäten. Andere Quellen – wie intellektuelle Intuition und intellektuelle Einbildungskraft – sind von größter Bedeutung, aber sie sind gleichfalls unverläßlich: Sie mögen uns die Dinge mit größter Klarheit zeigen und uns dennoch in die Irre führen. Sie sind die Hauptquelle unserer Theorien und als solche unersetzlich; aber die überwiegende Mehrheit unserer Theorien ist falsch. Die wichtigste Funktion der Beobachtung und des logischen Denkens, aber auch der intellektuellen Intuition und der Einbildungskraft liegt darin, daß sie uns bei der kritischen Prüfung jener kühnen Theorien helfen, die wir brauchen, um ins Unbekannte vorzudringen.

7. Klarheit ist ein intellektueller Wert an sich; Genauigkeit und Präzision aber sind es nicht. Absolute Präzision ist unerreichbar; und es ist zwecklos, genauer sein zu wollen, als es unsere Problemsituation verlangt. Die Idee, daß wir unsere Begriffe definieren müssen, um sie »präzise« zu machen oder gar um ihnen einen »Sinn« zu geben, ist ein Irrlicht. Denn jede Definition muß definierende Begriffe benützen; und so können wir es nie vermeiden, letzten Endes mit undefinierten Begriffen zu arbeiten. Probleme, die die Bedeutung oder die Definition von Worten zum Gegenstand haben, sind unwichtig. Ja, solche rein verbalen Probleme sollten unter allen Umständen vermieden werden.

8. Jede Lösung eines Problems schafft neue, ungelöste Probleme. Diese neuen Probleme sind um so interessanter, je schwieriger das ursprüngliche Problem war und je kühner der Lösungsversuch. Je mehr wir über die Welt erfahren, je mehr wir unser Wissen vertiefen, desto bewußter, klarer und fester umrissen wird unser Wissen über das, *was wir nicht wissen*, unser Wissen über unsere Unwissenheit.

Die Hauptquelle unserer Unwissenheit liegt darin, daß unser Wissen nur begrenzt sein kann, während unsere Unwissenheit notwendigerweise grenzenlos ist.

Wir ahnen die Unermeßlichkeit unserer Unwissenheit, wenn wir die Unermeßlichkeit des Sternenhimmels betrachten. Die Größe des Weltalls ist zwar nicht der tiefste Grund unserer Unwissenheit; aber sie ist doch einer ihrer Gründe.

Ich glaube, daß es der Mühe wert ist, den Versuch zu machen, mehr über die Welt zu erfahren, selbst wenn alles, was bei dem Versuch herauskommt, nichts ist als die Erkenntnis, wie wenig wir wissen. Es dürfte uns guttun, uns manchmal daran zu erinnern, daß wir zwar in dem Wenigen, das wir wissen, recht verschieden sein mögen, daß wir aber in unserer grenzenlosen Unwissenheit alle gleich sind.

Wenn wir uns also zu der Ansicht bekennen, daß es im ganzen Bereich unseres Wissens, wie weit wir auch ins Unbekannte vorgestoßen sein mögen, keine Autorität gibt, die über jede Kritik erhaben ist, dann können wir, ohne der Gefahr des Dogmatismus zu verfallen, an der Idee festhalten, daß die Wahrheit selbst jenseits aller menschlichen Autorität ist. Ja wir können nicht nur, wir müssen an ihr festhalten. Denn ohne sie gibt es keine objektiven Maßstäbe der wissenschaftlichen Forschung, keine Kritik an unseren Lösungsversuchen, kein Tasten nach dem Unbekannten und kein Streben nach Erkenntnis.

4. Wissenschaft und Kritik

Als alter Alpbacher habe ich mich sehr gefreut, zur Feier des 30. Geburtstages von Alpbach eingeladen zu werden; aber ich habe diese Einladung erst nach einigem Zögern angenommen. Es schien mir kaum möglich, in 30 Minuten etwas Vernünftiges und Verständliches zu unserem überaus weiten Rahmenthema zu sagen, das da lautet: Die geistige und wissenschaftliche Entwicklung der letzten 30 Jahre. Da bleibt mir ja, wenn mich meine Mathematik nicht im Stich läßt, genau eine Minute für jedes Jahr der geistigen und der wissenschaftlichen Entwicklung! Ich darf daher die Zeit, die mir zur Verfügung steht, nicht mit weiteren Entschuldigungen vertrödeln, sondern ich muß anfangen.

I

Wie Sie aus dem von mir gewählten Titel »Wissenschaft und Kritik« ersehen, habe ich vor, die geistige Entwicklung mehr oder weniger unter den Tisch fallen zu lassen und mich hauptsächlich mit der Entwicklung der Wissenschaft zu befassen. Der Grund dafür ist, ganz einfach, daß ich von der geistigen oder kulturellen Entwicklung der letzten 30 Jahre nicht viel halte.

Ich bin natürlich ein Laie auf diesem Gebiet, denn ich bin kein Kulturphilosoph. Aber es scheint mir, daß man die geistige Entwick-

Vortrag, gehalten anläßlich der 30-Jahr-Feier des Europäischen Forums Alpbach, August 1974. Zuerst veröffentlicht in *Idee und Wirklichkeit – 30 Jahre Europäisches Forum Alpbach*, Springer Verlag, Wien–New York 1975

lung der letzten 30 Jahre, trotz aller Versuche, etwas Neues zu produzieren, unter dem Remarqueschen Titel »Im Westen nichts Neues« subsumieren kann. Und ich fürchte, daß auch »im Osten nichts Neues« los ist – außer wenn man die Wendung Indiens von Mahatma Gandhi zur Atombombe als eine geistige Entwicklung betrachten will.

Diese Entwicklung, die vom Westen her nach Indien kam, ersetzt die Idee der Gewaltlosigkeit durch die Idee der Gewalttätigkeit. Das ist, leider, für uns nichts Neues. Einige unserer abendländischen Kulturphilosophen, die Propheten des Unterganges und der Gewalttätigkeit, haben das schon lange gepredigt, und ihre Theorie wird jetzt auch ganz richtig in Gewalttaten umgesetzt.

Aber gibt es nicht auch etwas Erfreuliches in der Welt des Geistes? Ich glaube, ja. Ich denke oft mit Freude daran, daß die Musik der großen Meister der Vergangenheit heute viel mehr Menschen zugänglich ist und viel mehr Menschen mit Dankbarkeit, Hoffnung und Begeisterung erfüllt, als man vor 30 Jahren auch nur träumen konnte. Von diesen Werken kann man wohl sagen:

> Die unbegreiflich hohen Werke
> Sind herrlich wie am ersten Tag.

Ja, es scheint, daß sie täglich noch herrlicher werden.

Es ist eines der besten Dinge unserer Zeit, daß das Verständnis für die großen Kunstwerke der Vergangenheit so lebendig ist, und man muß zugeben, daß das zum Teil ein Verdienst der Technik ist – des Grammophons, des Rundfunks, des Fernsehens. Aber diese Technik dient hier echten geistigen Bedürfnissen. Würde es kein so großes Interesse für die Werke der Vergangenheit geben, dann würden sie nicht so oft gespielt und gezeigt werden. Die Entwicklung auf diesem Gebiet ist die wichtigste, revolutionärste und hoffnungsvollste geistige Entwicklung der letzten 30 Jahre, die ich kenne.

Damit möchte ich mich jetzt meinen beiden eigentlichen Themen zuwenden: der naturwissenschaftlichen Entwicklung in den letzten 30 Jahren und meinem Hauptthema, Wissenschaft und Kritik.

II

Wenn ich hier über die wissenschaftliche Entwicklung sprechen soll, so muß ich offenbar sehr selektiv vorgehen. Mein Auswahlprinzip ist einfach: ich werde über einige wissenschaftliche Entwicklungen sprechen, die mich am meisten interessiert und die mein Weltbild am meisten beeinflußt haben.

Meine Auswahl hängt natürlich eng mit meinen Ansichten über die Wissenschaft und über das Kriterium der Wissenschaftlichkeit zusammen. Dieses Kriterium ist die Kritisierbarkeit, die rationale Kritik. In den empirischen Wissenschaften ist es die Kritisierbarkeit durch empirische Prüfungen oder die empirische Widerlegbarkeit.

Es ist klar, daß ich aus Zeitgründen nur sehr kurz über Kritisierbarkeit sprechen kann.

Ich sehe das Gemeinsame von Kunst, Mythos, Wissenschaft und sogar Pseudowissenschaft in der schöpferischen Phase, die uns Dinge in einem neuen Licht sehen läßt und die die Welt des Alltags durch verborgene Welten zu erklären sucht. Solche phantastischen Welten waren dem Positivismus verhaßt. Darum war auch Ernst Mach, der große Wiener Positivist, ein Gegner der Atomtheorie. Aber die Atomtheorie hat sich durchgesetzt, und unsere ganze Physik, nicht nur die Physik der Struktur der Materie und der Atome, sondern auch die der elektrischen und magnetischen Felder und der Schwerefelder, ist eine Beschreibung von spekulativen Welten, die, wie wir vermuten, hinter unserer Erfahrungswelt verborgen liegen.

Diese spekulativen Welten sind, wie in der Kunst, Produkte unserer Phantasie, unserer Intuition. Aber in der Wissenschaft werden sie *von der Kritik* kontrolliert: Die wissenschaftliche Kritik, die rationale Kritik, ist von der regulativen Idee der Wahrheit geleitet. Wir können unsere wissenschaftlichen Theorien niemals rechtfertigen, denn wir können nie wissen, ob sie sich nicht als falsch herausstellen werden. Aber wir können sie kritisch überprüfen: An die Stelle der Rechtfertigung tritt die rationale Kritik. Die Kritik zügelt die Phantasie, ohne sie zu fesseln.

Die rationale, von der Idee der Wahrheit geleitete Kritik ist also das, was die *Wissenschaft* charakterisiert, während die Phantasie allem Schöpferischen gemeinsam ist, ob Kunst, Mythos oder Wissenschaft. Ich werde daher im folgenden mich auf Entwicklungen beschränken, in denen diese beiden Elemente, die Phantasie und die rationale Kritik, besonders deutlich hervortreten.

III

Zunächst eine Bemerkung über die Mathematik.

Als Student war ich stark von dem bedeutenden Wiener Mathematiker Hans Hahn beeinflußt, der seinerseits von dem großen Werk *Principia Mathematica* von Whitehead und Russell beeinflußt war. Die aufregende weltanschauliche Botschaft dieses Werkes war, daß die Mathematik auf die Logik zurückführbar ist, oder genauer, daß die Mathematik aus der Logik logisch ableitbar ist. Wir fangen an mit etwas, das zweifellos Logik ist; wir gehen dann weiter streng logisch deduktiv vor, und wir kommen auf diese Weise zu etwas, das zweifellos Mathematik ist.

Das war, so schien es, nicht bloß ein kühnes Programm: In den *Principia Mathematica* schien dieses Forschungsprogramm verwirklicht zu sein. Die *Principia* begannen mit der Logik der Deduktion, dem Aussagenkalkül und dem engeren Funktionenkalkül; aus diesem leiteten sie den Klassenkalkül ab, ohne die Existenz von Klassen zu behaupten, und daraus dann, weiter, die abstrakte Mengenlehre, die Georg Cantor im 19. Jahrhundert begründet hatte. Und die *Principia* taten viel, um die auch heute kaum bestrittene These zu beweisen, daß die Differential- und Integralrechnung als ein Teil der Mengenlehre aufgebaut werden kann.

Aber die *Principia* von Whitehead und Russel kamen bald unter scharfe Kritik, und vor ungefähr 40 Jahren stand die Situation noch folgendermaßen: Man konnte drei Schulen unterscheiden. Erstens die Schule der Logizisten, die die Zurückführbarkeit der Mathematik auf die Logik behaupteten, geführt von Bertrand Russell und, in Wien, von Hans Hahn und Rudolf Carnap. Zweitens die Axiomatiker, später auch Formalisten genannt, die die Mengenlehre nicht von der Logik ableiteten, sondern als ein formales Axiomensystem einführen wollten, ähnlich wie die euklidische Geometrie; repräsentative Namen waren Zermelo, Fraenkel, Hilbert, Bernays, Ackermann, Gentzen und von Neumann. Die dritte Gruppe war die der sogenannten Intuitionisten, zu denen Poincaré, Brouwer und später Hermann Weyl und Heyting gehörten.

Die Situation war überaus interessant, aber sie schien zunächst hoffnungslos. Zwischen den beiden größten und produktivsten Mathematikern, die in die Debatte verwickelt waren, Hilbert und Brouwer, entwickelte sich eine stark persönlich gefärbte Feindschaft. Viele Mathematiker sahen nicht nur den Streit um die Grundlagen der Mathematik als fruchtlos an, sondern lehnten das ganze Grundlagenprogramm ab.

Vor 44 Jahren griff dann der in Wien geborene Mathematiker Kurt Gödel in die Debatte ein. Gödel hatte in Wien studiert, wo die Atmosphäre stark zum Logizismus hinneigte, wo aber auch die beiden anderen Richtungen sehr ernst genommen wurden. Gödels erstes großes Resultat, ein Vollständigkeitsbeweis für den logischen Funktionenkalkül, ging von Hilbertschen Problemen aus und konnte wohl dem Formalismus gutgeschrieben werden. Sein zweites Resultat war sein genialer Unvollständigkeitsbeweis für die *Principia Mathematica* und die Zahlentheorie. Alle drei der konkurrierenden Schulen versuchten, dieses Resultat für sich in Anspruch zu nehmen.

Aber es war in der Tat der Anfang vom Ende, nämlich vom Ende dieser drei Schulen. Und es war, wie ich glaube, der Anfang einer neuen Philosophie der Mathematik. Die gegenwärtige Situation ist fließend, aber sie läßt sich vielleicht folgendermaßen zusammenfassen:

Die Russellsche Reduktionsthese, das heißt die These von der Zurückführbarkeit der Mathematik auf die Logik, ist aufzugeben. Die Mathematik ist auf die Logik nicht völlig reduzierbar; ja sie hat sogar zu einer wesentlichen Verfeinerung der Logik und, man kann wohl sagen, zu einer kritischen Korrektur der Logik geführt: zu einer kritischen Korrektur unserer logischen Intuition und zu der kritischen Einsicht, daß unsere logische Intuition nicht allzu weit reicht. Anderseits hat sie gezeigt, daß die Intuition sehr wichtig und entwicklungsfähig ist. Die meisten schöpferischen Ideen sind intuitiv gewonnen, und die, die es nicht sind, sind das Resultat der kritischen Widerlegung von intuitiven Ideen.

Es gibt anscheinend nicht *ein* System der Grundlagen der Mathematik, sondern verschiedene Wege, die Mathematik aufzubauen oder die verschiedenen Zweige der Mathematik aufzubauen. Ich sage »aufzubauen« und nicht »zu begründen«, denn eine letzte Begründung, eine Sicherung der Grundlagen, scheint es nicht zu geben: nur von schwachen Systemen können wir beweisen, daß unser Aufbau widerspruchsfrei ist. Und wir wissen von Tarski, daß wichtige Gebiete der Mathematik *wesentlich* unvollständig sind, das heißt, diese Systeme lassen sich verstärken, aber niemals so, daß wir in ihnen alle wahren einschlägigen Sätze beweisen können. Die meisten mathematischen Theorien sind, ähnlich wie die naturwissenschaftlichen Theorien, hypothetisch-deduktiv: Die reine Mathematik steht also den Naturwissenschaften, deren Hypothesen Vermutungen sind, weit näher, als es noch vor kurzem schien.

Gödel und Cohen ist es auch gelungen, Beweise zu erbringen, daß die sogenannte Kontinuumhypothese mit den bisher verwendeten Mitteln der Mengenlehre *weder widerlegbar noch beweisbar ist*. Diese berühmte Hypothese, deren Beweisbarkeit von Cantor und von Hilbert vermutet wurde, ist also von der gegenwärtigen Theorie unabhängig. Natürlich kann die Theorie durch zusätzliche Annahmen so verstärkt werden, daß dieser Satz beweisbar wird, aber sie kann auch so verstärkt werden, daß er widerlegbar wird.

Wir kommen hier zu einem interessanten Beispiel, das zeigt, daß die Mathematik unsere logischen Intuitionen korrigieren kann[1]. Die deutsche, englische, griechische und viele andere europäische Sprachen bezeugen, daß unserer logischen Intuition gemäß das Wort »unwiderlegbar« und vielleicht noch deutlicher das Wort »unwiderleglich« so viel bedeutet wie »unwiderleglich wahr« oder »ganz sicher wahr«. Wenn überdies die Unwiderlegbarkeit eines Satzes gar noch *bewiesen* wird (wie in Gödels Beweis der Unwiderleglichkeit der Kontinuumhypothese), dann wurde, unserer logischen Intuition gemäß, der Satz selbst bewiesen, denn seine unwiderlegliche Wahrheit wurde bewiesen.

Dieses Argument ist dadurch widerlegt, daß Gödel, der die Unwiderlegbarkeit der Kontinuumhypothese bewies, gleichzeitig auch die Unbeweisbarkeit (und daher den *problematischen* Charakter) dieses

1 Das wurde zuerst von Brouwer betont. Siehe L. E. J. Brouwer, *Tijdschrift v. Wijsbegeerte* 2, 1908, S. 152–158.

unwiderleglichen Satzes vermutete[2]. Seine Vermutung wurde dann von Paul Cohen bewiesen[3].

Die bahnbrechenden Studien von Gödel, Tarski und Cohen, die ich hier kurz erwähnt habe, beziehen sich alle auf die Mengenlehre, auf Cantors großartige Theorie des *aktuell Unendlichen*. Diese Theorie war ihrerseits größtenteils motiviert durch das Problem, eine Grundlegung für die Analysis zu schaffen, das heißt für die Differential- und Integralrechnung, die insbesondere in ihrer ursprünglichen Form mit dem Begriff des unendlich Kleinen operierte. Dieser Begriff des unendlich Kleinen wurde schon von Leibniz und von anderen Theoretikern des potentiell Unendlichen als ein bloßer Hilfsbegriff betrachtet, und von dem großen Meister Cantor, von seinen Jüngern und sogar von vielen seiner Kritiker wurde er ausdrücklich als verfehlt verworfen: Das aktuell Unendliche wurde auf das unendlich Große beschränkt. Es ist daher äußerst interessant, daß 1961 ein »zweiter Cantor« (der Ausdruck ist von A. Fraenkel[4]) erstanden ist, der eine strenge Theorie des aktuell unendlich Kleinen entworfen und 1966 in allen Einzelheiten ausgeführt hat[5]. Der Schöpfer dieser Theorie, Abraham Robinson, ist leider vor kurzem in Amerika gestorben.

Meine Bemerkungen über die mathematische Logik und Mathematik sind natürlich ganz skizzenhaft. Aber ich habe versucht, auf einige der interessantesten Entwicklungen auf diesem unendlich weiten Gebiet des Unendlichen hinzuweisen; Entwicklungen, die ganz und gar auf der kritischen Behandlung der Probleme beruhen. Insbesondere Gödel, Tarski und Robinson sind Kritiker. Gödels Werk bedeutet eine Kritik an allen Richtungen, die vor 40 Jahren Schule machten: am Logizismus, am Formalismus und am Intuitionismus. Gleichzeitig bedeutete sein Werk eine Kritik am Positivismus, der im Wiener Kreis, dem Gödel angehörte, stark vertreten war. Und Gödels Kritik war auf seiner mathematischen Intuition gegründet,

---

2 Siehe Kurt Gödel, *Am. Math. Monthly 54*, 1947, S. 515–525.

3 Paul J. Cohen, *Proc. Nat. Acad. Sci USA, 50*, 1963, S. 1143–1148 und 51, 1964, S. 105–110.

4 A. H. Fraenkel, *Einleitung in die Mengenlehre*, 3. Auflage, Berlin, Springer, 1928.

5 A. Robinson, *Proc. Royal Dutch Academy, ser. A. 64*, 1961, S. 432–440; *Non-Standard Analysis*, Amsterdam 1966.

auf der mathematischen Phantasie, die ihn zwar leitete, aber die er niemals als Autorität beanspruchte: Sie mußte immer der Überprüfung durch die rationale, kritisch-diskursive Methode standhalten.

IV

Ich wende mich jetzt für ein paar Minuten der Kosmologie zu, der vielleicht philosophisch wichtigsten aller Wissenschaften.

Die Kosmologie hat in den vergangenen 30 Jahren eine unglaubliche Entwicklung durchgemacht. Schon vorher war das, was noch Newton das System der Welt nannte – das Sonnensystem – zu einer lokalen Angelegenheit geworden. Die eigentliche Kosmologie, die von Kant begründete Theorie der Weltinseln und Milchstraßensysteme[6], war unter dem Einfluß der Einsteinschen Theorien und der Methoden von Hubble zwischen den beiden Weltkriegen weitgehend entwickelt worden, und Hubbles Theorie des sich ausdehnenden Universums schien sich zu bewähren. Die Ergebnisse der Radio-Astronomie, die nach dem zweiten Weltkrieg zunächst in England und Australien entwickelt wurden, schienen am Anfang gut in diesen Rahmen zu passen. Eine meiner Meinung nach sehr schöne und befriedigende Theorie des sich ausdehnenden Universums, von Bondi, Gold und von Hoyle, konnte sogar durch radio-astronomische Methoden überprüft und, wie es scheint, widerlegt werden, zugunsten der älteren Explosionstheorie der Ausdehnung. Aber die Hubblesche Fluchtkonstante wurde auf ein Zehntel reduziert, und die Ausdehnung der größten Milchstraßen wurde mit 150 multipliziert. Und viele andere Ergebnisse werden durch die Radio-Astronomie in Frage gestellt; wir scheinen auf dem Gebiet der Kosmologie einigen dieser völlig revolutionären Ergebnisse fast ebenso hilflos gegenüberzustehen, wie in der Politik der Aufgabe, Frieden zu machen. Sternähnliche Objekte von bisher beispielloser Masse und Dichte

---

6 I. Kant, *Allgemeine Naturgeschichte und Theorie des Himmels*, 1755, vgl. auch H. J. Treder, in: *Die Sterne 50*, Heft 2, S. 67, Anm. 4: »Der Begründer der ›Weltinsel‹-Theorie ist … Kant allein.«

scheinen zu existieren, und unsere bisherigen Vorstellungen von friedlich auseinanderfliegenden Milchstraßen könnte vielleicht bald von einer Theorie von sich dauernd wiederholenden Katastrophen abgelöst werden.

Jedenfalls bedeutete die Radio-Astronomie, gegen alle Erwartung, eine höchst aufregende und revolutionäre Epoche in der Geschichte der Kosmologie. Die Revolution ist jener anderen Revolution vergleichbar, die durch Galileis Fernrohr verursacht wurde.

Hier ist eine allgemeine Bemerkung am Platze. Es wird oft behauptet, daß die Geschichte der wissenschaftlichen Entdeckungen von den rein technischen Erfindungen neuer Instrumente abhängt. Im Gegensatz dazu glaube ich, daß die Geschichte der Wissenschaft im wesentlichen eine Geschichte der Ideen ist. Vergrößerungslinsen waren schon lange bekannt, bevor Galilei die Idee hatte, sie in einem astronomischen Fernrohr zu verwenden. Die Radio-Telegraphie ist, wie bekannt, eine Anwendung der Maxwellschen Theorie, die auf Heinrich Hertz zurückgeht.

Und da die betreffenden Wellen (nach der Theorie) unsichtbare Lichtwellen sind, so war die Annahme naheliegend, daß manche Sterne nicht nur Licht, sondern auch Radiosignale aussenden. Überdies waren die Physiker schon lange, seit dem Innsbrucker Professor Hess, an der sogenannten kosmischen Strahlung interessiert. Es ist also eher bemerkenswert, daß mit der Radio-Astronomie nicht schon zwanzig Jahre früher experimentiert wurde, bald nach der Erfindung der Verstärkerröhre. Die Erklärung ist wohl, daß niemand ernstlich daran dachte: Was fehlte, war die Idee, die Phantasie. Und als die Idee kam, führte sie zu unerwarteten und umwälzenden Entdeckungen. Eine neue Idee – eine neue Theorie – wirkt wie ein neues Sinnesorgan – ob sie nun die Technik beeinflußt oder nicht.

V

Die Kosmologie ist, zumindest seit Newton, ein Zweig der Physik, und sie wurde von Kant, Mach, Einstein, Eddington und anderen als ein Zweig der Physik weitergeführt. Insbesondere Einstein, Eddington, Erwin Schrödinger und Wolfgang Pauli, der, wie Schrödinger, ein geborener Wiener war, haben interessante Überlegungen über die Beziehungen zwischen der Struktur der Materie, der Atome einerseits und der Kosmologie anderseits, vorgebracht[7]. Das war vor vierzig Jahren, und seither sind diese Ideen mehr oder weniger aufgegeben worden, obwohl einige große Physiker, vor allem Einstein, Werner Heisenberg und Cornelius Lanczos, weiter an einer Vereinheitlichung des physikalischen Weltbildes arbeiteten.

Aber in der allerletzten Zeit wurden die Paulischen Spekulationen über den Zusammenhang von Neutrinofeldern mit der Gravitation wieder aufgenommen, auf Grund von unerwarteten experimentellen Ergebnissen über das anscheinende Fehlen eines solaren Neutrinostromes. Der Potsdamer Kosmologe und Physiker Hans-Jürgen Treder hat versucht, dieses negative experimentelle Ergebnis auf Grund der von ihm entworfenen Form der Allgemeinen Relativitätstheorie abzuleiten, unter Verwendung von Paulis Hypothese von 1934. Damit hebt vielleicht, und hoffentlich, eine neue Phase der Versuche an, die Theorie der Materie und die Kosmologie enger zu verknüpfen. Jedenfalls ist es bemerkenswert, daß dieser neue Versuch von einer Erwartung ausgeht, die auf Grund von Experimenten kritisch widerlegt wurde.

VI

Als das vielleicht wichtigste Beispiel für die wissenschaftliche Entwicklung der letzten 30 Jahre will ich noch die Entwicklung der Biologie erwähnen. Ich denke nicht nur an den einzigartigen Durchbruch in der Genetik, der von der Theorie von James Watson und Francis Crick erzielt wurde und der zu einer Flut der wichtigsten und aufschlußreichsten Arbeiten geführt hat. Ich denke auch an den Aufschwung der Verhaltensforschung, der Tierpsychologie; an den Beginn einer biologisch orientierten Entwicklungspsychologie und an die Neuinterpretation des Darwinismus.

Worin bestand der große Durchbruch von Watson und Crick? Die Idee des Gens ist ziemlich alt: Man kann sagen, daß sie in Gregor

7 Vgl. Wolfgang Pauli, *Physik und Erkenntnistheorie*, 1961, auch W. Pauli und M. Fierz, *Helv. Phys. Acta, 15*, 1939, S. 297.

Mendels Werk implizit ist. Aber sie wurde länger angezweifelt als Lavoisiers Theorie der Verbrennung. Watson und Crick stellten nicht nur eine Theorie der chemischen Struktur der Gene auf, sondern auch eine chemische Theorie der Replikation von Genen, und weiter eine Theorie der Einwirkung des in den Genen kodifizierten Bauplans auf den Organismus. Aber als wäre das nicht schon mehr als genug, sie entdeckten auch noch das Alphabet der Sprache, in der der Bauplan geschrieben ist: das Alphabet des genetischen Codes.

Die Vermutung, daß es so etwas wie einen genetischen Code gibt, wurde zuerst, soviel ich weiß, von Erwin Schrödinger ausgesprochen, dessen Andenken mit Alpbach so eng verbunden ist. Schrödinger schrieb: »Es sind die Chromosome oder vermutlich nur ein axiales Skelett dessen, was wir tatsächlich unter dem Mikroskop als Chromosom sehen, die in einer Art von Code-Schrift den ganzen Plan der Entwicklung des Individuums enthalten und auch den Plan seines Funktionierens im Zustand der Reife.«[8]

Diese Hypothese von Schrödinger hat sich in den nächsten dreißig Jahren in beispielloser Weise entwickelt und bewährt, und der molekulare genetische Code ist entziffert worden.

Auf Grund der Theorie von Watson und Crick wurde dieses wissenschaftliche Wunder noch im letzten Lebensjahr von Schrödinger Wirklichkeit, und kurz nach seinem Tode war der Code vollkommen entschlüsselt. Das Alphabet, das Vokabular, die Syntax und die Semantik (das heißt die Bedeutungslehre) dieser von Schrödinger vermuteten Sprache sind nun bekannt. Wir wissen, daß jedes Gen eine Anweisung ist, ein bestimmtes Enzym aufzubauen, und wir können von der im genetischen Code geschriebenen Anweisung die genaue (lineare) chemische Strukturformel des betreffenden Enzyms ablesen. Auch über die Funktion vieler Enzyme sind wir unterrichtet. Aber während wir von der Codeformel eines Gens die chemische Formel für das zugehörige Enzym ablesen können, so können wir bisher von der Formel für das Enzym nicht seine biologische Funktion ablesen: Hier ist die Grenze unseres Wissens über die Bedeutung des genetischen Codes.

---

8 E. Schrödinger, *What is Life*, Cambridge 1944, S. 22 (deutsch: *Was ist Leben?*, München 1951). Ich übersetze aus der englischen Originalausgabe.

Zum Abschluß will ich noch einen wichtigen und erfreulichen biologischen Gedanken erwähnen, der gleichfalls mit Schrödingers Werk verbunden ist, obwohl Schrödinger weder der erste noch der letzte war, der an diesem Gedanken arbeitete[9]. Es ist eine Seite der Darwinschen Theorie, die Lloyd Morgan, Baldwin und andere als »organische Auslese« bezeichnet haben. Schrödinger sprach von einer Darwinschen Auslese, die einen Lamarckismus vortäuscht.

Die Grundidee des Darwinismus scheint zunächst, im Gegensatz zum Lamarckismus, den individuellen Verhaltensweisen der Tiere und Pflanzen nur wenig Bedeutung für die Evolution beizumessen – ich meine Verhaltensweisen wie die Bevorzugung, die ein bestimmtes Tier für ein neuartiges Futter zeigt oder für eine neue Methode der Jagd. Die neue Idee der Theorie der organischen Auslese ist, daß solche neuen Formen des individuellen Verhaltens auf dem Weg über die natürliche Zuchtwahl einen kausalen Einfluß auf die Stammesentwicklung haben. Die Idee ist einfach: Jede neue Verhaltensweise kann der Wahl einer neuen ökologischen Nische gleichgesetzt werden. Zum Beispiel die Vorliebe für ein neues Futter oder dafür, auf einer bestimmten Art von Bäumen zu nisten, bedeutet auch dann, wenn das Tier nicht auswandert, daß es in eine neue Umwelt eingewandert ist. Mit der Adoption dieser neuen Umwelt, dieser neuen ökologischen Nische, setzt aber das Tier sich und seine Nachkommen einem neuen Umwelteinfluß aus und daher einem neuen Selektionsdruck. Und dieser neue Selektionsdruck ist es dann, der die genetische Entwicklung steuert und die Anpassung an die neue Umwelt bewirkt. Diese einfache und überzeugende Theorie ist zwar alt – wie Alister Hardy zeigt, älter als Darwin und sogar älter als Lamarck[10] –, aber sie wurde in den letzten dreißig Jahren wiederentdeckt und weiter entwickelt und experimentell geprüft, zum Beispiel von Wadding-

9 Schrödinger (*Mind and Matter*, 1958, S. 20; deutsch: *Geist und Materie*, 1959) schreibt die Idee der organischen Evolution Julian Huxley zu; die Idee ist aber viel älter, wie insbesondere Sir Alister Hardy gezeigt hat; vgl. dessen Buch *The Living Stream,* 1965, z. B. S. 178f. Siehe auch mein Buch *Objektive Erkenntnis*, 1973, Kapitel 7.

10 Sir Alister Hardy schreibt (loc. cit.) über ein unveröffentlichtes Manuskript des großen schottischen Geologen James Hutton, das diese Form des Darwinismus enthält: »Das wurde … elf Jahre vor der Geburt Darwins geschrieben und zwölf Jahre vor der Veröffentlichung von Lamarcks evolutionistischen Ideen.«

ton. Sie zeigt, viel klarer als Lamarck, daß das Verhalten, zum Beispiel die Forschungslust des Tieres, die Neugier, die Vorliebe und Abneigung von Tieren, einen entscheidenden Einfluß auf die stammesgeschichtliche genetische Entwicklung haben kann.

Jede neue Verhaltensweise eines individuellen Organismus hat also schöpferische und oft revolutionäre stammesgeschichtliche Folgen. Damit ist gezeigt, daß die individuelle Initiative eine aktive Rolle in der Darwinschen Entwicklung spielt. Diese Überlegung überwindet den trostlosen und deprimierenden Eindruck, der dem Darwinismus so lange anhaftete, als es schien, daß die Aktivität des einzelnen Organismus keine Rolle im Selektionsmechanismus spielen kann.

Meine Damen und Herren, ich will nur noch abschließend sagen, daß man aus den erstaunlichen Ergebnissen der jüngsten Vergangenheit nicht auf die Zukunft der Wissenschaft schließen darf. Ich sehe in den neuen gigantischen Organisationen der wissenschaftlichen Forschung eine ernste Gefahr für die Wissenschaft. Die großen Männer der Wissenschaft waren kritische Einzelgänger. Das galt natürlich für Schrödinger und Gödel und auch noch für Watson und Crick.

Der Geist der Wissenschaft hat sich geändert, als eine Folge der organisierten Forschung. Wir müssen hoffen, daß es trotzdem immer wieder große Einzelgänger geben wird.

5. Die Logik der Sozialwissenschaften

In meinem Referat über die Logik der Sozialwissenschaften möchte ich von zwei Thesen ausgehen, die den Gegensatz zwischen unserem Wissen und unserem Nichtwissen aussprechen.

Erste These: Wir wissen eine ganze Menge – und nicht nur Einzelheiten von zweifelhaftem intellektuellem Interesse, sondern vor allem auch Dinge, die nicht nur von größter praktischer Bedeutung sind, sondern die uns auch tiefe theoretische Einsicht und ein erstaunliches Verständnis der Welt vermitteln können.

Zweite These: Unsere Unwissenheit ist grenzenlos und ernüchternd. Ja, es ist gerade der überwältigende Fortschritt der Naturwissenschaften (auf den meine erste These anspielt), der uns immer von neuem die Augen öffnet für unsere Unwissenheit, gerade auch auf dem Gebiet der Naturwissenschaften selbst. Damit hat aber die Sokratische Idee des Nichtwissens cine völlig neue Wendung genommen. Mit jedem Schritt, den wir vorwärts machen, mit jedem Problem, das wir lösen, entdecken wir nicht nur neue und ungelöste Pro-

---

Eröffnungsvortrag bei der Tagung der Deutschen Gesellschaft für Soziologie in Tübingen, 1961. Mein Vortrag wurde zuerst veröffentlicht in: Kölner Zeitschrift für Soziologie und Sozialpsychologie, 14. Jg., 1962, Heft 2, S. 233–248. Ich sollte mit meinem Referat eine Debatte eröffnen. Professor Adorno war aufgefordert worden, sie mit seinem Korreferat weiterzuführen; in diesem Korreferat stimmte er mir im Wesentlichen zu. In der Buchveröffentlichung (*Der Positivismusstreit in der deutschen Soziologie*) jedoch begann Adorno mit zwei, zusammen ungefähr 100 Seiten langen Polemiken; dann kam mein Vortrag, gefolgt von Adornos Korreferat und von weiteren Aufsätzen, die nicht auf der Tagung vorlagen. Ein Leser des Buches *Der Positivismusstreit* konnte wohl kaum ahnen, daß mein Vortrag den Anfang gemacht hatte und daß Adornos aggressive erste 100 Seiten viel später (für das Buch) geschrieben wurden.

bleme, sondern wir entdecken auch, daß dort, wo wir auf festem und sicherem Boden zu stehen glaubten, in Wahrheit alles unsicher und im Schwanken begriffen ist.

Meine beiden Thesen vom Wissen und Nichtwissen stehen natürlich nur dem Anschein nach in Widerspruch zueinander. Der anscheinende Widerspruch entsteht hauptsächlich dadurch, daß das Wort »Wissen« in der ersten These in einer etwas anderen Bedeutung verwendet wird als in der zweiten These. Aber die beiden Bedeutungen sind wichtig, und beide Thesen sind wichtig; so sehr, daß ich das in der folgenden dritten These formulieren möchte.

Dritte These: Es ist eine grundlegend wichtige Aufgabe und vielleicht sogar ein entscheidender Prüfstein einer jeden Erkenntnistheorie, daß sie unseren beiden ersten Thesen gerecht wird und die Beziehungen aufklärt zwischen unserem erstaunlichen und dauernd zunehmenden Wissen und unserer dauernd zunehmenden Einsicht, daß wir eigentlich nichts wissen.

Es ist, wenn man es sich ein wenig überlegt, eigentlich fast selbstverständlich, daß die Erkenntnislogik an die Spannung zwischen Wissen und Nichtwissen anzuknüpfen hat. Eine wichtige Konsequenz dieser Einsicht ist in meiner vierten These formuliert; aber bevor ich diese vierte These hier vorbringe, möchte ich ein Wort zur Entschuldigung für die vielen Thesen sagen, die da noch kommen werden. Meine Entschuldigung ist, daß es mir nahegelegt wurde, dieses Referat in Form von Thesen zusammenzufassen – eine Anregung, die ich sehr nützlich fand, obzwar diese Form vielleicht einen Eindruck von Dogmatismus erwecken kann. Meine vierte These ist also die folgende.

Vierte These: Soweit man überhaupt davon sprechen kann, daß die Wissenschaft oder die Erkenntnis irgendwo beginnt, so gilt folgendes: Die Erkenntnis beginnt nicht mit Wahrnehmungen oder Beobachtungen oder der Sammlung von Daten oder von Tatsachen, sondern sie beginnt mit *Problemen*. Kein Wissen ohne Probleme – aber auch kein Problem ohne Wissen. Das heißt, daß sie mit der Spannung zwischen Wissen und Nichtwissen beginnt: Kein Problem ohne Wissen – kein Problem ohne Nichtwissen. Denn jedes Problem entsteht durch die Entdeckung, daß etwas in unserem vermeintlichen Wissen nicht in Ordnung ist; oder logisch betrachtet, in der Entdeckung eines inneren Widerspruches in unserem vermeintlichen Wissen, oder eines Widerspruches zwischen unserem vermeintlichen Wissen und den Tatsachen; oder vielleicht noch etwas richtiger ausgedrückt, in der Entdeckung eines anscheinenden Widerspruches zwischen unserem vermeintlichen Wissen und den vermeintlichen Tatsachen.

Im Gegensatz zu meinen drei ersten Thesen, die durch ihre Abstraktheit vielleicht den Eindruck erwecken, daß sie von meinem Thema, der Logik der Sozialwissenschaften, etwas weit entfernt waren, möchte ich von meiner vierten These behaupten, daß wir mit ihr geradezu im Zentrum unseres Themas angelangt sind. Das kann in meiner fünften These folgendermaßen formuliert werden.

Fünfte These: Ebenso wie alle anderen Wissenschaften, so sind auch die Sozialwissenschaften erfolgreich oder erfolglos, interessant oder schal, fruchtbar oder unfruchtbar, in genauem Verhältnis zu der Bedeutung oder im Interesse der Probleme, um die es sich handelt; und natürlich auch in genauem Verhältnis zur Ehrlichkeit, Gradlinigkeit und Einfachheit, mit der diese Probleme angegriffen werden. Dabei muß es sich keineswegs immer um theoretische Probleme handeln. Ernste praktische Probleme, wie das Problem der Armut, des Analphabetentums, der politischen Unterdrückung und der Rechtsunsicherheit, waren wichtige Ausgangspunkte der gesellschaftswissenschaftlichen Forschung. Aber diese praktischen Probleme führen zum Nachdenken, zum Theoretisieren, und damit zu theoretischen Problemen. In allen Fällen, ohne Ausnahme, ist es der Charakter und die Qualität des Problems – zusammen natürlich mit der Kühnheit und Eigenart der vorgeschlagenen Lösung –, die den Wert oder Unwert der wissenschaftlichen Leistung bestimmen.

Der Ausgangspunkt ist also immer das Problem; und die Beobachtung wird nur dann zu einer Art Ausgangspunkt, wenn sie ein Problem enthüllt; oder mit anderen Worten, wenn sie uns überrascht, wenn sie uns zeigt, daß etwas in unserem Wissen – in unseren Erwartungen, in unseren Theorien nicht ganz stimmt. Beobachtungen führen zu Problemen also nur dann, wenn sie gewissen unserer bewußten oder unbewußten Erwartungen widersprechen. Und was dann zum Ausgangspunkt der wissenschaftlichen Arbeit wird, ist nicht so sehr die Beobachtung als solche, sondern die Beobachtung in ihrer eigentümlichen Bedeutung – das heißt aber eben, die problem-erzeugende Beobachtung.

Damit bin ich nun so weit gelangt, daß ich meine *Hauptthese* als These Nummer sechs formulieren kann. Diese besteht in folgendem.

Sechste These (Hauptthese):

a) Die Methode der Sozialwissenschaften wie auch die der Naturwissenschaften besteht darin, Lösungsversuche für ihre Probleme – die Probleme, von denen sie ausgeht – auszuprobieren.

Lösungen werden vorgeschlagen und kritisiert. Wenn ein Lösungsversuch der sachlichen Kritik nicht zugänglich ist, so wird er eben deshalb als unwissenschaftlich ausgeschaltet, wenn auch vielleicht nur vorläufig.

b) Wenn er einer sachlichen Kritik zugänglich ist, dann versuchen wir, ihn zu widerlegen; denn alle Kritik besteht in Widerlegungsversuchen.

c) Wenn ein Lösungsversuch durch unsere Kritik widerlegt wird, so versuchen wir es mit einem anderen.

d) Wenn er der Kritik standhält, dann akzeptieren wir ihn vorläufig; und zwar akzeptieren wir ihn vor allem als würdig, weiter diskutiert und kritisiert zu werden.

e) Die Methode der Wissenschaft ist also die des tentativen Lösungsversuches (oder Einfalls), der von der schärfsten Kritik kontrolliert wird. Es ist eine kritische Fortbildung der Methode des Versuchs und Irrtums (»trial and error«).

f) Die sogenannte Objektivität der Wissenschaft besteht in der Objektivität der kritischen Methode; das heißt aber vor allem darin, daß keine Theorie von der Kritik befreit ist, und auch darin, daß die logischen Hilfsmittel der Kritik – die Kategorie des logischen Widerspruchs – objektiv sind.

Man könnte die Grundidee, die hinter meiner Hauptthese steht, vielleicht auch folgendermaßen zusammenfassen.

Siebente These: Die Spannung zwischen Wissen und Nichtwissen führt zum Problem und zu den Lösungsversuchen. Aber sie wird niemals überwunden. Denn es stellt sich heraus, daß unser Wissen immer nur in vorläufigen und versuchsweisen Lösungsvorschlägen besteht und daher prinzipiell die Möglichkeit einschließt, daß es sich als irrtümlich und also als Nichtwissen herausstellen wird. Und die einzige Form der Rechtfertigung unseres Wissens ist wieder nur vorläufig: Sie besteht in der Kritik, oder genauer darin, daß unsere Lösungsversuche *bisher* auch unserer scharfsinnigsten Kritik standzuhalten scheinen.

Eine darüber hinausgehende positive Rechtfertigung gibt es nicht.

Insbesondere können sich unsere Lösungsversuche nicht als wahrscheinlich (im Sinne der Wahrscheinlichkeitsrechnung) erweisen.

Man könnte diesen Standpunkt vielleicht als *kritizistisch* bezeichnen.

Um den Gehalt dieser meiner Hauptthese und ihre Bedeutung für die Soziologie ein wenig anzudeuten, wird es zweckmäßig sein, ihr gewisse andere Thesen einer weitverbreiteten und oft ganz unbewußt absorbierten Methodologie gegenüberzustellen.

Da ist zum Beispiel der verfehlte und mißverständliche methodologische Naturalismus oder Szientismus, der verlangt, daß die Sozialwissenschaften endlich von den Naturwissenschaften lernen, was wissenschaftliche Methode ist. Dieser verfehlte Naturalismus stellt Forderungen auf wie: Beginne mit Beobachtungen und Messungen; das heißt zum Beispiel, mit statistischen Erhebungen; schreite dann induktiv zu Verallgemeinerungen vor und zur Theorienbildung. Auf diese Weise wirst Du dem Ideal der wissenschaftlichen Objektivität näher kommen, soweit das in den Sozialwissenschaften überhaupt möglich ist. Dabei mußt Du Dir darüber klar sein, daß in den Sozialwissenschaften die Objektivität weit schwieriger zu erreichen ist (falls sie überhaupt zu erreichen ist) als in den Naturwissenschaften; denn Objektivität bedeutet Wertfreiheit, und der Sozialwissenschaftler kann sich nur in den seltensten Fällen von den Wertungen seiner eigenen Gesellschaftsschicht so weit emanzipieren, um auch nur einigermaßen zur Wertfreiheit und Objektivität vorzudringen.

Meiner Meinung nach ist jeder der Sätze, die ich hier diesem verfehlten Naturalismus zugeschrieben habe, grundfalsch und auf ein Mißverständnis der naturwissenschaftlichen Methode begründet, ja geradezu auf einen Mythus – einen leider allzu weit verbreiteten und einflußreichen Mythus vom induktiven Charakter der naturwissenschaftlichen Methode und vom Charakter der naturwissenschaftlichen Objektivität. Ich habe vor, im folgenden einen kleinen Teil der mir zur Verfügung stehenden kostbaren Zeit auf eine Kritik des verfehlten Naturalismus verwenden.

Obwohl nämlich ein Großteil der Sozialwissenschaftler der einen oder der anderen Teilthese dieses verfehlten Naturalismus ablehnend gegenüberstehen dürfte, so hat doch dieser Naturalismus gegenwärtig in den Sozialwissenschaften außerhalb der Nationalökonomie im großen und ganzen die Oberhand gewonnen, zumindest in den angelsächsischen Ländern. Die Symptome dieses Sieges will ich in meiner achten These formulieren.

Achte These: Während noch vor dem Zweiten Weltkrieg die Idee der Soziologie die einer allgemeinen theoretischen Sozialwissenschaft war – vergleichbar vielleicht mit der theoretischen Physik – und während die Idee der sozialen Anthropologie die einer auf sehr spezielle, nämlich primitive Gesellschaften angewandten Soziologie war, so hat sich dieses Verhältnis heute in der erstaunlichsten Weise umgekehrt. Die soziale Anthropologie oder Ethnologie ist zur allgemeinen Sozialwissenschaft geworden; und es scheint, daß sich die Soziologie mehr und mehr damit abfindet, ein Teil der sozialen Anthropologie zu werden; nämlich die auf eine sehr spezielle Gesellschaftsform angewandte soziale Anthropologie – die Anthropologie der hochindustrialisierten westeuropäischen Gesellschaftsformen. Um es nochmals etwas kürzer zu sagen, das Verhältnis zwischen der Soziologie und der Anthropologie hat sich völlig umgekehrt. Die soziale Anthropologie ist von einer angewandten Spezialwissenschaft zur Grundwissenschaft avanciert, und der Anthropologe ist aus einem bescheidenen und etwas kurzsichtigen *fieldworker* zum weitblickenden und tiefsinnigen Sozialtheoretiker und zum Sozial-Tiefen-Psychologen geworden. Der frühere theoretische Soziologe aber muß froh sein, als *fieldworker* und als Spezialist sein Unterkommen zu finden – als Beobachter und Beschreiber der Totems und Tabus der Eingeborenen weißer Rasse der westeuropäischen Länder und der Vereinigten Staaten.

Nun soll man wohl diesen Wandel im Geschick der Sozialwissenschaftler nicht allzu ernst nehmen; vor allem deshalb nicht, weil es ja ein solches Ding-an-sich wie ein wissenschaftliches Fach gar nicht gibt. Als These formuliert, ergibt sich Nummer neun.

Neunte These: Ein sogenanntes wissenschaftliches Fach ist nur ein abgegrenztes und konstruiertes Konglomerat von Problemen und Lösungsversuchen. Was es aber wirklich gibt, das sind die Probleme und die wissenschaftlichen Traditionen.

Trotz dieser neunten These ist jene Umwälzung in den Beziehungen zwischen Soziologie und Anthropologie äußerst interessant; nicht wegen der Fächer oder ihrer Namen, sondern weil sie den Sieg der pseudo-naturwissenschaftlichen Methode anzeigt. So komme ich zu meiner nächsten These.

Zehnte These: Der Sieg der Anthropologie ist der Sieg einer angeblich beobachtenden, angeblich beschreibenden und angeblich induktiv-generalisierenden Methodologie, und vor allem anderen einer angeblich objektiveren und daher dem Anschein nach naturwissenschaftlichen Methode. Es ist ein Pyrrhussieg; noch ein solcher Sieg, und wir sind verloren – das heißt nämlich die Anthropologie und die Soziologie.

Meine zehnte These ist, wie ich gerne zugebe, ein wenig zu scharf gefaßt. Vor allem muß ich zugeben, daß viel Interessantes und Wichtiges von der sozialen Anthropologie entdeckt wurde und daß sie eine der erfolgreichsten Sozialwissenschaften ist. Und ich will auch gerne zugeben, daß es für uns Europäer von großem Reiz und von großem Interesse sein kann, uns einmal selbst durch die Brille des sozialen Anthropologen zu betrachten. Aber obwohl diese Brille vielleicht farbiger ist als andere Brillen, so ist sie eben deshalb wohl kaum objektiver. Der Anthropologe ist nicht der Beobachter vom Mars, der er oft zu sein glaubt und dessen soziale Rolle er nicht selten und nicht ungern zu spielen versucht; und es gibt auch keinen Grund anzunehmen, daß ein Bewohner vom Mars uns »objektiver« sehen würde, als wir uns zum Beispiel selbst sehen.

In diesem Zusammenhang möchte ich eine Geschichte erzählen, die zwar extrem, aber keineswegs vereinzelt ist. Es ist eine wahre Geschichte, aber darauf kommt es im gegenwärtigen Zusammenhang überhaupt nicht an. Sollte Ihnen die Geschichte zu unwahrscheinlich vorkommen, so nehmen Sie sie, bitte, als freie Erfindung hin – als eine frei erfunde Illustration, die einen wichtigen Punkt durch krasse Übertreibungen deutlich machen soll.

Vor einigen Jahren war ich Teilnehmer einer viertägigen Konferenz, initiiert von einem Theologen, an der Philosophen, Biologen, Anthropologen und Physiker teilnahmen – ein bis zwei Vertreter von jedem Fach; im ganzen waren etwa acht Teilnehmer anwesend. Das Thema war »Wissenschaft und Humanismus«. Nach einigen anfänglichen Schwierigkeiten und der Elimination eines Versuches, uns durch erhabene Tiefe zu beeindrucken, gelang es den dreitägigen gemeinsamen Anstrengungen von etwa vier oder fünf Teilnehmern, die Diskussion auf ein ganz ungewöhnlich hohes Niveau zu heben. Unsere Konferenz hatte – wenigstens schien es mir so – das Stadium erreicht, in dem wir alle das freudige Gefühl hatten, etwas voneinander zu lernen. Jedenfalls waren wir alle voll und ganz bei der Sache, als der anwesende Sozialanthropologe das Wort ergriff.

»Sie werden sich vielleicht wundern«, so sagte er ungefähr, »daß ich bisher noch kein Wort auf dieser Tagung gesprochen habe. Das hängt damit zusammen, daß ich ein Beobachter bin. Als Anthropologe kam ich zu dieser Tagung nicht so sehr, um mich an Ihrem verbalen Verhalten zu beteiligen, sondern um Ihr verbales Verhalten zu studieren. Das habe ich denn auch getan. Ich habe dabei Ihren sachlichen Auseinandersetzungen nicht immer folgen können; aber wenn jemand so wie ich Dutzende von Diskussionsgruppen studiert hat, so lernt er, daß es ja auf das Was, auf die Sache, recht wenig ankommt. Wir Anthropologen«, so sagte er fast wörtlich, »lernen es, solche Sozialphänomene von außen und von einem objektiveren Standpunkt aus zu betrachten. Was uns interessiert, ist das Wie; es ist, zum Beispiel, die Art, wie der eine oder andere versucht, die Gruppe zu dominieren, und wie seine Versuche von den anderen, entweder allein oder durch Koalitionsbildung, abgewiesen werden; wie nach verschiedenen Versuchen dieser Art sich dann eine hierarchische Rangordnung und damit ein Gruppen-Gleichgewicht entwickelt und ein Gruppen-Ritual des Verbalisierens; und diese Dinge sind sich immer sehr ähnlich, wie verschieden die Fragestellung auch zu sein scheint, die da als Thema der Diskussion vorliegt.«

Wir hörten unseren anthropologischen Besucher vom Mars bis zum Ende an, und ich stellte ihm dann zwei Fragen: zunächst, ob er zu unseren sachlichen Ergebnissen etwas zu bemerken habe, und später, ob er nicht glaube, daß es so etwas wie sachliche Gründe oder Argumente gäbe, die gültig oder ungültig sein können. Er antwortete, daß er sich zu sehr auf die Beobachtung unseres Gruppenverhaltens habe konzentrieren müssen, um unseren sachlichen Auseinandersetzungen im einzelnen folgen zu können. Auch hätte er andernfalls seine Objektivität gefährdet – er wäre vielleicht in diese Auseinandersetzungen hineinverwickelt worden; und wenn er sich am Ende gar hätte mitreißen lassen, dann wäre er einer von uns geworden, und mit seiner Objektivität wäre es aus gewesen. Überdies hätte er es gelernt, Verbalverhalten (er verwendete immer wieder die Ausdrücke »verbal behaviour« und »verbalization«) nicht wörtlich zu beurteilen oder wörtlich wichtig zu nehmen. Worauf es ihm ankomme, sagte er, sei die soziale und psychologische Funktion dieses Verbalverhaltens. Und er setzte folgendes hinzu: »Wenn Ihnen als Diskussionsteilnehmer Argumente oder Gründe einen Eindruck machen, so kommt es uns auf die Tatsache an, daß Sie sich durch solche Medien gegenseitig beeindrukken oder beeinflussen können, und natürlich vor allem auf die Symptome dieser Beeinflussung; was uns interessiert, sind solche Begriffe wie Nachdruck, Zögern, Einlenken und Nachgeben. Was den tatsächlichen Inhalt der Diskussion betrifft, so kommt es uns darauf eigentlich gar nicht an, sondern immer nur auf das Rollenspiel, auf den dramatischen Wechsel als solchen; und was sogenannte Argumente betrifft, so ist das natürlich nur eine Art des Verbalverhaltens, die nicht wichtiger ist als alle anderen. Es ist eine rein subjektive Illusion zu glauben, daß man zwischen Argumenten und anderen eindrucksvollen Verbalisierungen scharf unterscheiden kann; und schon gar nicht zwischen objektiv gültigen und objektiv ungültigen Argumenten. Äußerstenfalls könnte man Argumente einteilen in solche, die in gewissen Gruppen zu gewissen Zeiten als gültig oder als ungültig *akzeptiert* werden. Das Zeitelement zeigt sich denn auch darin, daß sogenannte Argumente, die in einer Diskussionsgruppe wie der gegenwärtigen akzeptiert wurden, dann doch wieder später von einem der Teilnehmer angegriffen oder abgelehnt werden können.«

Ich will die Beschreibung dieses Vorfalles nicht weiter fortsetzen. Es wird auch wohl in diesem Kreise hier nicht nötig sein, daraufhinzuweisen, daß die etwas extreme Haltung meines anthropologischen Freundes ihrem ideengeschichtlichen Ursprung nach nicht nur vom Objektivitätsideal des Behaviourismus beeinflußt ist, sondern auch von Ideen, die auf deutschem Boden gewachsen sind: Ich meine den allgemeinen Relativismus – den historischen Relativismus, der da glaubt, daß es keine objektive Wahrheit gibt, sondern nur Wahrheiten für dieses oder jenes Zeitalter, und den soziologischen Relativismus, der da lehrt, daß es Wahrheiten oder Wissenschaften für diese oder jene Gruppe oder Klasse gibt, zum Beispiel eine proletarische Wissenschaft und eine bürgerliche Wissenschaft; und ich meine auch, daß die sogenannte Wissenssoziologie ihren vollen Anteil an der Vorgeschichte der Dogmen meines anthropologischen Freundes hat.

Obzwar zugegebenermaßen mein anthropologischer Freund auf jener Konferenz eine extreme Position einnahm, so ist doch diese Position, insbesondere wenn man sie etwas mildert, keineswegs untypisch und keineswegs unwichtig.

Aber diese Position ist *absurd*. Da ich den historischen und soziologischen Relativismus und die Wissenssoziologie anderwärts ausführlich kritisiert habe, will ich hier auf eine Kritik verzichten. Nur die naive und verfehlte Idee der wissenschaftlichen Objektivität, die hier zugrunde liegt, will ich kurz besprechen.

Elfte These: Es ist gänzlich verfehlt anzunehmen, daß die Objektivität der Wissenschaft von der Objektivität des Wissenschaftlers abhängt. Und es ist gänzlich verfehlt zu glauben, daß der Naturwissenschaftler objektiver ist als der Sozialwissenschaftler. Der Naturwissenschaftler ist ebenso parteiisch wie alle anderen Menschen, und er ist leider – wenn er nicht zu den wenigen gehört, die dauernd neue Ideen produzieren – gewöhnlich äußerst einseitig und parteiisch für seine eigenen Ideen eingenommen. Einige der hervorragendsten zeitgenössischen Physiker haben sogar Schulen gegründet, die neuen Ideen einen mächtigen Widerstand entgegensetzen.

Meine These hat aber auch eine positive Seite, und diese ist wichtiger. Sie ist der Inhalt meiner zwölften These.

Zwölfte These Was man als wissenschaftliche Objektivität bezeichnen kann, liegt einzig und allein in der *kritischen* Tradition; in jener Tradition, die es trotz aller Widerstände so oft ermöglicht, ein herrschendes Dogma zu kritisieren. Anders ausgedrückt, die Objektivität der Wissenschaft ist nicht eine individuelle Angelegenheit der verschiedenen Wissenschaftler, sondern eine soziale Angelegenheit ihrer gegenseitigen Kritik, der freundlich-feindlichen Arbeitsteilung der Wissenschaftler, ihres Zusammenarbeitens und auch ihres Gegeneinanderarbeitens. Sie hängt daher zum Teil von einer ganzen Reihe von gesellschaftlichen und politischen Verhältnissen ab, die diese Kritik ermöglichen.

Dreizehnte These: Die sogenannte Wissenssoziologie, die die Objektivität im Verhalten der verschiedenen einzelnen Wissenschaftler sieht und die die Nichtobjektivität aus dem sozialen Standort der Wissenschaftler erklärt, hat diesen entscheidenden Punkt – ich meine die Tatsache, daß die Objektivität einzig und allein in der Kritik fundiert ist – völlig verfehlt. Was die Soziologie des Wissens übersehen hat, ist nichts anderes als eben die Soziologie des Wissens – die Theorie der wissenschaftlichen Objektivität. Diese kann nur durch solche soziale Kategorien erklärt werden, wie zum Beispiel: Wettbewerb (sowohl der einzelnen Wissenschaftler wie auch der verschiedenen

Schulen); Tradition (nämlich die kritische Tradition); soziale Institution (wie zum Beispiel Veröffentlichungen in verschiedenen konkurrierenden Journalen und durch verschiedene konkurrierende Verleger; Diskussionen auf Kongressen); Staatsmacht (nämlich die politische Toleranz der freien Diskussion).

Solche Kleinigkeiten wie zum Beispiel der soziale oder ideologische Standort des Forschers schalten sich auf diese Weise mit der Zeit von selber aus, obwohl sie natürlich kurzfristig immer ihre Rolle spielen.

In ganz ähnlicher Weise wie das Problem der Objektivität können wir auch das sogenannte Problem der Wert*freiheit* in viel *freierer* Weise lösen, als das gewöhnlich geschieht.

Vierzehnte These: In der kritischen Diskussion unterscheiden wir solche Fragen wie: (1) Die Frage der Wahrheit einer Behauptung; die Frage ihrer Relevanz, ihres Interesses und ihrer Bedeutung relativ zu den Problemen, die wir gerade behandeln. (2) Die Frage ihrer Relevanz und ihres Interesses und ihrer Bedeutung relativ zu verschiedenen *außerwissenschaftlichen Problemen*, zum Beispiel dem Problem der menschlichen Wohlfahrt, oder zum Beispiel dem ganz anders gearteten Problem der nationalen Verteidigung oder einer nationalen Angriffspolitik oder der industriellen Entwicklung oder der persönlichen Bereicherung.

Es ist natürlich unmöglich, solche außerwissenschaftlichen Interessen aus der wissenschaftlichen Forschung auszuschalten; und es ist genauso unmöglich, sie aus der naturwissenschaftlichen Forschung – zum Beispiel aus der physikalischen Forschung – auszuschalten, wie aus der sozialwissenschaftlichen Forschung.

Was möglich ist und was wichtig ist und was der Wissenschaft ihren besonderen Charakter gibt, ist nicht die Ausschaltung, sondern die Unterscheidung jener nicht zur Wahrheitssuche gehörenden Interessen von dem rein wissenschaftlichen Interesse an der Wahrheit. Aber obwohl die Wahrheit der leitende wissenschaftliche Wert ist, so ist sie nicht der einzige: Die Relevanz, das Interesse und die Bedeutung einer Behauptung relativ zu einer rein wissenschaftlichen Problemlage sind ebenfalls wissenschaftliche Werte ersten Ranges, und ähnlich steht es mit Werten wie dem der Fruchtbarkeit, der erklärenden Kraft, der Einfachheit und der Genauigkeit.

Mit anderen Worten, es gibt *rein*wissenschaftliche Werte und Unwerte und *außer*wissenschaftliche Werte und Unwerte. Und obwohl es unmöglich ist, die Arbeit an der Wissenschaft von außerwissenschaftlichen Anwendungen und Wertungen frei zu halten, so ist es eine der Aufgaben der wissenschaftlichen Kritik und der wissenschaftlichen Diskussion, die Vermengung der Wertsphären zu bekämpfen, und insbesondere außerwissenschaftliche Wertungen aus den *Wahrheitsfragen* auszuschalten.

Das kann natürlich nicht ein für allemal durch Dekret geschehen, sondern ist und bleibt eine der dauernden Aufgaben der gegenseitigen wissenschaftlichen Kritik. Die Reinheit der reinen Wissenschaft ist ein Ideal, das vermutlich unerreichbar ist, für das aber die Kritik dauernd kämpft und dauernd kämpfen muß.

In der Formulierung dieser These habe ich es als praktisch unmöglich bezeichnet, die außerwissenschaftlichen Werte aus dem Wissenschaftsbetrieb zu verbannen. Es ist das ähnlich wie mit der Objektivität: Wir können dem Wissenschaftler nicht seine Parteilichkeit rauben, ohne ihm auch seine Menschlichkeit zu rauben. Ganz ähnlich können wir nicht seine Wertungen verbieten oder zerstören, ohne ihn als Menschen *und als Wissenschaftler* zu zerstören. Unsere Motive und unsere rein wissenschaftlichen Ideale, wie das Ideal der reinen Wahrheitssuche, sind zutiefst in außerwissenschaftlichen und zum Teil religiösen Wertungen verankert. Der objektive und der wertfreie Wissenschaftler ist nicht der ideale Wissenschaftler. Ohne Leidenschaft geht es nicht, und schon gar nicht in der reinen Wissenschaft. Das Wort »Wahrheits*liebe*« ist keine bloße Metapher.

Es ist also nicht nur so, daß Objektivität und Wertfreiheit für den einzelnen Wissenschaftler praktisch unerreichbar sind, sondern Objektivität und Wertfreiheit sind ja selbst *Werte*. Und da also die Wertfreiheit selbst ein Wert ist, ist die Forderung der unbedingten Wertfreiheit paradox. Dieser Einwand ist nicht eben sehr wichtig, aber es ist doch zu bemerken, daß die Paradoxie ganz von selbst verschwindet, wenn wir die Forderung der Wertfreiheit durch die Forderung ersetzen, daß es eine der Aufgaben der wissenschaftlichen Kritik sein muß, Wertvermischungen bloßzulegen und die rein wissenschaftlichen Wertfragen nach Wahrheit, Relevanz, Einfachheit und so weiter von außerwissenschaftlichen Fragen zu trennen.

Bisher habe ich versucht, kurz die These zu entwickeln, daß die

Methode der Wissenschaft in der Wahl von Problemen und in der Kritik unserer immer versuchsweisen und vorläufigen Lösungsversuche besteht. Und ich habe weiter versucht, am Beispiel zweier viel diskutierter Methodenfragen der Sozialwissenschaften zu zeigen, daß diese kritizistische Methodenlehre (wie ich sie vielleicht nennen darf) zu recht vernünftigen methodologischen Resultaten kommt. Aber obwohl ich ein paar Worte über Erkenntnistheorie oder Erkenntnislogik sagen konnte und obwohl ich jedenfalls ein paar kritische Worte über die Methodologie der Sozialwissenschaften sagen konnte, so habe ich eigentlich noch recht wenig Positives über mein Thema, die Logik der Sozialwissenschaften, gesagt.

Ich will uns nicht damit aufhalten, Gründe oder Entschuldigungen dafür vorzubringen, daß ich es für wichtig halte, zunächst einmal die wissenschaftliche Methode mit der kritischen Methode zu identifizieren. Statt dessen möchte ich jetzt direkt auf einige rein logische Fragen und Thesen eingehen.

Fünfzehnte These: Die wichtigste Funktion der reinen deduktiven Logik ist die eines Organons der Kritik.

Sechzehnte These: Die deduktive Logik ist die Theorie von der Gültigkeit der logischen Schlüsse oder der logischen Folgebeziehung. Eine notwendige und entscheidende Bedingung für die Gültigkeit einer logischen Folgebeziehung ist die folgende: Wenn die Prämissen eines gültigen Schlusses *wahr* sind, so muß auch die Konklusion *wahr* sein.

Das kann man dann auch so ausdrücken: Die deduktive Logik ist die Theorie der Übertragung der Wahrheit von den Prämissen auf die Konklusion.

Siebzehnte These: Wir können sagen: Wenn alle Prämissen wahr sind und der Schluß gültig ist, dann *muß* auch die Konklusion wahr sein; und wenn daher in einem gültigen Schluß die Konklusion falsch ist, so ist es nicht möglich, daß die Prämissen alle wahr sind.

Dieses triviale, aber entscheidend wichtige Ergebnis kann man auch so ausdrücken: Die deduktive Logik ist nicht nur die Theorie der *Übertragung der Wahrheit* von den Prämissen auf die Konklusion, sondern gleichzeitig auch umgekehrt die Theorie der *Rückübertragung der Falschheit* von der Konklusion auf wenigstens eine der Prämissen.

Achtzehnte These: Damit wird die deduktive Logik zur Theorie der rationalen Kritik. Denn alle rationale Kritik hat die Form, daß wir zu zeigen versuchen, daß aus der zu kritisierenden Behauptung unannehmbare Folgerungen abgeleitet werden können. Gelingt es uns, aus einer Behauptung unannehmbare Folgerungen logisch abzuleiten, dann ist die Behauptung widerlegt.

Neunzehnte These: In den Wissenschaften arbeiten wir mit Theorien, das heißt, mit deduktiven Systemen. Das hat zwei Gründe. Erstens, eine Theorie oder ein deduktives System ist ein Erklärungsversuch und daher ein Versuch, ein wissenschaftliches Problem zu lösen; zweitens, eine Theorie, also ein deduktives System, ist durch seine Folgerungen rational kritisierbar. Es ist also ein Lösungsversuch, der der rationalen Kritik unterliegt.

So viel über die formale Logik als das Organon der Kritik.

Zwei grundlegende Begriffe, die ich hier verwendet habe, bedürfen einer kurzen Erläuterung: der Begriff der Wahrheit und der Begriff der Erklärung.

Zwanzigste These: Der Wahrheitsbegriff ist für den hier entwickelten Kritizismus unentbehrlich. Was wir kritisieren, das ist der Wahrheitsanspruch. Was wir als Kritiker einer Theorie zu zeigen versuchen, das ist, natürlich, daß ihr Wahrheitsanspruch nicht zu Recht besteht – daß sie falsch ist.

Die fundamentale methodologische Idee, daß wir aus unseren Irrtümern lernen, kann nicht ohne die regulative Idee der Wahrheit verstanden werden: Der Irrtum, den wir begehen, besteht ja eben darin, daß wir, mit dem Maßstab oder der Richtschnur der Wahrheit gemessen, das uns gesetzte Ziel, unseren Standard, nicht erreicht haben.

Wir nennen eine Aussage »wahr«, wenn sie mit den Tatsachen übereinstimmt oder den Tatsachen entspricht oder wenn die Dinge so sind, wie die Aussage sie darstellt. Das ist der sogenannte absolute oder objektive Wahrheitsbegriff, den jeder von uns dauernd verwendet. Eines der wichtigsten Ergebnisse der modernen Logik besteht darin, daß sie diesen absoluten Wahrheitsbegriff mit durchschlagendem Erfolg rehabilitiert hat.

Diese Bemerkung setzt voraus, daß der Wahrheitsbegriff unterminiert war. Und in der Tat, die Unterminierung des Wahrheitsbegriffes hat zu den herrschenden relativistischen Ideologien unserer Zeit den Hauptanstoß gegeben.

Das ist der Grund, warum ich die Rehabilitierung des Wahrheitsbegriffes durch den Logiker und Mathematiker Alfred Tarski als das philosophisch wichtigste Ergebnis der modernen mathematischen Logik bezeichnen möchte.

Ich kann natürlich dieses Ergebnis hier nicht diskutieren; ich kann nur ganz dogmatisch sagen, daß es *Tarski* gelungen ist, in der denkbar einfachsten und überzeugendsten Weise zu erklären, worin die Übereinstimmung eines Satzes mit den Tatsachen besteht. Aber das war eben jene Aufgabe, deren hoffnungslose Schwierigkeit zum skeptischen Relativismus geführt hat – mit sozialen Folgen, die ich hier wohl nicht ausmalen muß.

Der zweite Begriff, den ich verwendet habe und der einer Erläuterung bedürfig ist, ist der Begriff der Erklärung, oder genauer, der *kausalen Erklärung*.

Ein rein theoretisches Problem – ein Problem der reinen Wissenschaft – besteht immer darin, eine Erklärung zu finden – die Erklärung einer Tatsache oder eines Phänomens oder einer merkwürdigen Regelmäßigkeit oder einer merkwürdigen Ausnahme. Das, was wir zu erklären hoffen, kann man das Explikandum nennen. Der Lösungsversuch – das heißt: die Erklärung – besteht immer in einer Theorie, einem deduktiven System, das es uns erlaubt, das Explikandum dadurch zu erklären, daß wir es mit anderen Tatsachen (den sogenannten Anfangsbedingungen) logisch verknüpfen. Eine völlig explizite Erklärung besteht immer in der logischen Ableitung (oder Ableitbarkeit) des Explikandums aus der Theorie, zusammen mit den Anfangsbedingungen.

Das logische Grundschema jeder Erklärung besteht also in einem logischen, deduktiven Schluß, dessen Prämissen aus der Theorie und den Anfangsbedingungen besteht und dessen Konklusion das Explikandum ist.

Dieses Grundschema hat erstaunlich viele Anwendungen. Man kann zum Beispiel mit seiner Hilfe zeigen, was der Unterschied zwischen einer *ad-hoc*-Hypothese und einer unabhängig überprüfbaren Hypothese ist; und man kann, was Sie vielleicht mehr interessieren wird, in einfacher Weise den Unterschied zwischen theoretischen Problemen, historischen Problemen und Problemen der Anwendung logisch analysieren. Dabei stellt sich heraus, daß die berühmte *Unterscheidung* zwischen theoretischen oder nomothetischen und historischen oder ideographischen Wissenschaften logisch völlig gerechtfertigt werden kann – wenn man nämlich hier unter einer »Wissenschaft« die Beschäftigung mit einer bestimmten logisch unterscheidbaren Art von Problemen versteht.

Soviel zur Erläuterung der von mir bisher verwendeten logischen Begriffe.

Jeder dieser beiden Begriffe, der der Wahrheit und der der Erklärung, geben zur logischen Entwicklung von weiteren Begriffen Anlaß, die vom Standpunkt der Erkenntnislogik oder der Methodologie vielleicht noch wichtiger sind: Der erste dieser Begriffe ist der der *Annäherung an die Wahrheit*, und der zweite der der *Erklärungskraft* oder des *Erklärungsgehaltes* einer Theorie.

Diese beiden Begriffe sind insofern rein logische Begriffe, als sie sich mit den rein logischen Begriffen der Wahrheit eines Satzes und des Gehaltes eines Satzes – das heißt, der Klasse der logischen Folgerungen einer Theorie – definieren lassen.

Beide sind relative Begriffe: Obwohl jeder Satz einfach wahr oder falsch ist, so kann doch *ein* Satz eine bessere Annäherung an die Wahrheit darstellen als ein *anderer* Satz. Das wird zum Beispiel der Fall sein, wenn der erste Satz »mehr« wahre und »weniger« falsche logische Konsequenzen hat als der zweite. (Vorausgesetzt ist hier, daß die wahren und falschen Teilmengen der Folgerungsmengen der beiden Sätze vergleichbar sind.) Es läßt sich dann leicht zeigen, warum wir, mit Recht, annehmen, daß Newtons Theorie eine bessere Annäherung an die Wahrheit ist als Keplers Theorie.

Ähnlich läßt sich zeigen, daß die Erklärungskraft der Theorie Newtons größer ist als die Keplers.

Wir gewinnen also hier logische Begriffe, die der Beurteilung unserer Theorien zugrunde liegen und uns erlauben, in bezug auf wissenschaftliche Theorien sinnvoll von Fortschritt oder Rückschritt zu sprechen.

Soviel über die allgemeine Erkenntnislogik. Über die besondere Erkenntnislogik der Sozialwissenschaften möchte ich noch einige weitere Thesen anführen.

Einundzwanzigste These: Es gibt keine rein beobachtende Wissenschaft, sondern nur Wissenschaften, die mehr oder weniger bewußt und kritisch theoretisieren. Das gilt auch für die Sozialwissenschaften.

Zweiundzwanzigste These: Die Psychologie ist eine Sozialwissenschaft, da unser Denken und Handeln weitgehend von sozialen Verhältnissen abhängt. Kategorien wie a) Nachahmung, b) Sprache, c) Familie, sind offenbar soziale Kategorien; und es ist klar, daß die Psychologie des Lernens und des Denkens, aber auch zum Beispiel die Psychoanalyse, ohne die eine oder die andere dieser sozialen Kategorien unmöglich sind. Das zeigt, daß die Psychologie gesellschaftliche Begriffe voraussetzt; woraus wir schließen können, daß es unmöglich ist, die Gesellschaft restlos psychologisch zu erklären oder auf Psychologie zurückzuführen. Die Psychologie kann also nicht als die Grundwissenschaft der Sozialwissenschaften angesehen werden.

Das, was wir prinzipiell nicht psychologisch erklären können, und das, was wir in jeder psychologischen Erklärung voraussetzen müssen, das ist die soziale Umwelt des Menschen. Die Aufgabe, diese soziale Umwelt zu beschreiben – und zwar mit Hilfe erklärender Theorien, da es ja, wie schon angedeutet, eine reine Beschreibung nicht gibt – ist also die grundlegende Aufgabe der Sozialwissenschaft. Es dürfte angemessen sein, diese Aufgabe der Soziologie zuzuteilen. Das wird denn auch im folgenden angenommen.

Dreiundzwanzigste These: Die Soziologie ist autonom in dem Sinn, daß sie sich von der Psychologie sehr weitgehend unabhängig machen kann und muß. Das geht, abgesehen von der abhängigen Situation der Psychologie, auch daraus hervor, daß die Soziologie immer wieder vor der Aufgabe steht, ungewollte und oft unerwünschte soziale Folgen menschlichen Handelns zu erklären. Beispiel: Die Konkurrenz ist ein soziales Phänomen, das den Konkurrenten gewöhnlich unerwünscht ist, das aber als eine (gewöhnlich unvermeidliche) nichtgewollte Folge von (bewußten und planmäßigen) Handlungen der Konkurrenten erklärt werden kann und muß.

Was immer auch hier von den Handlungen der Konkurrenten psychologisch erklärbar sein mag, das soziale Phänomen der Konkurrenz ist eine psychologisch unerklärbare soziale Folge dieser Handlungen.

Vierundzwanzigste These: Die Soziologie ist aber noch in einem zweiten Sinn autonom, nämlich als das, was man oft »verstehende Soziologie« genannt hat.

Fünfundzwanzigste These: Die logische Untersuchung der nationalökonomischen Methoden führt zu einem Resultat, das auf alle Gesellschaftswissenschaften anwendbar ist. Dieses Resultat zeigt, daß es eine *rein objektive Methode* in den Sozialwissenschaften gibt, die man wohl als die *objektiv*-verstehende Methode oder als Situationslogik bezeichnen kann. Eine *objektiv*-verstehende Sozialwissenschaft kann unabhängig von allen subjektiven oder psychologischen Ideen entwickelt werden. Sie besteht darin, daß sie die *Situation* des handelnden Menschen hinreichend analysiert, um die Handlung aus der Situation heraus ohne weitere psychologische Hilfe zu erklären. Das objektive »Verstehen« besteht darin, daß wir sehen, daß die Handlung objektiv *situationsgerecht* war. Mit anderen Worten, die Situation ist so weitgehend analysiert, daß die zunächst anscheinend psychologischen Momente, zum Beispiel Wünsche, Motive, Erinnerungen und Assoziationen, in Situationsmomente verwandelt wurden. Aus dem Mann mit diesen oder jenen Wünschen wird dann ein Mann, zu dessen Situation es gehört, daß er diese oder jene objektiven *Ziele* verfolgt. Und aus einem Mann mit diesen oder jenen Erinnerungen oder Assoziationen wird dann ein Mann, zu dessen Situation es gehört, daß er objektiv mit diesen oder jenen Theorien oder mit dieser oder jener Information ausgestattet ist.

Das ermöglicht es uns dann, seine Handlungen in dem objektiven Sinn zu verstehen, daß wir sagen können: Zwar habe ich andere Ziele und andere Theorien (als zum Beispiel Karl der Große); aber wäre ich in seiner soundso analysierten Situation gewesen – wobei die Situation Ziele und Wissen einschließt –, dann hätte ich, und wohl auch Du, ebenso gehandelt. Die Methode der Situationsanalyse ist also zwar eine individualistische Methode, aber keine psychologische, da sie die psychologischen Momente prinzipiell ausschaltet und durch objektive Situationselemente ersetzt. Ich nenne sie gewöhnlich »Situationslogik« (»situational logic« oder »logic of the situation«).

Sechsundzwanzigste These: Die hier beschriebenen Erklärungen der Situationslogik sind rationale, theoretische Rekonstruktionen. Sie sind über-vereinfacht und über-schematisiert und daher im allgemeinen *falsch*. Dennoch können sie einen großen Wahrheitsgehalt haben, und sie können im streng logischen Sinn gute Annäherungen an die Wahrheit sein – und sogar bessere als andere überprüfbare Erklärungen. In diesem Sinn ist der logische Begriff der Annäherung an die Wahrheit unentbehrlich für die situations-analytischen Sozialwissenschaften. Vor allem aber sind die Situationsanalysen rational und empirisch kritisierbar und verbesserungsfähig. Wir können zum Beispiel einen Brief finden, der zeigt, daß das Karl dem Großen zur Verfügung stehende Wissen von dem ganz verschieden war, das wir in unserer Analyse angenommen haben. Im Gegensatz dazu sind psychologisch-charakterologische Hypothesen kaum je kritisierbar.

Siebenundzwanzigste These: Die Situationslogik nimmt im allgemeinen eine physische Welt an, in der wir handeln. Diese Welt enthält zum Beispiel physische Hilfsmittel, die uns zur Verfügung stehen und von denen wir etwas wissen, und physische Widerstände, von denen wir im allgemeinen auch etwas (oft nicht sehr viel) wissen. Darüber hinaus muß die Situationslogik auch eine soziale Welt annehmen, ausgestattet mit anderen Menschen, über deren Ziele wir etwas wissen (oft nicht sehr viel), und überdies mit *sozialen Institutionen*. Diese sozialen Institutionen bestimmen den eigentlichen sozialen Charakter unserer sozialen Umwelt. Sie bestehen aus allen jenen sozialen Wesenheiten der sozialen Welt, die den Dingen der physischen Welt entsprechen. Eine Gemüsehandlung oder ein Universitätsinstitut oder eine Polizeimacht oder ein Gesetz sind in diesem Sinn soziale Institutionen. Auch Kirche und Staat und Ehe sind soziale Institutionen; und so sind es gewisse zwingende Gebräuche, wie zum Beispiel in Japan Harakiri. Aber in unserer europäischen Gesellschaft ist Selbstmord keine Institution in dem Sinn, in dem ich das Wort verwende und in dem ich behaupte, daß die Kategorie von Wichtigkeit ist.

Das ist meine letzte These. Was folgt, ist ein Vorschlag und eine kurze abschließende Betrachtung.

Vorschlag: Als die Grundprobleme der reinen theoretischen Soziologie könnten vielleicht vorläufig die allgemeine Situationslogik und die Theorie der Institutionen und Traditionen angenommen werden. Das würde solche Probleme einschließen wie die beiden folgenden.

1. Institutionen handeln nicht, sondern nur Individuen in oder für Institutionen. Die allgemeine Situationslogik dieser Handlungen wäre die Theorie der Quasi-Handlungen der Institutionen.

2. Es wäre eine Theorie der gewollten und ungewollten institutionellen Folgen von Zweckhandlungen aufzubauen. Das könnte auch zu einer Theorie der Entstehung und der Entwicklung von Institutionen führen.

Zum Schluß noch eine Bemerkung. Ich glaube, daß die Erkenntnistheorie nicht nur wichtig für die Einzelwissenschaften ist, sondern auch für die Philosophie und daß das religiöse und philosophische Unbehagen unserer Zeit, das uns wohl alle beschäftigt, zum erheblichen Teil ein erkenntnis-philosophisches Unbehagen ist. Nietzsche hat es den europäischen Nihilismus genannt und Benda den Verrat der Intellektuellen. Ich möchte es als eine Folge der sokratischen Entdeckung charakterisieren, daß wir nichts wissen, das heißt unsere Theorien niemals rational rechtfertigen können.

Aber diese wichtige Entdeckung, die unter vielen anderen Malaisen auch den Existentialismus hervorgebracht hat, ist nur eine halbe Entdeckung; und der Nihilismus kann überwunden werden. Denn obwohl wir unsere Theorien nicht rational rechtfertigen und nicht einmal als wahrscheinlich erweisen können, so können wir sie rational kritisieren. Und wir können bessere von schlechteren unterscheiden.

Aber das wußte, sogar schon vor Sokrates, der alte Xenophanes, als er die Worte schrieb:

> Nicht vom Beginn an enthüllten die Götter den Sterblichen alles,
> Aber im Laufe der Zeit finden wir, suchend, das Bess're.

6. Gegen die großen Worte
(Ein Brief, der ursprünglich nicht zur Veröffentlichung bestimmt war)

Vorbemerkung. *Vor etwa 14 Jahren erhielt ich einen Brief von einem mir bis dahin nicht bekannten Herrn Klaus Grossner, der sich auf meinen Freund Hans Albert berief und mich um ein briefliches Interview über den Stand der (deutschen) Philosophie ersuchte. Ich fand vieles in seinem Brief richtig, einiges unrichtig, aber diskussionswürdig; und so beantwortete ich, trotz einiger Bedenken, seine Fragen. In einem späteren Brief bat mich Herr Grossner, die hier folgenden Teile aus meinem Brief in seinem geplanten Buch veröffentlichen zu dürfen. Trotz neuerlicher Bedenken gab ich ihm meine Erlaubnis,* aber nur für sein Buch*: ich behielt mir alle Rechte eines Autors vor, und betonte, daß mein Beitrag zu seinem Buch ohne meine ausdrückliche Erlaubnis nicht wieder abgedruckt werden darf. Aber kurz darauf erschien ein Auszug (unter dem schönen Titel »Wider die großen Worte«) in der Wochenzeitung* Die Zeit, *ohne meine Erlaubnis und ohne meine Rechte zu erwähnen. (In Deutschland und in Österreich wird mit dem Urheberrecht oft etwas großzügig umgesprungen.) Da mein Brief schon zweimal auszugsweise gedruckt und viele Male falsch zitiert worden war, so drucke ich hier den bereits veröffentlichten Teil, trotz seiner Aggressivität, nochmals unverändert ab. Ich schrieb:*

Nun zunächst zu Ihren vier Fragen (oder Frage-Gruppen).

1. Ich begann als sozialistischer Mittelschüler, fand die Mittelschule wenig anregend und trat aus der sechsten Klasse aus; Reifeprüfung als Externist. Mit 17 Jahren (1919) zwar noch immer Sozialist, aber Marx-Gegner (als Folge von Erfahrungen mit Kommunisten). Weitere Erfahrungen (mit Bürokraten) führen schon vor dem Faschismus zur Einsicht, daß die zunehmende Macht der Staatsma-

schine die größte Gefahr für die persönliche Freiheit ist, und daß die Maschine daher dauernd bekämpft werden muß. Alles das war nicht nur theoretisch: ich erlernte die Tischlerei (in Opposition zu meinen intellektuell-sozialistischen Freunden) und machte die Gesellenprüfung; ich arbeitete in Kinderheimen; ich wurde Volksschullehrer; ich hatte, bevor mein erstes Buch (»Die beiden Grundprobleme der Erkenntnistheorie«, unveröffentlicht [1979 bei Mohr in Tübingen erschienen]) fertig war, nicht die Absicht, Philosophieprofessor zu werden. (»Logik der Forschung« erschien 1934; Berufung nach Neuseeland kam Weihnachten 1936.)

Aus meiner sozialistischen Jugendzeit habe ich viele Ideen und Ideale ins Alter gerettet. Insbesondere:

Jeder Intellektuelle hat eine ganz spezielle Verantwortung. Er hat das Privileg und die Gelegenheit, zu studieren. Dafür schuldet er es seinen Mitmenschen (oder »der Gesellschaft«), die Ergebnisse seines Studiums in der einfachsten und klarsten und bescheidensten Form darzustellen. Das Schlimmste – die Sünde gegen den heiligen Geist – ist, wenn die Intellektuellen es versuchen, sich ihren Mitmenschen gegenüber als große Propheten aufzuspielen und sie mit orakelnden Philosophien zu beeindrucken. Wer's nicht einfach und klar sagen kann, der soll schweigen und weiterarbeiten, bis er's klar sagen kann.

Während des Philosophenkongresses in Wien (1968) wurde ich zu zwei Fernsehdiskussionen unter Philosophen eingeladen, und bei einer fand ich zu meiner Überraschung auch Bloch vor. Es kam zu einigen unbedeutenden Zusammenstößen. (Ich sagte, wahrheitsgemäß, daß ich zu dumm bin, um seine Ausdrucksweise zu verstehen.) Am Schluß der Diskussion bat uns der Gesprächsleiter, Dr. Wolfgang Kraus: »Bitte sagen Sie in *einem* Satz, was Ihrer Meinung nach am meisten not tut.« Ich war der einzige, der kurz antwortete. Meine Antwort war: »Etwas mehr intellektuelle Bescheidenheit.«

Ich bin ein Anti-Marxist und ein Liberaler. Aber ich gebe zu, daß Marx und auch Lenin einfach und direkt schrieben. Was die zum Schwulst der Neodialektiker gesagt hätten? Sie hätten härtere Worte als »Schwulst« gefunden. (Lenins Buch gegen den Empiriokritizismus ist meiner Meinung nach ganz ausgezeichnet.)

Zu Ihrer Frage über die gesellschaftlichen Probleme, die meinen Arbeiten unterliegen:

Alle meine philosophischen Arbeiten hängen mit nicht-philosophischen Problemen zusammen. Ich schrieb darüber 1952 (siehe »Conjectures and Refutations«, S. 72):

»Echte philosophische Probleme haben ihre Wurzeln immer in dringlichen Problemen, die in Gebieten liegen, die nicht zur Philosophie gehören. Sie verdorren, wenn die Wurzeln absterben.« Und ich erwähnte als Beispiele von Gebieten, in denen Probleme wurzeln, Politik, soziales Zusammenleben, Religion, Kosmologie, Mathematik, Naturwissenschaft, Geschichte.

Eine Beschreibung dieser »Wurzeln« meiner »Logik der Forschung« findet sich im Kapitel 1 (1957), pp. 33–38 von »Conjectures and Refutations«. (»Conjectures and Refutations« sind bisher nicht ins Deutsche übersetzt, weil ich keinen hinreichend guten Übersetzer finden kann. Ein Exemplar [für Sie] ist in der Post.)

Für »Das Elend des Historizismus« siehe meine Widmung in diesem Buch (Seite v), das Ende meines Vorwortes zur deutschen Ausgabe (letzter Absatz auf S. xiii bis zum Ende von Seite ix).

Für die »Logik der Forschung« siehe auch die erste Seite des Vorwortes zur dritten deutschen Auflage (S. xxv).

2. Darüber später.

3. Augenblicklich arbeite ich an meinen Beiträgen zu einem Band der »Library of Living Philosophers«, herausgegeben von Paul Arthur Schilpp. (Ich glaube, daß einige dieser Bände auch in Deutschland erschienen sind, unter anderem der Einstein-Band.) Der Band, an dem ich arbeite, heißt »The Philosophy of Karl R. Popper«, und er enthält (a) eine sogenannte »intellektuelle Autobiographie«, (b) kritische Beiträge von etwa 25 Leuten (Philosophen, aber auch Naturwissenschaftler) und (c) meine Antworten.

Meine gegenwärtigen Arbeiten sind größtenteils dem Kampf gegen den Irrationalismus und Subjektivismus in der Physik und in anderen Wissenschaften gewidmet, besonders auch in den Sozialwissenschaften. Meine Arbeiten sind, wie immer, Versuche, unabweisbare Probleme möglichst scharf zu formulieren und zu lösen. (Auch meine wissenschaftslogischen Arbeiten, z. B. zur Physik, sind Versuche, Probleme zu lösen, die mit unseren sozialen und politischen Krankheiten zusammenhängen.)

Ich gehe immer wieder auch auf Probleme zurück, die ich schon vor vielen Jahren gelöst habe, zum Beispiel um die Lösung zu verschärfen oder um die neuen Probleme zu verfolgen, die aus meinem

Lösungsvorschlag entspringen – oder um neue Zusammenhänge zu verfolgen.

Eine Liste solcher Probleme ist:

Abgrenzungsproblem: Wissenschaft / Nicht-Wissenschaft; Rationalität / Irrationalität.

Das Induktionsproblem in allen seinen Spielarten; darunter auch Propensitäten, Universalien und »Wesen«; Definitionsproblem (die Unmöglichkeit des Definitionspostulates und die Unwesentlichkeit aller Definitionen).

Realismusproblem (gegen Positivismus). Methodologie der Natur- und Geisteswissenschaften.

Die Rolle der Probleme und Problemsituationen in den Sozialwissenschaften und in der Geschichte. Das Problem der allgemeinen Problemlösung.

Objektivitätsprobleme: Tarskis Wahrheitstheorie; Gehalt, Wahrheitsgehalt, Annäherung an die Wahrheit. Objektivität in Logik (Deduktionstheorie), Mathematik, Wahrscheinlichkeitstheorie. Wahrscheinlichkeit in der Physik. Das Zeitproblem und die Richtung der Zeit.

Status von Darwins Selektionstheorie. Verbesserungen der Selektionstheorie (selektive Erklärung von Entwicklungstendenzen). Die menschliche Sprache und ihre Entwicklung. Die Sprache der politischen Vorschläge.

Der Indeterminismus und die Selektion.

Theorie der »dritten Welt« und der logischen und nichtlogischen Werte.

Das Leib-Seele-Problem. Eine große Anzahl historischer Probleme, insbesondere über Theoriengeschichte (von Hesiod und den Vorsokratikern bis zur Quantentheorie).

Diese Liste ist lang (und teilweise unverständlich für den, der meine Arbeiten nicht kennt). Aber ich habe viel ausgelassen, und ich arbeite noch immer an allen diesen und anderen Problemen. Siehe meine »List of Publications«; aber viel ist unveröffentlicht.

4. Ich habe (glaube ich) nie ein Wort über Marcuse geschrieben. Es ist meiner Meinung nach zwecklos, sich auf diese Tiraden einzulassen. (Siehe Punkt 2 unten, Sumpf!) Ich habe, wenn ich mich recht erinnere, Marcuse erst 1966 in Kalifornien getroffen (obzwar wir 1950 zugleich in Harvard waren), aber wir diskutierten nicht. Meine

Meinung über Marcuse stimmt mit der meines Freundes und Kollegen Cranston überein.

Ich habe über den Ästhetizismus schon im 9. Kapitel des 1. Bandes der (leider schlecht ins Deutsche übersetzten) »Open Society« geschrieben. (Siehe das Motto von Roger Martin du Gard.) Im wesentlichen wiederholt Marcuse nur, was Mourlan in du Gard sagt. Meine Kritik findet sich im Kapitel 9 der »Open Society«. Natürlich schrieb ich diese Kritik, im Kapitel 9, lange bevor Marcuse seinen gegenwärtigen Standpunkt (»negative Philosophie«) einnahm, und du Gard hat sein Buch schon 1936–1940 veröffentlicht.

Mir scheint der Unterschied zwischen den »Idealisten« unter den Faschisten und Marcuse ziemlich unwesentlich zu sein.

Ich komme jetzt zu Ihrem Punkt 2.

2. Diese Gruppe von Fragen in Ihrem Brief führt sehr weit. Ich muß mit meiner Erkenntnistheorie anfangen.

Sie sagen, daß Sie meine Arbeiten gelesen haben; aber bitte, schauen Sie sich nochmals meine *Zweite These* auf S. 103 des Adorno-Buches über den *Positivismusstreit* an. Die These, daß wir nichts wissen, ist ernst gemeint. Es ist wichtig, unsere Unwissenheit nie zu vergessen. *Wir dürfen daher nie vorgeben zu wissen, und wir dürfen nie große Worte gebrauchen.*

Was ich oben (Punkt 1) die Sünde gegen den heiligen Geist genannt habe – die Anmaßung des dreiviertel Gebildeten –, das ist das Phrasendreschen, das Vorgeben einer Weisheit, die wir nicht besitzen. Das Kochrezept ist: Tautologien und Trivialitäten gewürzt mit paradoxem Unsinn. Ein anderes Kochrezept ist: Schreibe schwer verständlichen Schwulst und füge von Zeit zu Zeit Trivialitäten hinzu. Das schmeckt dem Leser, der geschmeichelt ist, in einem so »tiefen« Buch Gedanken zu finden, die er schon selbst einmal gedacht hat. (Wie heute jeder sehen kann – des Kaisers neue Kleider machen Mode!)

Wenn ein Student an die Universität kommt, so weiß er nicht, welche Maßstäbe er anlegen soll. Daher übernimmt er die Maßstäbe, die er vorfindet. Da die intellektuellen Maßstäbe in den meisten Philosophenschulen (und ganz besonders in der Soziologie) den Schwulst und das angemaßte Wissen zulassen (alle diese Leute scheinen sehr viel zu wissen), werden auch gute Köpfe völlig verdreht. Und die Studenten, die durch die falschen Anmaßungen der »herrschenden«

Philosophie irritiert sind, werden, *mit Recht*, zu Gegnern der Philosophie. Sie glauben dann, *zu Unrecht*, daß diese Anmaßungen die der »herrschenden Klasse« sind, und daß eine von Marx beeinflußte Philosophie es besser machen würde. Aber der neuzeitliche linke Kohl ist gewöhnlich noch etwas anrüchiger als der neuzeitliche rechte Kohl.

Was haben die Neodialektiker gelernt? Sie haben nicht gelernt, wie schwer es ist, Probleme zu lösen und der Wahrheit näher zu kommen. Sie haben nur gelernt, wie man seine Mitmenschen in einem Meer von Worten ertränkt.

Ich streite mich deshalb nicht gern mit diesen Leuten herum: Sie haben keine Maßstäbe.

Es wird Sie vielleicht interessieren, daß wir bisher in meinem Department (für Philosophie, Logik und wissenschaftliche Methoden) an der *London School of Economics* während der ganzen Studentenunruhen nur einen einzigen revolutionären Studenten hatten. Der hatte so viel Gelegenheit, seine Meinung zu vertreten, daß er keinen Grund hatte, sich zu beklagen. Meine Kollegen in meinem Department und ich haben *niemals* autoritär oder dogmatisch gelehrt. Unsere Studenten wurden *immer* (seit ich das Department 1946 übernahm) aufgefordert, die Vorlesungen zu unterbrechen, falls sie entweder etwas nicht verstehen oder anderer Meinung sind; und sie wurden nie von oben herab behandelt. Wir haben uns nie als große Denker aufgespielt. Ich mache es immer und überall klar, daß ich niemanden bekehren will: Was ich den Studenten vorsetze, sind Probleme und Lösungsversuche. Natürlich mache ich es ganz klar, wo ich stehe – was ich für richtig und was ich für falsch halte.

Ich trage also keine philosophische Lehre vor, keine neue Offenbarung (wie es mit Ausnahme von Hans Albert *alle* die Leute tun, die Sie in Ihrem Brief nennen), sondern Probleme und Lösungsversuche; und diese Lösungsversuche werden kritisch untersucht.

Das erklärt ein wenig den großen Unterschied. Es gibt nur sehr wenige Philosophen, die Probleme lösen. Ich sage es nur zögernd, aber ich glaube, daß ich eine ganze Reihe von wirklich grundlegenden philosophischen Problemen gelöst habe – zum Beispiel das Problem der Induktion. (Diese Lösungsversuche haben – das ist immer so – neue, fruchtbare Probleme hervorgebracht.)

Obwohl ich so viel unverdienten Erfolg hatte, so wird die Tatsache, daß ich Probleme gelöst habe, weitgehend ignoriert. (Die große Ausnahme in Deutschland ist Hans Albert.) Die meisten Philosophen erkennen weder ein Problem, noch eine Lösung, auch wenn sie sie sehen: Diese Dinge liegen einfach außerhalb ihres Interessengebietes.

Ich lasse mich nicht gern auf eine Kritik dieser Philosophen ein. Sie zu kritisieren hieße (wie einst mein Freund Karl Menger sagte), ihnen mit gezücktem Schwert in den Sumpf, in dem sie sowieso versinken, nachzuspringen, um mit ihnen zu versinken. (Hans Albert hat's gewagt, und er ist bisher noch nicht versunken.) Statt sie zu kritisieren, versuche ich, durch die Diskussion von Problemlösungen neue, bessere Maßstäbe (neue »standards«) einzurichten. Das klingt vielleicht arrogant. Aber ich glaube, daß es das einzig richtige Vorgehen ist. Das erklärt, warum ich nie ein Wort über Marcuse veröffentlicht habe und (bis zum 26. März 1970 in dem Brief im *Times Literary Supplement*, der für Sie in der Post ist) auch nicht über Habermas.

Im *»Positivismusstreit«* ist die Grundthese von Adorno und Habermas die *Behauptung* (Mannheims), *daß Tatsachenwissen und Wertungen in der Soziologie unauflösbar verknüpft sind.* Ich habe das alles in meiner Kritik von Mannheim behandelt [»Offene Gesellschaft«, Bd. II, »Das Elend des Historizismus«; auch »Positivismusstreit«, insbesondere Seite 112, vom letzten Absatz vor der 11. These bis zur 13. These], wo ich nicht die Falschheit, sondern die Trivialität und Irrelevanz der Mannheimschen Wissenssoziologie nachzuweisen versuche. Statt einer ernsthaften Diskussion wird demgegenüber Mannheims These immer wieder wiederholt, mit alten oder neuen Worten. Das ist natürlich keine Antwort auf meine Kritik.

Ich komme jetzt zu einem neuen Punkt, der mit *Ihrem philosophischen Wörterbuch* (in Ihrem Artikel) zusammenhängt, und in dem ich dieses Wörterbuch kritisiere.

5. Ich streite nie über Worte. Aber die Ausdrücke *»Positivismus«* und *»Neopositivismus«*, die von Habermas in diese Debatte eingeführt worden sind, haben eine fast lächerliche Geschichte.

(a) *Positivismus.* Der Ausdruck wurde von Comte eingeführt. Er bedeutete ursprünglich die folgende erkenntnistheoretische Position: Es gibt positives, das heißt nicht-hypothetisches, Wissen. Dieses positive Wissen muß als Ausgangspunkt und Grundlage festgehalten werden.

(b) *Moralischer und juridischer Positivismus.* Kritiker von Hegel (zum Beispiel auch ich, in der »Open Society«) haben ausgeführt, daß die Hegelsche These

»Was vernünftig ist, ist wirklich«

eine Form des Positivismus ist: moralische und juridische Werte (z. B. Gerechtigkeit) werden durch *positive Tatsachen* (die herrschende Sitte und das herrschende Recht) ersetzt. (Es ist gerade diese Hegelsche Konflation von Werten und Tatsachen, die noch immer in Habermas spukt: Es sind die Reste dieses Positivismus, die ihn verhindern, das Normative und das Faktische zu unterscheiden.)

Die positivistische Vermischung von Werten (Normen) und Tatsachen ist eine Folge der Hegelschen Erkenntnistheorie; und ein konsequenter erkenntnistheoretischer Positivist muß auch ein moralisch-juridischer Positivist sein. Das bedeutet, wie ich in der »Open Society« ausführte,

Recht = Macht

oder:

Die Macht von heute = Recht;

eine Position, die ich ebenso bekämpfte, ist der moralische Futurismus:

Die Macht von morgen = Recht.

(c) *Ernst Machs Positivismus:* Mach und später Bertrand Russell akzeptierten in einigen ihrer Werke den Sensualismus von Berkeley:

esse = percipi,

also ungefähr: was existiert, sind nur die Sinnesempfindungen, und sonst nichts. Sie verbanden das mit dem Positivismus Comtes: Die Wissenschaft besteht aus *Beschreibungen von Tatsachen (und nicht aus Erklärungen und Hypothesen*).

(d) *Der »Logische Positivismus«* des Wiener Kreises verband Machs und Russells Positivismus mit Russells »logistischer« Philosophie der Mathematik. (Das wurde damals und später oft »Neupositivismus« genannt.)

(e) Jetzt komm ich dran.

Ich bekämpfte in Wien, 1930–1937, und in England, 1935–1936, alle Formen des Positivismus.

1934 veröffentlichte ich mein Buch »Logik der Forschung«. Das war eine Kritik des Positivismus. Aber Schlick und Frank, die Führer des Wiener Kreises, waren so tolerant, daß sie das Buch für eine von ihnen herausgegebene Schriftenreihe akzeptierten.

Eine Folge dieser Toleranz war, daß *alle, die das Buch nur von außen ansahen, glaubten, daß ich ein Positivist sei.*

So entstand der sehr weit verbreitete Mythos von Popper, dem Positivisten. Der Mythos wurde in zahllosen Abhandlungen, in Fußnoten oder Nebensätzen verbreitet. Wenn einer auf diese Weise es einmal »gelernt« hat, daß ich ein Positivist bin, und wenn einer sich darauf öffentlich festgelegt hat, dann versucht er gewöhnlich, nachher den Begriff des Positivismus so abzuändern, daß er auf mich paßt. Das ist schon öfter vorgekommen, insbesondere bei Leuten, die meine Bücher gar nicht oder nur ganz oberflächlich gelesen haben. *Das alles ist ziemlich unwichtig*, da es nur Worte (»Positivismus«) betrifft; und über Worte streite ich nicht.

Aber ich bin vom Positivismus so weit wie nur möglich entfernt. (Die einzige Ähnlichkeit ist, daß ich mich für Physik und Biologie sehr interessiere, während die Hermeneutiker von jedem naturwissenschaftlichen Interesse unbeleckt sind.)

Insbesondere bin ich:

ein Anti-Induktivist;

ein Anti-Sensualist;

ein Vorkämpfer des Primates des Theoretischen und Hypothetischen;

ein *Realist*;

meine Erkenntnistheorie besagt, daß die Naturwissenschaften nicht von »Messungen« ausgehen, sondern von großen Ideen; und daß der wissenschaftliche Fortschritt *nicht* in der Anhäufung oder Erklärung von Tatsachen besteht, sondern in kühnen, revolutionären Ideen, die dann scharf kritisiert und überprüft werden.

Im Gebiet des Sozialen betone ich das Praktische: die Bekämpfung von Übeln, von vermeidbarem Leiden und vermeidbarer Unfreiheit (im Gegensatz zu Versprechungen des Himmels auf Erden), und in den Sozialwissenschaften bekämpfe ich die Falschmünzerei.

In Wahrheit bin ich ebensoweit vom Positivismus entfernt wie (zum Beispiel) Gadamer:

Ich habe nämlich entdeckt – und darauf begründet sich meine Kritik des Positivismus –, daß die Naturwissenschaft *nicht* positivistisch vorgeht, sondern im wesentlichen eine Methode verwendet, die mit »Vorurteilen« arbeitet; nur verwendet sie womöglich neue Vorurteile und *Vorurteile, die kritisierbar sind*, und unterwirft sie einer strengen Kritik. (Alles das findet sich in »Logik der Forschung«, 1934.) Ich habe sogar das Wort »Vorurteil« (»prejudice«) in diesem Sinn verwendet und gezeigt, daß Bacon, der gegen Vorurteile gewettert hat, die Methode der Naturwissenschaft mißverstanden hat; siehe mein kleines Büchlein »On the Sources of Knowledge and of Ignorance«, 1960, wiederabgedruckt in meinem Sammelband »Conjectures and Refutations«, siehe insbesondere S. 14.

Daher: Was mich von Gadamer trennt, ist ein besseres Verständnis der naturwissenschaftlichen »Methode«, eine logische Theorie der Wahrheit und die *kritische* Einstellung. Aber meine Theorie ist genau so anti-positivistisch wie seine, und ich zeigte, daß Textinterpretation (Hermeneutik) mit echt naturwissenschaftlichen Methoden arbeitet. Überdies war meine Kritik des Positivismus erstaunlich erfolgreich. Sie wurde, nach vielen Jahren, weitgehend von den überlebenden Mitgliedern des Wiener Kreises akzeptiert, so daß der Philosophiehistoriker John Passmore schreiben konnte: »Der Positivismus ist so tot, wie eine philosophische Bewegung es überhaupt nur sein kann.«

Ich halte nichts von Worten und Namen. Aber der Name (»Neo-) Positivismus« ist einfach ein Symptom für die verbreitete Gewohnheit, zu kritisieren, bevor man liest. Ich muß das wegen Ihres philosophischen Wörterbuchs wohl klar sagen. Mit Leuten, die mit Schlagworten dieser Art diskutieren, diskutiere ich nicht. Siehe oben, Karl Mengers Bemerkung. Auf diese Weise gerät man nur in den uferlosen Sumpf scholastischer Wortstreitigkeiten. Ich hoffe, meine Zeit besser verwenden zu können: zum Studium dringlicher Probleme.

(Herrn Wellmers Aufgabe war es, die »Logik der Forschung« zu lesen – da die andern Frankfurter dazu die Zeit nicht hatten – und zu widerlegen. Gadamers »Wahrheit und Methode« wird bei ihm zum Gegensatz von Erkenntnistheorie und Methodologie. Aber es klappt nicht.)

Adorno und Habermas sind alles eher als klar in ihrer Kritik meiner Position. Um es kurz zu sagen: Sie glauben, daß meine Erkenntnistheorie, da diese (wie sie glauben) positivistisch ist, mich dazu zwingt, den sozialen *status quo* zu verteidigen. Oder: mein (angeblicher) erkenntnistheoretischer Positivismus zwingt mir einen moralisch-juridischen Positivismus auf. (Das war meine Kritik von Hegel.) Sie haben leider übersehen, daß ich zwar ein (nichtrevolutionärer) Liberaler bin, daß aber meine Erkenntnistheorie eine *Theorie des Wachstums der Erkenntnis durch intellektuelle und wissenschaftliche Revolutionen ist.* [Durch große neue Ideen.]

Adorno und Habermas wissen nicht, was sie kritisieren; und sie wissen nicht, daß ihre eigene These von der analytisch unauflöslichen Verbundenheit der Werte und der Fakten ein von Hegel stammender moralisch-juridischer Positivismus ist.

Zusammenfassung über das Buch über den sogenannten »Positivismusstreit«. Dieses Buch segelt unter falscher Flagge. Außerdem: mein Beitrag, der sowohl zeitlich als logisch der *erste* war und alle andern erst hervorgerufen hat, war als eine Diskussionsgrundlage gedacht. Er bestand aus 27 klar und scharf formulierten Thesen, die man hätte diskutieren sollen und können. Aber in diesem langen Buch sind meine Thesen kaum je erwähnt, und mein Beitrag wird, in der Mitte des Buches, in einem Meer von Worten ertränkt. In keiner Besprechung wurde bemerkt, daß meine Thesen und Argumente nirgends beantwortet werden. Das Verfahren (wo die Argumente fehlen, da ersetze man sie durch den Wortschwall) war erfolgreich, und meine ertränkten Thesen und Argumente sind vergessen.

Aber das alles (der ganze »Positivismusstreit«) ist ja nur ein Eiertanz und von einer geradezu grotesken Unwichtigkeit.

Zusammenfassung des Ganzen: Obzwar ich fast immer an scharf bestimmten wissenschaftlichen Problemen arbeite, so geht durch alle meine Arbeit ein roter Faden: *für* kritische Argumente – *gegen* leere Worte und gegen die intellektuelle Unbescheidenheit und Anmaßung – gegen den *Verrat* der Intellektuellen, wie es Julien Benda nannte (siehe die 4. und 5. englische Auflage der »Open Society«, vol. II, S. 393). Ich bin der Überzeugung (siehe »Open Society«), daß wir – die Intellektuellen – fast an allem Elend schuld sind, weil wir zu wenig für die intellektuelle Redlichkeit kämpfen. (Am Ende wird deshalb wohl der sturste Anti-Intellektualismus den Sieg davontragen.) In der »Open Society« sage ich das in hundert verschiedenen Angriffen auf die falschen Propheten, und ich nehme kein Blatt vor den Mund. Zum Beispiel habe ich ein paar *sehr scharfe* kurze Bemerkungen über Jaspers und Heidegger gemacht (siehe Namenregister zur »Open Society«, vol. II, englisch oder deutsch).

Sie wollen, so scheint es, wissen, was ich für Gründe dafür habe, daß ich nicht mit Professor Habermas diskutieren will.

Hier sind meine Gründe. Sie bestehen (1) aus Zitaten aus dem »*Positivismusstreit*«, von Professor Habermas, vom Beginn seines Nachtrages zur Kontroverse zwischen Popper und Adorno (nota bene, ich habe bis zum 26. März 1970 nie ein Wort über Adorno oder über Habermas veröffentlicht), und (2) aus meinen Übersetzungen. Manche Leser werden finden, daß es mir nicht gelungen ist, den Grundtext adäquat zu übersetzen. Das mag sein. Ich bin ein ziemlich erfahrener Übersetzer, aber vielleicht bin ich für diese Aufgabe zu dumm. Wie dem auch sein mag, ich habe mein Bestes getan:

> Mich drängt's, den Grundtext aufzuschlagen,
> Mit redlichem Gefühl einmal
> Das heilige Original
> In mein geliebtes Deutsch zu übertragen.

Es ist nicht das Ziel meiner Übersetzung, Fremdwörter zu vermeiden, wenn ihr Sinn klar ist (Kooperation = Zusammenarbeit; Antagonismus = Gegnerschaft), sondern es liegt mir *nur* daran, den – etwas mageren Informationsgehalt jedes Satzes so klar zu machen wie möglich, auch wenn dadurch die Übersetzung länger werden sollte als der Grundtext.

Habermas beginnt mit einem Zitat von Adorno, dem er Beifall spendet (Seite 155).

[Zitate aus Habermas' Aufsatz]	*[Meine »Übersetzung«]*
Die gesellschaftliche Totalität führt kein Eigenleben oberhalb des von ihr Zusammengefaßten, aus dem sie selbst besteht.	Die Gesellschaft besteht aus den gesellschaftlichen Beziehungen.
Sie produziert und reproduziert sich durch ihre einzelnen Momente hindurch.	Die verschiedenen Beziehungen produzieren *irgendwie* die Gesellschaft.
So wenig jenes Ganze vom Leben, von der Kooperation und	Unter diesen Beziehungen finden sich Kooperation und Ant-

dem Antagonismus des Einzelnen abzusondern ist,	agonismus; und da (wie schon gesagt) die Gesellschaft aus diesen Beziehungen besteht, kann sie von ihnen nicht abgesondert werden;
so wenig kann irgendein Element auch bloß in seinem Funktionieren verstanden werden ohne Einsicht in das Ganze, das an der Bewegung des Einzelnen selbst sein Wesen hat.	aber das Umgekehrte gilt auch: keine der Beziehungen kann ohne die anderen verstanden werden.
System und Einzelheit sind reziprok und nur in der Reziprozität zu verstehen.	(Wiederholung des Vorhergehenden.)

(Bemerkung: Die hier vorgetragene Ganzheitslehre ist unzählige Male, und sehr oft besser, vorgetragen worden; aber mit jedem Male werden die Worte eindrucksvoller.)

Professor Habermas spricht nun selbst:

Adorno begreift die Gesellschaft in Kategorien, die ihre Herkunft aus der Logik Hegels nicht verleugnen.	Adorno verwendet eine an Hegel erinnernde Ausdrucksweise.
Er begreift Gesellschaft als Totalität in dem streng dialektischen Sinne, der es verbietet, das Ganze organisch aufzufassen nach dem Satz: es ist mehr als die Summe seiner Teile;	Er sagt daher (sic) nicht, daß das Ganze mehr ist als die Summe seiner Teile;
ebensowenig aber ist Totalität eine Klasse, die sich umfangslogisch bestimmen ließe durch ein	ebensowenig ist (sic) das Ganze eine Klasse von Elementen.

Zusammennehmen aller unter ihr befaßten Elemente.

So geht es weiter. Später kommt zum Beispiel auf derselben Seite

die Totalität der gesellschaftlichen Lebenszusammenhänge …

wir alle stehen irgendwie untereinander in Beziehung …

oder auf Seite 157

Theorien sind Ordnungsschemata, die wir in einem syntaktisch verbindlichen Rahmen beliebig konstruieren.

Theorien sollten nicht ungrammatisch formuliert werden; ansonsten kannst Du sagen, was Du willst.

Sie erweisen sich für einen speziellen Gegenstandsbereich dann als brauchbar, wenn sich ihnen die reale Mannigfaltigkeit fügt.

Sie sind auf ein spezielles Gebiet dann anwendbar, wenn sie anwendbar sind.

Das grausame Spiel, Einfaches kompliziert und Triviales schwierig auszudrücken, wird leider traditionell von vielen Soziologen, Philosophen usw. als ihre legitime Aufgabe angesehen. So haben sie es gelernt, und so lehren sie es. Da kann man gar nichts machen. Nicht einmal Faust konnte daran etwas ändern. Sogar die Ohren sind schon verbildet: Sie können nur mehr die ganz großen Worte hören.

> Gewöhnlich glaubt der Mensch, wenn er nur Worte hört,
> Es müsse sich dabei doch auch was denken lassen.

Darum sagt dann Goethe von der verborgenen hohen Kraft dieser Hexenwissenschaft:

> Und wer nicht denkt,
> Dem wird sie geschenkt,
> Er hat sie ohne Sorgen.

»Staunend liest's der anbetroffne Chef«, heißt's in Morgensterns *Palmström* (»Die Behörde«).

Wie Sie ja wissen, bin ich ein Gegner von Marx; aber unter seinen vielen Bemerkungen, die ich bewundere, ist die folgende: »In ihrer mystificirten Form ward die Dialektik deutsche Mode ...«

Sie ist's noch immer.

Das ist meine Entschuldigung dafür, daß ich mich auf diese Diskussion nicht einlasse, sondern lieber daran arbeite, meine Ideen möglichst einfach zu formulieren. Das ist oft nicht leicht.

Anmerkung (1984).

Das Zitat von Marx (am Schluß meines Briefes) stammt aus *Das Kapital*, 2. Auflage, 1872, Seite 822. Auf derselben Seite schreibt Marx vorher: »Die mystificirende [*sic*] Seite der Hegel'schen Dialektik habe ich vor beinah 30 Jahren, zu einer Zeit kritisiert, wo sie noch Tagesmode war.«

Marx ahnte nicht, daß sie es bleiben könnte, vielleicht für immer.

II.

Über Geschichte

7. Bücher und Gedanken: Das erste Buch Europas

Die ehrenvolle Einladung, heute hier einen Festvortrag zu halten, hat mir große Freude gemacht. Nicht nur, weil ich das Buch für das wichtigste Kulturgut Europas und vielleicht der Menschheit halte, sondern auch wegen der überwältigenden Rolle, die die Bücher in meinem eigenen Leben gespielt haben und noch immer spielen, nach mehr als 75 Jahren: ich bin über 80. Denn schon vor meinem fünften Jahr haben Bücher eine sehr große Rolle in meinem Leben gespielt. Und mit fünf Jahren lernte ich den ersten Band von Selma Lagerlöfs »Wunderbare Reise des kleinen Nils Holgersson mit den Wildgänsen« kennen, ein Werk, das damals soeben in drei grünen Bänden herauskam. Es war ein Buch, das meinen Charakter entscheidend beeinflußte, wie auch den meines Jugendfreundes Konrad Lorenz. Konrad verliebte sich in die Wildgänse, ich verliebte mich in die Selma Lagerlöf und in ihre Bücher. Und ebenso wie sie wurde ich Volksschullehrer. Konrad und ich sind beide unserer Liebe treu geblieben.

Bücher haben seitdem in meinem Leben eine noch größere Rolle gespielt als die Musik, obwohl kein anderes Menschenwerk, auch nicht die größten Schöpfungen der Literatur und der bildenden Kunst, mir so wunderbar und übermenschlich erscheint und gleichzeitig so nahegeht wie die großen Werke der klassischen Musik. Aber Bücher sind kulturell doch viel wichtiger.

Ich will hier nicht von der großen europäischen Revolution spre-

---

Festvortrag gehalten im November 1982 in der Wiener Hofburg, anläßlich der Eröffnung einer Buchwoche durch den österreichischen Bundespräsidenten.

chen, die wir Johann Gutenberg verdanken (oder vielleicht Laurens Janszoon Coster), dessen Erfindung des gedruckten Buches wohl die Hauptursache der Bewegung des Humanismus wurde und der Reformation, des Aufstiegs der Naturwissenschaften und schließlich der modernen Demokratie. Statt dessen will ich über eine ganz ähnliche Entwicklung sprechen, die 2000 Jahre vor Gutenberg in Griechenland begann und die, wie ich vermute, die europäische Kultur begründete.

Es war eine Zeit, die man mit Recht das griechische Wunder nennt; vor allem das Wunder Athens im sechsten und fünften vorchristlichen Jahrhundert, der Zeit der Abwehr der Perser, des Bewußtwerdens der Freiheit durch ihre Verteidigung, der Zeit des Perikles und des Baues des Parthenon.

Ein Wunder, ähnlich dem Wunder von Athen wird niemals ganz erklärt werden können. Ich habe viel darüber nachgedacht und auch darüber geschrieben, und ein Teil, sicher nur ein kleiner Teil der Erklärung besteht im Zusammenprall der griechischen und der östlichen Kulturen: in dem, was man im englischen »culture clash« nennt. Jedenfalls entstanden die Epen Homers und fast alle die großen neuen Ideen in den griechischen Kolonien an der kleinasiatischen Küste, wo der »culture clash« am stärksten fühlbar war. Und sie wurden, wenigstens zum Teil, von politischen Flüchtlingen und von anderen Flüchtlingen, die vor den Persern flohen, nach dem Westen gebracht. Pythagoras, Xenophanes und Anaxagoras waren solche Flüchtlinge.

Aber ich hatte schon seit einiger Zeit die Idee, daß das griechische Wunder und insbesondere das Wunder Athens vielleicht teilweise – und sicher nur *sehr* teilweise – durch die Erfindung des geschriebenen Buchs und des Buchhandels zu erklären ist.

Die Schrift gab es schon seit langem, und hier und da gab es schon so etwas wie ein Buch, insbesondere im mittleren Osten (über China will ich nicht sprechen), obwohl die Niederschrift auf Wachs und auf Tontafeln und ähnlichen Materialien nicht sehr handlich war. Es gab auch heilige Schriften. Aber die Schrift wurde für lange Zeit hauptsächlich für Staatsdokumente, für religiöse Dokumente und von Kaufleuten für Notizen verwendet, wie die Listen von Waren und anderen Besitztümern in Pylos und Knossos zeigen; und manchmal auch, um die Kriegstaten der Könige festzuhalten.

Meiner Hypothese nach, die ich hier zum erstenmal mitteile, begann die eigentliche europäische Kultur mit der ersten *Veröffentlichung, in Buchform,* der Werke Homers, die schon seit etwa 300 Jahren existierten, aber als Ganzes nur den professionellen Rezitatoren bekannt waren, den Homeriden, den homerischen Rhapsoden.

Homers Epen wurden um das Jahr 550 vor Christi Geburt gesammelt, niedergeschrieben und zum ersten Mal in Buchform veröffentlicht, und zwar von Staats wegen. Das geschah in Athen aufgrund der Initiative des Herrschers von Athen, des Tyrannen Peisistratos.

In seinem Hauptberuf war Peisistratos der Herrscher Athens – eine überaus sorgenvolle und schwierige Aufgabe. Im Nebenberuf war er wohl der erste europäische Verleger: der Gründer und Direktor eines Unternehmens, das, wenn ich ein wenig anzüglich sein darf, etwa unserem Bundesverlag entsprach, oder vielleicht (da ja Athen ein Stadtstaat war) dem Verlag für Jugend und Volk. Die Gründung überlebte nicht den Gründer. Aber die kulturellen Folgen waren unabschätzbar, und sie sind es noch immer.

In Athen entstand der erste Büchermarkt Europas. Jedermann in Athen las Homer. Er war die erste Fibel und die erste Bibel Europas. Hesiod, Pindar, Aischylos und andere Dichter folgten. Athen lernte lesen und schreiben. Und Athen wurde demokratisch.

Bücher wurden geschrieben und gekauft. Schon im Jahre 466 vor Christi Geburt folgte, anscheinend in einer großen Auflage, die erste naturwissenschaftliche Veröffentlichung, das Werk »Über die Natur« von Anaxagoras. (Anaximanders Werk wurde vermutlich nie »veröffentlicht«, obwohl anscheinend das Lyzeum eine Abschrift oder eine Zusammenfassung hatte und noch später Apollodor ein Exemplar – vielleicht dasselbe – in einer Bibliothek entdeckte. Heraklit veröffentlichte sein Werk nicht, sondern er hinterlegte es im Tempel der Artemis.) Anaxagoras war ein politischer Flüchtling aus Klazomenei in Ionien. Er hatte sein Werk in Athen geschrieben. Obwohl das Buch nach 67 Jahren in Athen verramscht wurde, überlebte es tausend Jahre. Es war, vermutlich, das erste Buch, das mit der Absicht geschrieben wurde, als Buch veröffentlicht zu werden.

Etwa 37 Jahre nach der Veröffentlichung des Werkes von Anaxagoras wurde das große Geschichtswerk des Herodot in Athen mit einer feierlichen Lesung oder Rezitation veröffentlicht. Mit Recht hatte Perikles schon zwei Jahre vorher gesagt, Athen sei die Schule von Griechenland.

Meine Hypothese, daß Peisistratos in Athen durch das kaufbare Buch eine ähnliche kulturelle Revolution in die Wege geleitet hat, wie Gutenberg 2000 Jahre später in ganz Westeuropa, ist natürlich nicht überprüfbar. Historische Parallelen sollte man nie zu ernst nehmen. Aber manchmal sind sie doch erstaunlich. So wurde Anaxagoras in Athen nach der Veröffentlichung seines Buches wegen Gottlosigkeit angeklagt, ähnlich wie 2000 Jahre später Galilei. Dank der Fürsprache von Perikles, der sein Schüler gewesen war, wurde Anaxagoras nicht hingerichtet, sondern nur aus Athen verbannt, nachdem ihm eine schwere Geldstrafe abgenommen worden war. Ein anderer verbannter Athener, Themistokles, gleichfalls ein ehemaliger Schüler von Anaxagoras, nahm ihn in Lampsakos auf, wo er nach wenigen Jahren starb.

Auf die Idee, das Buch des Anaxagoras zu verbieten oder gar zu verbrennen, war niemand gekommen. Offenbar waren Bücher zu neu, sie waren noch nicht zu Objekten der Rechtsprechung geworden. So wurde das Buch des Anaxagoras, dank dem sensationellen Prozeß, den man seinem Autor gemacht hatte, zu einem lokalen Bestseller, und die Teile seines Inhalts, die nicht zu schwierig waren, wurden zum Stadtgespräch. Trotzdem war es im Jahre 399 um einen Spottpreis zu haben, während Galileis Buch, das verboten wurde, bald seiner Seltenheit wegen nur für viel Geld zu haben war.

Der erste, der die Macht des Buches und seine politische Bedeutung erkannte – und insbesondere auch den Einfluß Homers –, war Platon. Und er schlug vor, Homer, den er als Dichter bewunderte, wegen seines politischen Einflusses zu verbieten.

Meine Information über das Schicksal des Buches von Anaxagoras stammt hauptsächlich aus Platon, vor allem aus seiner Schrift »Die Apologie des Sokrates«, das schönste philosophische Buch, das ich kenne. Da lesen wir, daß nur ungebildete Leute, im Deutschen müßte man wohl sagen »Analphabeten«, nichts über den Inhalt des Werkes von Anaxagoras wissen, und daß die lernbegierigen jungen Leute das Werk »jederzeit um eine Drachme, wenn's hoch kommt, auf dem Büchermarkt kaufen können«. Otto Kiefer, ein guter Übersetzer, übersetzte »beim Buchhändler«, statt »auf dem Büchermarkt«, wie ich übersetze. Aber ich bezweifle, ob es auf dem Platz, den Platon angibt – vom (oder beim) Orchester (»ek tēs orchēstras«) – spezialisierte Buchhändler gab oder nur Händler, die außer anderen Waren (etwa einem Imbiß) auch Bücher verkauften. Historiker aus der Zeit vor dem Ersten Weltkrieg schätzten, daß damals eine Drachme etwas weniger Wert hatte als 90 österreichische Heller; sagen wir vielleicht zwanzig oder vierzig unserer Schillinge.

Das Werk des Anaxagoras bestand aus zwei oder drei handgeschriebenen Büchern. Platon deutet an, daß es, obwohl es so bekannt war, um einen erstaunlich niedrigen Preis zu haben war.

Vielleicht war der Grund in der Lokalgeschichte zu finden. Athen war nach einem siebenundzwanzigjährigen Krieg mit Sparta unter die Gewaltherrschaft der sogenannten Dreißig Tyrannen geraten, die eine Blutherrschaft errichteten und in acht Monaten acht Prozent der Vollbürger von Athen umbrachten und deren Vermögen sequestrierten. Viele flohen: Sie kehrten zurück und besiegten die Dreißig Tyrannen in einer Schlacht im Piräus. So wurde die Demokratie wiederhergestellt. Platons Apologie beschreibt eine Situation kurz nach diesen Vorgängen. Es ist verständlich, daß nach diesen Ereignissen von den verarmten Familien viele Bücher verkauft wurden.

Aber Bücher wurden weiter geschrieben und auf den Markt gebracht. Das große Werk des Thukydides, das in acht Büchern einundzwanzig Kriegsjahre beschreibt, und Platons Riesenwerk und viele andere Bücher beweisen es.

Das Buch des Anaxagoras wurde weiter gelesen. Es existierte in Athen noch im Jahre 529 nach Christi Geburt, fast genau tausend Jahre nach seiner Publikation. In diesem Jahre wurden die heidnischen Philosophenschulen in Athen durch ein kaiserliches Dekret geschlossen. Seither ist das Buch des Anaxagoras verschollen.

Aber in unserer Zeit haben sich die Gelehrten bemüht, seinen gedanklichen Inhalt zu rekonstruieren. Viele Stellen, die in anderen Büchern zitiert oder kommentiert wurden, konnten rekonstruiert und in Verbindung gebracht werden. Es wird Sie vielleicht interessieren, daß der, wie ich glaube, beste Kenner und Erneuerer des Gedankenganges von Anaxagoras, Professor Felix M. Cleve, ein Wiener ist, der im Jahre 1940, so wie einst Anaxagoras im Jahre 492 vor Christi Geburt, über das Meer nach dem Westen fliehen mußte: nach New York. Wie Anaxagoras, wurde er oft angegriffen, aber gewöhnlich nur von anderen Gelehrten. Aber er wurde nicht aus New York ausgewiesen.

Wir sehen hier, daß ein Buch seinen Autor um tausend Jahre überleben kann. Aber die Gedanken des Buches, sein gedanklicher Inhalt, haben das Buch um weitere tausendfünfhundert Jahre überlebt.

Darin liegt eben ein Teil der ungeheuren kulturellen Bedeutung des Buchs. Diese Gedanken, die in unserer Zeit rekonstruiert worden sind, sind etwas Objektives. Sie sollen von den Gedankengängen, die sich im Kopfe des Anaxagoras abspielten – und die sich im Kopfe jedes Autors abspielen – deutlich unterschieden werden.

Das objektive Gedankengut, das sich in einem Buch findet, ist das, was das Buch wertvoll macht. Es ist nicht, wie oft geglaubt wird, der Ausdruck der subjektiven Gedanken, der Vorgänge im Kopf des Autors. Viel besser könnte man es als das objektive Ergebnis der subjektiven Gedankenarbeit bezeichnen, einer Gedankenarbeit, die oft darin besteht, daß das Niedergeschriebene immer wieder verworfen und verbessert wird. In diesem Fall kann man eine Art von Rückkoppelung feststellen zwischen den subjektiven Denkvorgängen, der Denkarbeit auf der einen Seite und den objektiven, den niedergeschriebenen Gedanken auf der anderen Seite. Der Autor schafft das Werk, aber er lernt von seinem Werk, vom objektiven Resultat seiner Arbeit und insbesondere von seinen fehlgeschlagenen Versuchen.

Natürlich gibt es Autoren, die ganz anders arbeiten, aber man kann bei vielen Autoren sehen, daß die Kopfarbeit am besten kritisiert und verbessert werden kann, wenn man versucht, seine Gedanken zum Zwecke der Veröffentlichung niederzuschreiben.

Aber von der oberflächlichen und irreführenden Theorie, daß ein gesprochener oder geschriebener Satz der *Ausdruck* eines subjektiven Gedanken ist, ist ein unheilvoller Einfluß ausgegangen. Ausdruck heißt auf lateinisch »expressio«, und diese unheilvolle Theorie hat zum Expressionismus geführt. Das ist die noch heute fast allgemein als selbstverständlich angenommene Theorie, daß ein Kunstwerk der Ausdruck der Persönlichkeit des Künstlers ist. Fast jeder Künstler glaubt daran, und das hat die Kunst vernichtet.

In Wahrheit ist der große Künstler ein Lerner, der seinen Geist offenhält, um nicht nur von anderen Werken zu lernen, sondern auch von seinem eigenen Werk, und insbesondere von den Fehlern, die er, wie jedermann, gemacht hat, und auch von dem Werk, an dem er gerade arbeitet. Das gilt vor allem auch für den Autor eines Buches, oder eines Musikwerkes. So wächst er über sich selbst hinaus. Es ist zu wenig bekannt, daß Haydn, als er in der Aula der alten Wiener Universität die Erstaufführung seiner Schöpfung hörte, in Tränen ausbrach und sagte: »Das habe ich nicht geschrieben.«

Herr Bundespräsident, meine Damen und Herren, Sie werden verstehen, daß ich hier ein unausschöpfbares Thema angeschnitten habe. Es hängt auf das engste auch mit der Entwicklung der griechischen bildenden Kunst zusammen, die schon lange vor Peisistratos von Homer beeinflußt war, aber gerade in Athen, nach der Veröffentlichung von Homer, eine deutliche Wendung erst zum beschreibenden und illustrierenden Kunstwerk und dann zum Naturalismus genommen hat.

Alles das zeigt deutlich die ungeheure Bedeutung der Gedanken im objektiven Sinn. Sie bilden eine Welt, die ich die Welt 3 genannt habe.

Welt 1 nenne ich die Welt der Körper im physischen Sinn, also die Welt, die die Physik beschreibt und die Astronomie, die Chemie, die Biologie. Welt 2 nenne ich die Welt unserer persönlichen, subjektiven Erlebnisse und unserer Hoffnungen, Zielsetzungen, unserer Leiden und Freuden, unserer Gedanken im subjektiven Sinn. Welt 3 nenne ich die Welt der Ergebnisse unserer Gedankenarbeit, die Welt vor allem der sprachlich oder schriftlich formulierten Gedanken und die Welt der Technik und die der Kunst.

Welt 3 ist also die Welt der Produkte des menschlichen Geistes. Das ist nichts als eine Terminologie, die ich eingeführt habe, und sie ist nicht einmal neu. Neu ist die These, daß unsere Psyche, unser Denken, unser Fühlen, also unsere Welt 2, unsere psychische Welt sich in Wechselwirkung mit den beiden anderen Welten entwickelt, also insbesondere in Wechselwirkung mit der von uns selbst erschaffenen Welt 3, der Welt der Sprache, der Welt der Schrift und vor allem der Welt der Denkinhalte; der Welt des Buches, aber auch der Welt der Kunst, der Welt der Kultur.

Diese These von der Rückkoppelung, vor allem der Inhalte der Bücherwelt, mit der Erlebniswelt, hat interessante Folgen. Daß es solche Inhalte gibt, verdanken wir der Erfindung der menschlichen Sprache, die, zum ersten Mal in der Geschichte der Entwicklung des Lebens auf unserer wunderbaren Erde, die objektiven gedanklichen Inhalte möglich machte.

Die Erfindung der Schrift war der nächste Schritt. Aber der folgenschwerste Schritt war wohl die Erfindung des Buches und des Wettbewerbs zwischen den Büchern.

Es ist nicht unwahrscheinlich, daß Peisistratos so etwas wie ein Monopol für seinen Homer und für seinen Verlag erwartete, ohne jedoch die Situation voll zu durchschauen und ohne einen Wettbewerb von anderen Verlegern zu erwarten. Es ist durchaus möglich, daß es dieser Mangel an Voraussicht war, der weitgehend für die spezifisch europäische Wissenschaft und die spezifisch europäische Kultur verantwortlich ist.

Bibliographische Anmerkungen

Zu meinen persönlichen Anspielungen über Bücher und Musik, siehe meine Autobiographie *Ausgangspunkte*, Hamburg, Hoffmann und Campe, 3. Aufl., 1984. Zum kontroversen Problem der Datierung von Anaxagoras und seines Buches, siehe Felix M. Cleve, *The Giants of Pre-Sophistic Greek Philosophy*, The Hague, Martinus Nijhoff, 2. Aufl., 1969, insbes. S. 170f.; dort finden sich weitere bibliographische Hinweise (Diels-Kranz usw.). Siehe zur Datierungsfrage auch D. O'Brien, *Journal of Hellenic Studies*, 1968, S. 93–113; aber siehe auch Charles H. Kahn, *Anaximander*, New York, Columbia University Press, 2. Aufl., 1864, insbes. S. 164f. Zu Anaximanders Buch, siehe Kahn, *op. cit.*, und Olof Gigon, *Der Ursprung der griechischen Philosophie*, Basel 1945. Über Anaxagoras Buch, siehe verschiedene Platonische Bemerkungen, gesammelt in Diels-Kranz; insbes. *Apologie*, 26 D–E. Zu Platons Vorschlag, Homer und andere Dichter zu zensurieren, siehe den ersten Band meines Buches *The Open Society and Its Enemies*, London, Routledge and Kegan Paul; deutsch: *Die Offene Gesellschaft und ihre Feinde: Der Zauber Platons*, Bern, Francke, 6. Aufl., 1980. Zum Einfluß von Homer auf die bildende Kunst, siehe Ernst H. Gombrich, *Kunst und Illusion*, Kapitel IV, Abschnitt 4, Stuttgart, Belser, 1977. Zur Theorie der Welten 1, 2 und 3 siehe meine *Ausgangspunkte* (oben) und mein Buch *Objective Knowledge*, Oxford and New York, Oxford University Press, 6. Aufl., 1981; deutsch: *Objektive Erkenntnis*, Hamburg, Hoffmann und Campe, 4. Aufl. 1984, insbes. Kapitel 3 und 4. Siehe auch Bernard Bolzano, *Wissenschaftslehre*, Sulzbach 1837; Heinrich Gomperz, *Weltanschauungslehre*, Bd. II, erste Hälfte, Jena und

Leipzig, Eugen Diederichs, 1908; Karl Bühler, *Sprachtheorie*, Jena, Gustav Fischer, 1934; Gottlob Frege, »Der Gedanke«, *Beiträge zur Philosophie des deutschen Idealismus*, Bd. 1, 1918. Ferner Karl R. Popper & John C. Eccles, *The Self and Its Brain*, Heidelberg, Springer; paperback, London, Routledge & Kegan Paul 1984; deutsch: *Das Ich und sein Gehirn*, München, R. Piper & Co., 3. Aufl. 1983.

Weitere Bemerkungen (1984)

(1) Um 550 vor Christi Geburt, zur Zeit der ersten Veröffentlichung von Homer, wurden zum ersten Mal größere Mengen von Papyrus aus Ägypten in Athen eingeführt.

(2) »Biblos« oder »Byblos« war für längere Zeit ein Synomym für »Papyrus«. Herodot verwendet das Wort einige Male im Sinne einer Papyrusrolle, die Teil eines größeren Schriftwerks ist; aber das scheint sich nur sehr langsam einzubürgern. Obwohl Bücher gekauft wurden, hat sich der *Begriff* des (kaufbaren) Buches offenbar sehr langsam durchgesetzt. Geschriebenes wurde für lange Zeit nur laut gelesen: anscheinend dauerte es Jahrhunderte, bevor sich das lautlose Lesen einbürgerte. Man vergleiche in den *Bekenntnissen* des Augustinus die Stelle über das lautlose Lesen des Heiligen Ambrosius. Geschriebenes waren Briefe oder Reden oder Dramen (oder Dialoge) oder Gedichte. (Daher meine Vermutung, daß Anaxagoras' Buch das erste war, das mit der Absicht zur Veröffentlichung als Buch geschrieben wurde.) Die geschriebene Mitteilung (Brief, Buch ...) wurde oft, auch von Platon, der mündlichen Mitteilung gegenüber als unterlegen betrachtet. Auch Platon betrachtet das Beste, das er sagen kann, als ungeschrieben (oder sogar als durch Schrift nicht vermittelbar); ein Urteil, das lange vorherrscht. Daß sich zwar Bücher durchsetzen, aber zunächst nicht der Buchbegriff, macht es verständlich, daß auch Platon, der die Dichtungen des Homer verbannen (oder wenigstens zensurieren) möchte, nicht vom Verbrennen spricht und daß Anaxagoras' Buch nicht verbrannt wurde.

(3) Es ist daher ein (zumindest 500 Jahre späterer) Bericht des Diogenes Laertios ganz unglaubwürdig, in dem dieser schreibt, daß »die Athener die Bücher des Protagoras in der Agora verbrannten, nachdem sie einen Herold herumgeschickt hatten, um sie von allen einzusammeln, die Abschriften besaßen«. (Das hätte sich etwa im Jahr 411 abspielen müssen, als Platon 16 Jahre alt war.)

(4) Einige Gelehrte haben aus dem niedrigen Preis von einer Drachme zu folgern gesucht, daß Anaxagoras' Buch (das sicher viel mehr als 30 Jahre vorher veröffentlicht worden war) ein *kurzes* Buch war. Aber bei einem antiquarischen Buch ist ein solcher Schluß unerlaubt; und was wir von seinem Inhalt wissen, das ist mit einem kurzen Buch unvereinbar. Es enthielt unter anderem eine Astronomie und Meteorologie; eine Theorie der Weltentstehung und der Entstehung und Struktur der Materie; vor allem eine nichtatomistische Theorie der Moleküle und der unendlichen Teilbarkeit der Materie; der verschiedenen mehr oder weniger homogenen Stoffarten (Wasser, Metalle; Stoffe in Lebewesen wie Haare, Fleisch, Knochen etc.). Die Theorie der unendlichen Teilbarkeit, die überaus subtil war, enthielt Bemerkungen (bisher vermutlich unverstanden) über die Gleichzahligkeit von unendlichen Zahlen (durch Teilung entstanden, also »abzählbar«, wie wir es jetzt nennen); ein Resultat, das sich wohl erst im 19. Jahrhundert (Bolzano, Cantor) wiederfindet. Es war offenbar ein langes Buch und, wie Platon andeutet, spottbillig. Es dürfte also wohl ursprünglich in einer großen Auflage erschienen sein.

8. Über den Zusammenprall von Kulturen

Es war eine große Freude, nach Wien eingeladen zu werden, um alte Freunde wiederzusehen und neue Freundschaften zu schließen; und es war eine große Ehre, vom Präsidenten des Auslandsösterreicherwerkes aufgefordert zu werden, hier heute einen kurzen Vortrag zu halten. Seine Einladung betonte, daß ich hinsichtlich des Themas völlig frei sei. Damit überließ er mir liebenswürdigerweise die Qual der Wahl.

Die Qual war beträchtlich. Offenbar wurde von mir erwartet, ein Thema zu wählen, das in mein eigenes Interessengebiet fällt. Andererseits sollte es aber auch ein wenig zum gegenwärtigen Anlaß passen – zum Treffen der Auslandsösterreicher in Wien anläßlich des silbernen Jubiläums eines einzigartigen Staatsvertrages.

Ich zweifle, ob das Thema, das ich gewählt habe, diesen Erwartungen entspricht. Es ist, in Erinnerung an den Staatsvertrag und an das, was ihm vorherging, dem Zusammenprall von Kulturen gewidmet. Mit diesen Worten »Zusammenprall von Kulturen« versuche ich, den englischen Ausdruck »culture clash« ins Deutsche zu übersetzen.

Mein Interesse am Zusammenprall von Kulturen hängt mit meinem Interesse an einem großen Problem zusammen: dem Problem der Eigenart und des Ursprungs unserer europäischen Zivilisation. Eine teilweise Antwort auf diese Frage scheint mir darin zu liegen,

---

Vortrag, geschrieben für eine Feier anläßlich des 25. Jahrestages des österreichischen Staatsvertrages. Der Vortrag wurde gelesen, in Anwesenheit des österreichischen Bundespräsidenten, von Dr. Elisabeth Herz. Veröffentlicht in *25 Jahre Staatsvertrag*, Österreichischer Bundesverlag, Wien 1981.

daß unsere abendländische Zivilisation sich von der griechischen Zivilisation herleitet. Und die griechische Zivilisation – ein Phänomen ohnegleichen – entstand im Zusammenprall von Kulturen, den Kulturen des östlichen Mittelmeeres. Es war der erste große Zusammenprall zwischen westlichen und östlichen Kulturen, und er wurde als solcher empfunden. Und er wurde, mit Homer, zu einem Leitmotiv der griechischen Literatur und der Literatur der westlichen Welt.

Der Titel meines Vortrages »Der Zusammenprall von Kulturen«, weist auf eine Hypothese hin, auf eine geschichtliche Vermutung. Es ist die Vermutung, daß ein solcher Zusammenprall nicht immer zu blutigen Kämpfen und zu zerstörenden Kriegen führen muß, sondern daß er auch der Anlaß zu einer fruchtbaren und lebensfördernden Entwicklung sein kann. Er kann sogar zu der Entwicklung einer einzigartigen Kultur wie der der Griechen führen, die dann im Zusammenprall mit den Römern von diesen übernommen wurde. Sie wurde, nach vielen weiteren Zusammenstößen, insbesondere mit der arabischen Kultur, in der Renaissance bewußt wiederbelebt; und so wurde sie zur abendländischen Kultur, zur Zivilisation Europas und Amerikas, die schließlich in weiteren Zusammenstößen alle anderen Kulturen der Erde umgewandelt hat.

Aber ist diese abendländische Zivilisation etwas Gutes, etwas Begrüßenswertes? Diese Frage, die zumindest seit Rousseau immer wieder aufgeworfen wird, und zwar insbesondere von jungen Menschen, die ja mit Recht immer nach etwas Besserem suchen, diese Frage ist charakteristisch für die heutige abendländische Zivilisation, die selbstkritischste und reformfreudigste Zivilisation der Welt. Bevor ich über mein Thema, den Zusammenprall von Kulturen, weiter spreche, möchte ich diese Frage beantworten.

Ich glaube, daß unsere abendländische Zivilisation, trotz allem, was man mit vielem Recht an ihr aussetzen kann, die freieste, die gerechteste, die menschlichste, die beste ist, von der wir aus der Geschichte der Menschheit Kenntnis haben. Sie ist die beste, weil Sie die verbesserungsfähigste ist.

Überall auf der Erde haben die Menschen neue und oft sehr verschiedene Kulturwelten geschaffen: die Welten des Mythos, der Dichtung, der Kunst, der Musik; die Welten der Produktionsmittel, der Werkzeuge, der Technik, der Wirtschaft; die Welten der Moral, des Rechts, des Schutzes und der Hilfe für Kinder, für Kranke,

Schwache und für andere Hilfsbedürftige. Aber nur in unserer abendländischen Zivilisation ist die moralische Forderung nach persönlicher Freiheit weitgehend anerkannt und sogar weitgehend verwirklicht. Und mit ihr die Forderung nach der Gleichheit vor dem Gesetz, nach Frieden, nach möglichster Vermeidung von Gewaltanwendung.

Das ist der Grund, weshalb ich unsere abendländische Zivilisation für die beste halte, die es bisher gegeben hat. Sicher bedarf sie der Verbesserung. Aber schließlich ist sie die einzige Zivilisation, in der fast alle Menschen daran mitarbeiten, sie zu verbessern, so gut wir es eben verstehen.

Daß auch unsere Zivilisation sehr unvollkommen ist, ist zuzugeben. Aber das ist fast selbstverständlich. Eine vollkommene Gesellschaft ist unmöglich, wie man leicht einsehen kann. Zu fast allen Werten, die eine Gesellschaft verwirklichen sollte, gibt es andere Werte, die mit ihnen kollidieren. Sogar die Freiheit, vielleicht der höchste aller gesellschaftlichen und persönlichen Werte, muß begrenzt sein, da ja die Freiheit von Hans mit der Freiheit von Peter nur allzuleicht in Kollision geraten kann. Wie ein amerikanischer Richter einst zu dem Angeklagten sagte, der sich auf seine Freiheit berief: »Die Freiheit, Ihre Fäuste zu bewegen, ist begrenzt durch die Nase Ihres Nachbarn.« So kommen wir zu der Formulierung von Immanuel Kant, daß es die Aufgabe der Gesetzgebung ist, die größtmögliche Freiheit jedes einzelnen mit der größtmöglichen Freiheit aller anderen zusammen bestehen zu lassen. Mit anderen Worten, die Freiheit muß, leider, durch das Gesetz, also durch Ordnung, beschränkt werden. Die Ordnung ist ein notwendiger – ein fast logisch-notwendiger – Gegenwert der Freiheit. Und so steht es mit allen, oder doch mit fast allen Werten, die wir gerne verwirklicht sehen möchten.

So lernen wir denn auch gerade jetzt, daß die große Idee des Wohlfahrtsstaates ihre Grenzen hat. Es zeigt sich, daß es gefährlich ist, einem Menschen die Verantwortung für sich und seine Angehörigen abzunehmen; und vielleicht ist es sogar in vielen Fällen bedenklich, den jungen Menschen den Lebenskampf zu sehr zu erleichtern. Es scheint, daß durch das Wegfallen der unmittelbaren persönlichen Verantwortung das Leben für manche seines Sinns beraubt werden kann.

Ein anderes Beispiel ist der Frieden, den wir heute alle dringender wollen denn je. Wir wollen, ja wir müssen alles tun, um Konflikte zu vermeiden oder wenigstens zu begrenzen. Andererseits wäre eine konfliktfreie Gesellschaft unmenschlich. Es wäre keine menschliche Gesellschaft, sondern ein Ameisenstaat. Und wir dürfen nicht übersehen, daß die großen Pazifisten auch große Kämpfer waren. Auch Mahatma Gandhi war ein Kämpfer: ein Kämpfer für die Gewaltlosigkeit.

Die menschliche Gesellschaft braucht den Frieden, aber sie braucht auch ernste ideelle Konflikte: Werte, Ideen, für die wir kämpfen können. In unserer abendländischen Gesellschaft haben wir es gelernt – wir haben es von den Griechen gelernt –, daß man das nicht so gut mit Schwertern, sondern weit besser und nachhaltiger mit Wörtern tun kann; und am allerbesten mit vernünftigen Argumenten.

Eine vollkommene Gesellschaft ist also unmöglich. Aber es gibt bessere und schlechtere Gesellschaftsordnungen. Unsere abendländische Zivilisation hat sich für die Demokratie entschieden, als eine Gesellschaftsform, die durch Worte verändert werden kann und hie und da – wenn auch selten – sogar durch vernünftige Argumente; durch vernünftige, das heißt durch sachliche Kritik: durch nicht-persönliche kritische Überlegungen, wie sie ja auch für die Wissenschaft charakteristisch sind, insbesondere für die Naturwissenschaft seit den Griechen. Ich bekenne mich also zur abendländischen Zivilisation; zur Wissenschaft; und zur Demokratie. Sie geben uns Gelegenheit, vermeidbarem Unglück vorzubeugen und Reformen, wie den Wohlfahrtsstaat, auszuprobieren, kritisch zu beurteilen und, wenn nötig, weiter zu verbessern. Und ich bekenne mich auch zu der heute so oft verlästerten Wissenschaft, die durch Selbstkritik die Wahrheit sucht und die mit jeder neuen Entdeckung aufs neue entdeckt, wie wenig wir wissen: wie unendlich groß unsere Unwissenheit ist. Alle großen Naturwissenschaftler waren sich ihrer unendlichen Unwissenheit und ihrer Fehlbarkeit bewußt. Sie waren intellektuell bescheiden. Wenn Goethe sagt: »Nur die Lumpen sind bescheiden«, so möchte ich antworten: »Nur die intellektuellen Lumpen sind unbescheiden.«

Bevor ich nach meinem Bekenntnis zur abendländischen Zivilisation und zur Wissenschaft, vor allem zur Naturwissenschaft, mein Thema vom Zusammenprall der Kulturen wieder aufnehme, möchte ich noch ganz kurz auf eine furchtbare Irrlehre hinweisen, die leider noch immer ein wichtiger Bestandteil dieser abendländischen Zivilisation ist. Ich meine die furchtbare Irrlehre des Nationalismus – oder genauer, die Ideologie des Nationalstaates: die Lehre, noch immer so oft vertreten und angeblich eine moralische Forderung, daß die Grenzen des Staates mit den Grenzen des von der Nation besiedelten Gebietes übereinstimmen sollen. Das Grundfalsche an dieser Lehre oder Forderung ist die Annahme, daß die Völker oder Nationen vor den Staaten existieren – wie etwa die Stämme – als die Naturkörper, die von den Staaten nach Maß bekleidet werden sollen. In Wahrheit sind sie die Erzeugnisse der Staaten.

Dieser völlig undurchführbaren Forderung muß die wichtige moralische Forderung des Schutzes der Minoritäten gegenübergestellt werden: die Forderung, daß die sprachlichen, die religiösen, die kulturellen Minoritäten eines jeden Staates gegen Übergriffe der Majorität geschützt werden sollen; und selbstverständlich auch jene Minoritäten, die sich durch ihre Hautfarbe oder Augenfarbe oder Haarfarbe von der Majorität unterscheiden.

Im Gegensatz zur völligen Undurchführbarkeit des Prinzips des Nationalstaates ist das Prinzip des Minoritätenschutzes zwar sicher nicht leicht durchführbar; aber annäherungsweise scheint es doch durchführbar zu sein. Die Fortschritte, die ich auf diesem Gebiet bei zahlreichen Besuchen in den Vereinigten Staaten seit 1950 mitangesehen habe, sind weit größer, als ich es je für möglich gehalten hätte. Und im Gegensatz zum Nationalitätsprinzip ist das Prinzip des Minoritätenschutzes ganz offenbar ein moralisches Prinzip, ebenso wie zum Beispiel das Prinzip des Kinderschutzes.

Warum ist das Prinzip des Nationalstaates undurchführbar, ja, auf unserer Erde, und besonders in Europa, geradezu irrsinnig? Mit dieser Frage komme ich auf das Thema des Zusammenpralls von Kulturen zurück. Die Bevölkerung Europas ist, wie jeder weiß, das Produkt von Völkerwanderungen. Seit Menschengedenken kam eine Menschenwelle nach der anderen aus den innerasiatischen Steppen, um an den südlichen, südöstlichen und vor allem an den zerklüfteten westlichen Halbinseln Asiens, die wir Europa nennen, auf frühere Einwanderer aufzuprallen und zu zersplittern. Das Resultat ist ein sprachliches, ethnisches und kulturelles Mosaik: ein Wirrwarr, ein Gemisch, das unmöglich wieder zu entwirren ist.

Die Sprachen sind die verhältnismäßig besten Wegweiser durch diesen Wirrwarr. Aber da gibt es mehr oder weniger bodenständige oder natürliche Dialekte und übergreifende Schriftsprachen, die ihrer Entstehung nach glorifizierte Dialekte sind, wie es zum Beispiel im Holländischen sehr klar wird. Andere Sprachen, wie Französisch, Spanisch, Portugiesisch und Rumänisch, sind Produkte der gewaltsamen Eroberungen der Römer. Es ist also sonnenklar, daß der sprachliche Wirrwarr kein wirklich verläßlicher Wegweiser durch den ethnischen Wirrwarr sein kann. Man sieht das auch sehr klar, wenn man Familiennamen beachtet. Obwohl in Österreich und Deutschland viele slawische Familiennamen durch deutsche ersetzt und damit viele Spuren verwischt wurden – so kannte ich einen Bohuschalek, der, wenn ich mich recht erinnere, sich in einen Bollinger verwandelte –, so findet man noch überall die Spuren der slawisch-deutschen Assimilation. Insbesondere die vielen adeligen Familien in Deutschland, deren Namen auf -off oder -ow enden, stammen natürlich irgendwie von Slawen ab, was aber nichts Genaueres über ihre ethnische Herkunft sagt, insbesondere nicht bei adeligen Familien, die natürlich über größere Distanzen heiraten; im Gegensatz, zum Beispiel, zu den leibeigenen Bauern.

Aber inmitten dieses europäischen Wirrwarrs ist nun die irrsinnige Idee des Nationalitätenprinzips entstanden, vor allem unter dem Einfluß der Philosophen Rousseau, Fichte und Hegel, und sicherlich auch durch die Folgen der Napoleonischen Kriege.

Natürlich gab es Vorläufer des Nationalismus. Aber weder die römische noch die altgriechische Kultur war nationalistisch. Alle diese Kulturen entstanden durch den Zusammenprall der verschiedenen Kulturen am Mittelmeer und im Nahen Osten. Das gilt auch für die griechische Kultur, die wohl die wichtigsten Beiträge zu unserer gegenwärtigen abendländischen Kultur lieferte: ich meine die Idee der Freiheit, die Entdeckung der Demokratie und die kritische, die rationale Einstellung, die schließlich zur modernen Naturwissenschaft führte.

Schon die ältesten überlieferten literarischen Werke der Griechen, die *Ilias* und die *Odyssee*, sind beredte Zeugnisse des Zusammenpralls von Kulturen; ja, dieser Zusammenprall ist ihr eigentliches Thema. Sie sind aber gleichzeitig auch Zeugnisse einer rational erklärenden Einstellung. Es ist ja geradezu die Funktion der Homerischen Götter, das sonst Unverständliche, das Irrationale (wie den Streit zwischen Achilles und Agamemnon) durch eine verständliche psychologische Theorie zu erklären: durch die Interessen und Eifersüchteleien dieser allzu menschlichen Göttergestalten – Göttergestalten, deren menschliche Schwächen offenbar sind und die auch manchmal kritisch beurteilt werden. Besonders Ares, der Gott des Krieges, kommt schlecht weg. Und es ist wichtig, daß die Nicht-Griechen in der *Ilias* wie in der *Odyssee* zumindest mit derselben Sympathie behandelt werden wie die Griechen, die Achäer.

Diese kritische und aufgeklärte Einstellung findet sich dann auch in den Werken wieder, in denen, unter dem Einfluß des griechischen Freiheitskampfes gegen die Angriffe der Perser, die Idee der Freiheit zuerst verherrlicht wird; so insbesondere in den Werken von Aischylos und von Herodot. Es ist nicht die nationale Freiheit, sondern die Freiheit des Menschen, vor allem die Freiheit der demokratischen Athener, die der Unfreiheit der Untertanen der persischen Großkönige gegenübergestellt wird. Die Freiheit ist hier keine Ideologie, sondern eine Lebensform, die das Leben besser macht und lebenswerter. Wir finden das klar formuliert bei Aischylos und ebenso bei Herodot. Beide schreiben als Zeugen des Zusammenpralls dieser westlichen und östlichen Kulturen, der Kulturen der Freiheit und der Despotie; und beide bezeugen seine aufklärende Wirkung, die zu einer bewußten kritisch-distanzierten Beurteilung der eigenen Kultur führt, und damit zu einer rationalen und kritischen Beurteilung der überlieferten Mythen. Im kleinasiatischen Ionien führt das zur kritischen Kosmologie, zu kritischen spekulativen Theorien über die Architektur des Weltgebäudes und damit zur Naturwissenschaft, zur Suche nach der wahren Erklärung der Naturerscheinungen. Man kann sagen, daß die Naturwissenschaft durch den Einfluß einer rationalen und kritischen Einstellung zur mythischen Naturerklärung entsteht. Wenn ich von einer rationalen Kritik spreche, so meine ich eine Kritik unter dem Gesichtspunkt der Wahrheit: der Fragen »Ist das wahr?« und »Kann das wahr sein?«.

Indem die Griechen mit der Frage nach der Wahrheit an die mythischen Erklärungen der Naturerscheinungen herantraten, schufen sie die Theorien, die zum Beginn der Naturwissenschaften führten. Und indem sie mit der Wahrheitsfrage an die mythischen Berichte über die Vorzeit herantraten, schufen sie den Beginn der Geschichtswissenschaft.

Aber Herodot, der mit Recht der Vater der Geschichtsschreibung genannt wird, war mehr als ein Vorgänger der Geschichtswissenschaft. Er war der eigentliche Entdecker des kritischen, des aufklärenden Charakters des Zusammenpralls der Kulturen, besonders der griechischen, der ägyptischen und der medisch-persischen Kulturen.

Ich möchte hier eine Anekdote aus Herodots Geschichtswerk zitieren, das recht eigentlich die Geschichte des kriegerischen und des kulturellen Zusammenpralls der Griechen mit den Bewohnern des Nahen Ostens ist, insbesondere mit den Persern. In dieser Anekdote zeigt Herodot an einem extremen und etwas schauerlichen Beispiel, daß ein vernünftiger Mensch lernen muß, daß auch solche Dinge in Frage gestellt werden können, die ihm zunächst ganz selbstverständlich erscheinen.

Herodot schreibt (III, 38): »In der Zeit seiner Herrschaft rief Darius einmal die Griechen, die bei ihm waren, und fragte sie, um welchen Preis sie bereit wären, ihre Väter nach deren Tod zu essen. Sie antworteten, daß nichts, aber schon gar nichts, sie dazu bringen könnte. Dann rief Darius die Kallatier, ein indisches Volk, das seine Väter zu essen pflegte, und fragte sie in Gegenwart der Griechen, die einen Dolmetscher zur Verfügung hatten, um welchen Preis sie darauf eingehen würden, ihre verstorbenen Väter zu verbrennen. Da schrien sie vor Entsetzen laut auf und baten ihn, er solle doch nicht etwas so Unheiliges auch nur aussprechen. So ist es eben in der Welt.«

Herodot erzählte diese Anekdote seinen griechischen Zeitgenossen nicht nur in der Absicht, sie zu lehren, fremde Gebräuche zu respektieren, sondern auch in der Absicht, sie gegenüber Dingen, die ihnen selbstverständlich erschienen, kritikfähig zu machen. Es ist klar, daß er selbst durch solche kulturelle Konfrontationen viel gelernt hatte; und er wollte seinen Leser daran teilhaben lassen.

Die Ähnlichkeit und der Gegensatz der Gebräuche und der überlieferten Mythen faszinierten ihn. Es ist meine Hypothese, meine Vermutung, daß diese Gegensätze eben zu jener kritisch-rationalen Einstellung führten, die für seine und die nächsten Generationen entscheidend wichtig wurde und die, wie ich vermute, schließlich die europäische Kultur so entscheidend beeinflußte – zusammen, das versteht sich, mit vielen anderen wichtigen Einflüssen.

Immer wieder werde ich in England und in Amerika gefragt, wie wohl die schöpferische Eigenart und der kulturelle Reichtum Österreichs und besonders Wiens zu erklären sind: die unvergleichlichen Höhepunkte der großen österreichischen Symphoniker, unsere Barockarchitektur, unsere Leistungen auf dem Gebiet der Wissenschaft und der Naturphilosophie.

Ludwig Boltzmann, Ernst Mach waren nicht nur große Physiker, sondern auch bahnbrechende Naturphilosophen. Sie wurden die Vorläufer des Wiener Kreises. Und hier lebte auch der Sozialphilosoph Josef Popper-Lynkeus, den man vielleicht als einen philosophischen Begründer des modernen Wohlfahrtsstaates bezeichnen könnte. Aber es wurde hier in sozialer Hinsicht nicht nur philosophiert, sondern auch noch in der Zeit der Monarchie Außerordentliches praktisch geleistet. Es gab die wirklich großartigen Volkshochschulen, es gab den Verein »Freie Schule«, der zu einem der wichtigsten Keime der Schulreformbewegung wurde, es gab soziale Hilfsorganisationen, wie die »Kinderschutz- und -rettungsgesellschaft«, die »Bereitschaft«, das »Asyl für Obdachlose« und viele andere.

Diese außerordentliche kulturelle und soziale Regsamkeit und Produktivität kann wohl nicht wirklich erklärt werden. Aber ich möchte hier versuchsweise eine Hypothese vorschlagen. Vielleicht hängt diese kulturelle Produktivität Österreichs mit meinem Thema zusammen, mit dem Zusammenprall von Kulturen. Das alte Österreich war ein Abbild Europas: Es barg fast zahllose sprachliche und kulturelle Minoritäten. Und viele dieser Menschen, die es schwer fanden, ihr Leben in der Provinz zu fristen, kamen nach Wien, wo manche, so gut es ging, Deutsch lernen mußten. Viele kamen hier unter den Einfluß einer großen kulturellen Tradition, und einige konnten neue Beiträge dazu leisten. Wir wissen, daß Haydn und Mozart von deutschen, von italienischen und französischen Meistern beeinflußt waren, aber auch von ungarischer Volksmusik und sogar von türkischer Musik. Haydn und Mozart waren Zugewanderte in Wien, und auch Beethoven, Brahms, Bruckner und Mahler kamen von draußen nach Wien. Das Genie der Musiker bleibt unerklärt, ebenso wie der schon von Beethoven erkannte »göttliche Funke in Schubert«, dem wohl größten aller gebürtigen Wiener.

Wenn man an die Wiener Musik denkt, so könnte man Wien von Haydn bis Bruckner sogar mit dem Athen des Perikles vergleichen. Und möglicherweise waren die Umstände ähnlicher, als man zunächst anzunehmen geneigt ist. Es scheint, daß beide, in einer höchst kritischen Lage zwischen dem Osten und dem Westen, durch den Zusammenprall von Kulturen unermeßlich bereichert wurden.

9. Immanuel Kant: Der Philosoph der Aufklärung

(Eine Gedächtnisrede zu seinem hundertfünfzigsten Todestag)

Hundertfünfzig Jahre sind verflossen seit dem Tode Immanuel Kants. Er starb in Königsberg, der preußischen Provinzstadt, in der er die achtzig Jahre seines Lebens verbracht hatte. Seit Jahren hatte er in völliger Zurückgezogenheit gelebt, und seine Freunde dachten an ein einfaches Begräbnis. Aber dieser Sohn eines armen Handwerkers wurde wie ein König begraben. Als sich die Nachricht von seinem Tod verbreitete, strömten die Menschen zu seinem Hause. Der Zustrom hielt durch Tage an. Am Tage des Begräbnisses stand aller Verkehr in Königsberg still. Ein unabsehbarer Zug folgte dem Sarg unter dem Geläute aller Glocken der ganzen Stadt. Nie hatten, so berichten die Zeitgenossen, Königsbergs Einwohner einen solchen Leichenzug gesehen.

Was mochte diese erstaunliche und spontane Bewegung wohl bedeuten? Kants Ruf als großer Philosoph und guter Mensch ist dafür kaum eine hinreichende Erklärung. Mir scheint, diese Ereignisse hatten eine tiefere Bedeutung. Ich möchte die Vermutung wagen, daß damals, im Jahre 1804, unter der absoluten Monarchie Friedrich Wilhelms III., jenes Glockenläuten für Kant ein Nachhall der amerikanischen und französischen Revolutionen war: ein Nachhall der Ideen der Jahre 1776 und 1789. Kant war für seine Mitbürger zu einem Symbol dieser Ideen geworden, und sie kamen zu seinem Begräbnis, um ihm zu danken als einem Lehrer und Verkünder der Menschenrechte, der Gleichheit vor dem Gesetz, des Weltbürger-

---

Eine Gedächtnisrede, gehalten in englischer Sprache im englischen Rundfunk (British Broadcasting Corporation) am 12. Februar 1954.

tums, der Selbstbefreiung durch das Wissen und – was vielleicht noch wichtiger ist – des ewigen Friedens auf Erden.

Die Keime aller dieser Ideen waren dem europäischen Festland von England her zugetragen worden, und zwar in einem Buch, das im Jahr 1732 veröffentlicht worden war: in Voltaires »Briefen aus London über die Engländer«. In diesem Buch unternahm Voltaire eine Gegenüberstellung der englischen konstitutionellen Regierungsform und der kontinentalen absoluten Monarchie; er verglich die englische religiöse Toleranz mit der Unduldsamkeit der römischen Kirche und die erhellende Macht von Isaak Newtons Weltsystem und John Lokkes analytischem Empirismus mit dem Dogmatismus des René Descartes.

Voltaires Buch wurde verbrannt; aber seine Veröffentlichung war der Beginn einer philosophischen Bewegung von welthistorischer Bedeutung – einer Bewegung, deren eigentümliche Angriffslust in England kaum verstanden wurde, da sie den Verhältnissen dieses Landes nicht entsprach.

Diese Bewegung wird gewöhnlich im Französischen »éclaircissement« und im Deutschen »Aufklärung« genannt. Fast alle modernen philosophischen und politischen Bewegungen lassen sich direkt oder indirekt auf sie zurückführen. Denn sie sind entweder unmittelbar aus der Aufklärung entstanden oder aber aus der romantischen Reaktion gegen die Aufklärung, die die Romantiker gerne als »Aufklärerei« oder »Aufkläricht« bezeichneten.

Sechzig Jahre nach Kants Tod wurden diese ursprünglich englischen Ideen den Engländern als ein »oberflächlicher und unbescheidener Intellektualismus« vorgestellt, und das englische Wort »enlightenment«, das damals zuerst auftauchte, als Übersetzung für »Aufklärung« *(éclaircissement)*, hat sogar heute noch für den englischen Leser den Beigeschmack einer oberflächlichen und unbescheidenen »Aufklärerei«.

Kant glaubte an die Aufklärung; er war ihr letzter großer Vorkämpfer. Ich weiß wohl: dies ist nicht die heute übliche Ansicht. Während ich in Kant den letzten Vorkämpfer der Aufklärung sehe, wird er öfter als der Gründer jener Schule angesehen, die die Aufklärung vernichtete – der romantischen Schule des »Deutschen Idealismus«, der Schule von Fichte, Schelling und Hegel. Ich behaupte, daß diese beiden Auffassungen unvereinbar sind.

Fichte und später Hegel versuchten Kants Ruhm für sich auszunützen; sie gaben ihn als den Gründer ihrer Schule aus. Aber Kant lebte lange genug, um die wiederholten Anbiederungsversuche Fichtes, der sich als Kants Nachfolger und Erbe ausgab, zurückzuweisen. In einer öffentlichen »Erklärung in Beziehung auf Fichtes Wissenschaftslehre« (7. August 1799), die viel zuwenig bekannt ist, ging Kant so weit, zu schreiben: »Gott bewahre uns vor unseren Freunden ... es gibt nämlich ... auch bisweilen betrügerische, hinterlistige, auf unser Verderben sinnende und dabei doch die Sprache des Wohlwollens führende ... sogenannte Freunde, vor denen und ihren ausgelegten Schlingen man nicht genug auf der Hut sein kann.« Aber nach Kants Tod, als er sich nicht mehr wehren konnte, wurde dieser Weltbürger benützt, um den Zwecken der nationalistischen romantischen Schule zu dienen, und zwar mit Erfolg, allem zu Trotz, was er gegen den romantischen Geist, den sentimentalen Enthusiasmus und die Schwärmerei gesagt und geschrieben hatte.

Aber hören wir, was Kant selbst über die Idee der Aufklärung sagt: »Aufklärung«, schreibt er, »ist der Ausgang des Menschen aus seiner selbstverschuldeten Unmündigkeit. Unmündigkeit ist das Unvermögen, sich seines Verstandes ohne Leitung eines anderen zu bedienen. Selbstverschuldet ist diese Unmündigkeit, wenn die Ursache derselben nicht am Mangel des Verstandes, sondern der Entschließung und des Mutes liegt, sich seiner ohne Leitung eines anderen zu bedienen. *Sapere aude!* Habe Mut, dich deines eigenen Verstandes zu bedienen!, ist also der Wahlspruch der Aufklärung.« Was Kant hier sagt, ist ohne Zweifel ein persönliches Bekenntnis; es ist ein Abriß seiner eigenen Geschichte. Aufgewachsen in ärmlichen Verhältnissen und im beschränkten Gesichtskreis des Pietismus, beschritt er mutig den Weg der Selbstbefreiung durch das Wissen. In späteren Jahren blickte er (wie Hippel berichtet) manchmal mit Entsetzen auf die »Sklaverei der Jugend« zurück, auf die Zeit seiner geistigen Unmündigkeit. Man könnte wohl sagen, daß die Idee der geistigen Selbstbefreiung der Leitstern seines Lebens war, und daß der Kampf um die Realisierung und Verbreitung dieser Idee sein Leben erfüllte.

Newtons Himmelsmechanik und die Kosmologie

Eine entscheidende Rolle in diesem Kampf spielten Newtons Physik und Himmelsmechanik, die aus dem europäischen Festland durch Voltaire bekannt geworden waren. Das Kopernikanische und Newtonsche Weltsystem übten auf Kants intellektuelle Entwicklung den denkbar stärksten Einfluß aus. Sein erstes wichtiges Buch, *Allgemeine Naturgeschichte und Theorie des Himmels*, trug den interessanten Untertitel »Versuch von der Verfassung und dem mechanischen Ursprung des ganzen Weltgebäudes, nach Newtonischen Grundsätzen abgehandelt«. Es ist wohl der großartigste Wurf, der je in der Kosmologie und Kosmogonie getan wurde. Es enthält die erste klare Formulierung nicht bloß jener Theorie, die heute gewöhnlich die »Kant-Laplacesche Hypothese vom Ursprung des Sonnensystems« genannt wird, sondern auch eine Anwendung dieser Theorie auf das Milchstraßensystem selbst (das Thomas Wright fünf Jahre vorher als ein Sternensystem interpretiert hatte). Damit antizipierte Kant eine Idee von Jeans. Aber selbst das wird noch in den Schatten gestellt durch Kants Deutung der Nebelsterne als Milchstraßen, als ferne Sternensysteme, die unserm eigenen analog sind.

Wie Kant in einem seiner Briefe erklärt, war es das kosmologische Problem, das ihn zur Theorie der Erkenntnis führte und zu seiner *Kritik der reinen Vernunft*. Das Problem, das er zu lösen versuchte – kein Kosmologe kann ihm entrinnen –, war das verwickelte Problem der Endlichkeit oder Unendlichkeit der Welt, und zwar sowohl mit Bezug auf den Raum als auch mit Bezug auf die Zeit. Für das Problem der Endlichkeit oder Unendlichkeit der Welt im Raume gibt es seit Einstein einen glänzenden Lösungsvorschlag, nämlich eine Welt, die endlich, aber ohne Grenzen ist. Einstein, so kann man wohl sagen, durchhieb damit den Kantischen Knoten; aber er hatte dafür viel schärfere Waffen zur Verfügung als Kant und dessen Zeitgenossen. Für das Problem der zeitlichen Endlichkeit oder Unendlichkeit der Welt gibt es dagegen heute noch keinen so einleuchtenden Lösungsvorschlag.

Kant berichtet in jenem Brief, er habe das zentrale Problem der *Kritik der reinen Vernunft* gefunden, als er versuchte zu entscheiden, *ob die Welt einen zeitlichen Anfang hat oder nicht*. Zu seinem Erstaunen entdeckte er, daß sich scheinbar gültige Beweise für beide Möglichkeiten aufstellen ließen. Die beiden Beweise sind interessant; freilich braucht es Aufmerksamkeit, ihnen zu folgen. Aber sie sind nicht lang und nicht schwer zu verstehen.

Um den ersten Beweis vorzubereiten, beginnen wir mit einer Analyse des Begriffes einer unendlichen Folge von Jahren (oder Tagen oder irgendwelchen gleich langen und endlichen Zeitintervallen). Eine solche unendliche Folge von Jahren ist eine Folge, die immer weiter geht und niemals zu einem Ende kommt. Sie kann niemals abgeschlossen vorliegen: Eine abgeschlossene oder vollendete unendliche Folge von Jahren ist (für Kant) ein Unding, ein Widerspruch in sich selbst. Kants erster Beweis argumentiert nun folgendermaßen: Die Welt muß einen Anfang in der Zeit haben, da sonst im gegenwärtigen Augenblick eine unendliche Folge von Jahren verflossen ist und daher abgeschlossen und vollendet vorliegen muß. Das ist aber, wie wir gesehen haben, unmöglich. Damit ist der erste Beweis geführt.

Um den zweiten Beweis vorzubereiten, beginnen wir mit einer Analyse des Begriffes einer völlig leeren Zeit – der Zeit vor der Entstehung der Welt. Eine solche leere Zeit, in der es überhaupt nichts gibt, muß notwendigerweise eine Zeit sein, worin kein Zeitintervall von einem anderen Zeitintervall durch seine zeitlichen Beziehungen zu Dingen oder Vorgängen differenziert ist; denn Dinge oder Vorgänge gibt es eben überhaupt keine. Betrachten wir nun aber das letzte Zeitintervall einer solchen leeren Zeit – das Zeitintervall, das dem Anfang der Welt unmittelbar vorangeht: Dann wird offenbar, daß dieses Zeitintervall von allen vorhergehenden Intervallen dadurch differenziert ist, daß es in einer engen und unmittelbaren zeitlichen Beziehung zu einem bestimmten Vorgang, nämlich der Entstehung der Welt, steht; andererseits ist, wie wir gesehen haben, dasselbe Zeitintervall leer, das heißt es kann in keiner zeitlichen Beziehung zu einem Vorgang stehen. Also ist dieses letzte leere Zeitintervall ein Unding, ein Widerspruch in sich selbst. Kants zweiter Beweis argumentiert nun folgendermaßen: Die Welt kann keinen Anfang in der Zeit haben, da es sonst ein Zeitintervall geben müßte – nämlich das Intervall unmittelbar vor der Entstehung der Welt –, das sowohl leer ist als auch dadurch charakterisiert, daß es in einer engen zeitlichen Beziehung zu einem Vorgang in der Welt steht. Das ist aber, wie wir gesehen haben, unmöglich. Damit ist der zweite Beweis geführt.

Wir haben hier einen Widerstreit zwischen zwei Beweisen. Kant nannte einen solchen Widerstreit eine »Antinomie«, und er fand sich auf ähnliche Weise in andere Antinomien verwickelt, zum Beispiel in solche hinsichtlich der Begrenzung der Welt im Raume. Auf diese anderen Antinomien gehe ich jedoch hier nicht näher ein.

Raum und Zeit

Was können wir, fragt Kant, aus diesen verwirrenden Antinomien lernen? Seine Antwort lautet, daß unsere Vorstellungen von Raum und Zeit auf die Welt als Ganzes unanwendbar sind. Die Vorstellungen von Raum und Zeit sind natürlich auf gewöhnliche physische Dinge und Vorgänge anwendbar. Dagegen sind Raum und Zeit selbst weder Dinge noch Vorgänge. Sie können nicht einmal beobachtet werden; sie haben einen ganz anderen Charakter. Sie stellen eher eine Art von Rahmen für Dinge und Vorgänge dar; man könnte sie mit einem System von Fächern oder mit einem Katalogsystem zur Ordnung von Beobachtungen vergleichen. Raum und Zeit gehören nicht zu der wirklichen empirischen Welt der Dinge und Vorgänge, sondern zu unserem eigenen geistigen Rüstzeug, zu dem geistigen Instrument, womit wir die Welt angreifen. Raum und Zeit fungieren ähnlich wie Beobachtungsinstrumente. Wenn wir einen Vorgang beobachten, dann lokalisieren wir ihn in der Regel unmittelbar und intuitiv in einer raum-zeitlichen Ordnung. Wir können daher Raum und Zeit als ein Ordnungssystem charakterisieren, das sich wohl nicht auf Erfahrung gründet, aber in aller Erfahrung verwendet wird und auf alle Erfahrungen anwendbar ist. Dies ist der Grund dafür, daß wir in Schwierigkeiten geraten, wenn wir die Vorstellung von Raum und Zeit auf einem Gebiet anzuwenden versuchen, das über alle mögliche Erfahrung hinausgeht; aber gerade das taten wir in unsern beiden Beweisen über den Beginn der Welt.

Der Theorie, die ich hier skizziert habe, gab Kant den unschönen und zweifach irreführenden Namen »Transzendentaler Idealismus«. Er hatte bald Grund, die Wahl dieses Namens zu bereuen, denn der Name führte manche seiner Leser dazu, ihn für einen Idealisten zu halten und zu glauben, Kant bestreite die Realität der physischen

Dinge und gebe physische Dinge für bloße Vorstellungen oder Ideen aus. Vergeblich bemühte er sich, klarzumachen, daß er nur den empirischen Charakter und die Realität des Raumes und der Zeit bestritten hatte – einen empirischen Charakter und eine Realität nämlich von jener Art, wie wir sie den physischen Dingen und Ereignissen zuschreiben. Alle Mühe, seine Stellung darzutun, war umsonst. Die Schwierigkeit seines Stils besiegelte sein Schicksal; er war dazu verurteilt, als Urheber des »Deutschen Idealismus« in die Geschichte einzugehen. Es ist hohe Zeit, dieses Urteil zu revidieren. Kant hatte immer betont, daß die physischen Dinge in Raum und Zeit *wirklich* sind – real, nicht ideal. Und was die wilden metaphysischen Spekulationen der Schule des »Deutschen Idealismus« betrifft, so wurde der Titel der »*Kritik der reinen Vernunft*« von Kant in der Absicht gewählt, einen kritischen Angriff auf solche spekulative Vernünfteleien anzukündigen. Denn was die »*Kritik*« kritisiert, ist eben die reine Vernunft: sie kritisiert Vernunftschlüsse über die Welt, die das Prädikat »rein« in dem Sinn verdienen, daß sie von Sinneserfahrung unberührt und durch keine Beobachtung kontrolliert sind. Kant kritisierte die »reine Vernunft«, indem er zeigte, daß *reines* spekulatives, durch keine Beobachtungen kontrolliertes Argumentieren über die Welt uns immer in Antinomien verwickeln muß. Er schrieb seine Kritik unter dem Einflusse von Hume in der Absicht zu zeigen, daß die Grenzen möglicher Sinneserfahrung und die Grenzen vernünftigen Theoretisierens über die Welt identisch sind.

Kant glaubte die Richtigkeit dieser Theorie bestätigt zu finden, als er entdeckte, daß sie den Schlüssel zu einem zweiten wichtigen Problem enthielt – dem der Gültigkeit der Newtonschen Physik. Wie alle zeitgenössischen Physiker war auch Kant völlig davon überzeugt, daß Newtons Theorie wahr und unanfechtbar sei. Er schloß daraus, daß diese Theorie nicht nur das Resultat von angesammelten Beobachtungen sein könne. Was sonst konnte aber ihr Wahrheitsgrund sein? Kant griff dieses Problem an, indem er sich zunächst den Wahrheitsgrund der Geometrie klar machte. Die euklidische Geometrie, sagte er, ist nicht auf Beobachtungen gegründet, sondern auf unsere räumliche Intuition, auf unser intuitives Verständnis von räumlichen Beziehungen (die »reine Anschauung« des Raumes): Die Newtonsche Physik befindet sich in einer ähnlichen Situation. Obwohl sie sich in Beobachtungen bewährt, ist sie doch nicht das Resultat von Beobachtungen, sondern von unseren eigenen Denkmethoden: von den Methoden, die wir anwenden, um unsere Sinnesempfindungen zu ordnen, zueinander in Beziehung zu setzen, zu assimilieren, zu verstehen. Nicht die Sinnesdaten, sondern unser eigener Verstand – die Organisation und Konstitution unseres geistigen Assimilierungssystems – ist verantwortlich für unsere naturwissenschaftlichen Theorien. Die Natur, die wir mit ihrer Ordnung und ihren Gesetzen erkennen, ist das Resultat einer ordnenden und assimilierenden Tätigkeit unseres Geistes. Kants eigene Formulierung dieser Idee ist glänzend: *»Der Verstand schöpft seine Gesetze ... nicht aus der Natur, sondern schreibt sie dieser vor.«*

Kants »Kopernikanische Wendung«

Diese Formulierung drückt gleichzeitig eine Idee aus, die Kant selbst stolz seine »Kopernikanische Wendung« nannte. »Kopernikus«, schreibt er, »nachdem es mit der Erklärung der Himmelsbewegungen nicht gut fortwollte, wenn er annahm, das ganze Sternenheer drehe sich um den Zuschauer, versuchte, ob es nicht besser gelingen könnte, wenn er den Zuschauer sich drehen und dagegen die Sterne in Ruhe ließe.« Es war Kants Idee, durch eine ähnliche Wendung das Problem des Wahrheitsgrundes der Naturwissenschaft zu lösen – das Problem nämlich, wie denn eine exakte Naturwissenschaft von der Art der Newtonschen Physik möglich sei und jemals hatte aufgefunden werden können. Wir müssen, sagt Kant, den Gedanken aufgeben, daß wir passive Zuschauer sind, die warten, bis die Natur ihnen ihre Gesetzmäßigkeiten aufdrängt. An die Stelle dessen müssen wir den Gedanken setzen, daß, indem wir unsere Sinnesempfindungen assimilieren, wir, die Zuschauer, ihnen die Ordnung und die Gesetze unseres Verstandes aufzwingen. Unser Kosmos trägt den Stempel unseres Geistes.

Dieser Hinweis Kants auf die aktive Rolle des Beobachters, des Forschers und des Theoretikers hat einen unauslöschlichen Eindruck gemacht – nicht nur auf die Philosophie, sondern auch auf die Physik und die Kosmologie. Es gibt so etwas wie ein Kantisches intellektuelles Klima, ohne das die Theorien von Einstein oder Bohr undenkbar sind, und Eddington, so kann man wohl sagen, war in dieser Hinsicht

Kantischer als Kant. Ja sogar die, die Kant nicht überallhin folgen können (auch ich gehöre zu ihnen), werden ihm darin zustimmen, daß die Vernunft der Forscher »die Natur nötigen müsse, auf ihre Fragen zu antworten, nicht aber sich von ihr ... gleichsam am Leitbande gängeln lassen müsse«. Der Forscher muß die Natur ins Kreuzverhör nehmen, um sie im Lichte seiner Zweifel, Vermutungen, Ideen und Inspirationen zu sehen. Das, glaube ich, ist eine tiefe philosophische Einsicht. Sie ermöglicht es, die Naturwissenschaft (nicht nur die theoretische, sondern auch die experimentelle) als eine echt menschliche Schöpfung anzusehen und ihre Geschichte, ähnlich wie die Geschichte der Kunst und der Literatur, als einen Teil der Ideengeschichte zu behandeln.

Aber man kann der »Kopernikanischen Wendung« Kants noch eine andere Bedeutung zuschreiben – eine Bedeutung, die uns auf eine Ambivalenz in seiner Einstellung hinweisen mag. Diese Wendung löst nämlich ein menschliches Problem, das durch Kopernikus selbst geschaffen wurde: Kopernikus nahm der Menschheit ihre zentrale Position in der Welt. Kants »Kopernikanische Wendung« ist eine *Wiedergutmachung* dieser Position. Denn Kant beweist uns nicht nur, daß unsere räumliche Stellung in der Welt irrelevant ist, sondern zeigt uns auch, daß sich, in gewissem Sinne, unsere Welt um uns dreht. Denn wir sind es ja, die, wenigstens zum Teil, die Ordnung erzeugen, welche wir in der Welt finden. Wir sind es, die unser Wissen von der Welt erschaffen. Wir sind es, die die Welt aktiv erforschen; und die Forschung ist eine schöpferische Kunst.

Die Kopernikanische Wendung der Ethik

Von Kant, dem Kosmologen, dem Philosophen der Erkenntnis und der Wissenschaft, wenden wir uns nun zu Kant, dem Moralphilosophen. Ich weiß nicht sicher, ob man nicht schon früher darauf hingewiesen hat, daß die Grundidee der Kantischen Ethik ebenfalls auf einer Kopernikanischen Wendung beruht, die in jeder Hinsicht jener entspricht, die ich soeben beschrieben habe. Denn Kant macht den Menschen zum Gesetzgeber der Moral in genau derselben Weise, in der er ihn zum Gesetzgeber der Natur machte; und er gibt ihm durch diese Wendung die gleiche zentrale Position in der moralischen wie früher in der physischen Welt. Kant vermenschlicht die Ethik so, wie er die Kosmologie vermenschlicht hat.

Die Lehre von der Autonomie

Kants Kopernikanische Wendung im Gebiete der Ethik ist in seiner Lehre von der Autonomie enthalten, worin er sagt, daß wir dem Gebote einer Autorität niemals blind gehorchen dürfen, ja daß wir uns nicht einmal einer übermenschlichen Autorität als einem moralischen Gesetzgeber blind unterwerfen sollen. Wenn wir dem Befehl einer Autorität gegenüberstehen, sind es doch immer nur wir, die auf unsere eigene Verantwortung hin entscheiden, ob dieser Befehl moralisch ist oder unmoralisch. Eine Autorität mag die Macht besitzen, ihre Befehle durchzusetzen, ohne daß wir ihr Widerstand leisten können; aber wenn es uns physisch möglich ist, unsere Handlungsweise zu wählen, dann liegt die Verantwortung bei uns. Denn die Entscheidung liegt bei uns: Wir können dem Befehl gehorchen oder nicht gehorchen; wir können die Autorität anerkennen oder verwerfen.

Dieselbe Idee wird von Kant mutig auf das Gebiet der Religion angewendet. Er schreibt: »Es klingt zwar bedenklich, ist aber keineswegs verwerflich zu sagen: daß ein jeder Mensch sich einen *Gott mache,* ja nach moralischen Begriffen ... sich einen solchen selbst machen müsse, um an ihm den, *der ihn gemacht hat*, zu verehren. Denn auf welcherlei Art ein Wesen auch als *Gott* ... bekannt gemacht und beschrieben worden, ja ihm ein solches auch ... selbst erscheinen möchte, so muß er ... doch allererst ... urteilen, ob er [durch sein Gewissen] befugt sei, es für eine Gottheit zu halten und zu verehren.«

Das moralische Gesetz

Kants Ethik ist nicht auf den Satz beschränkt, das Gewissen des Menschen sei seine einzige Autorität. Er versucht auch festzustellen, was unser Gewissen von uns fordern kann. Er gibt verschiedene Formulierungen des moralischen Gesetzes. Eine von ihnen ist: »Handle so, daß du die Menschheit, sowohl in deiner Person als in der Person eines jeden anderen, jederzeit zugleich als Zweck, niemals bloß als

Mittel brauchest.« Den Geist der Kantischen Ethik kann man vielleicht in die Worte zusammenfassen: Wage es, frei zu sein, und achte und beschütze die Freiheit aller anderen.

Kant errichtete auf der Grundlage dieser Ethik seine wichtige Staatslehre und seine Lehre vom internationalen Völkerrecht. Er verlangte einen Völkerbund, einen »Föderalismus freier Staaten« mit der Aufgabe, den ewigen Frieden auf Erden zu verkünden und aufrechtzuerhalten.

Kant und Sokrates

Ich habe versucht, in wenigen Strichen Kants Philosophie von der Welt und vom Menschen mit ihren beiden Grundideen zu skizzieren, der Newtonschen Kosmologie und der Ethik der Freiheit; jenen beiden Grundideen, auf die Kant selbst in seinem schönen und fast immer falsch verstandenen Wort hinwies: dem Wort vom gestirnten Himmel über uns und dem moralischen Gesetz in uns.

Wenn wir weiter in die Vergangenheit zurückgehen, um einen noch umfassenderen Blick auf Kants Platz in der Geschichte zu erlangen, so können wir ihn wohl mit Sokrates vergleichen. Beide wurden beschuldigt, die Staatsreligion verdorben und die Jugend geschädigt zu haben. Beide erklärten sich für unschuldig, und beide kämpften für Gedankenfreiheit. Freiheit bedeutete ihnen mehr als Abwesenheit eines Zwanges: Freiheit war für sie die einzig lebenswerte Form des menschlichen Lebens.

Die Verteidigungsrede und der Tod des Sokrates haben die Idee des freien Menschen zu einer lebendigen Wirklichkeit gemacht. Sokrates war frei, weil sein Geist nicht unterjocht werden konnte; er war frei, weil er wußte, daß man ihm nichts anhaben konnte. Dieser Sokratischen Idee des freien Menschen, die ein Erbgut unseres Abendlandes ist, hat Kant auf dem Gebiete des Wissens wie auf dem der Ethik eine neue Bedeutung gegeben. Und weiter hat er ihr die Idee einer Gesellschaft freier Menschen hinzugefügt – einer Gesellschaft aller Menschen. Denn Kant hat gezeigt, daß jeder Mensch frei ist: *nicht* weil er frei geboren, sondern weil er mit einer Last geboren ist – mit der Last der Verantwortung für die Freiheit seiner Entscheidung.

10. Selbstbefreiung durch das Wissen

Es ist schon lange her, daß die Philosophie Immanuel Kants, des größten deutschen Philosophen, in Deutschland für überholt erklärt und zum alten Eisen geworfen wurde; und mit ihr Kants Geschichtsphilosophie. Die überragende intellektuelle und moralische Persönlichkeit Kants war seinen Epigonen ein Dorn im Auge. Jedenfalls versuchten es Fichte und später Hegel, mit Kant dadurch fertig zu werden, daß sie ihn als ihren Vorläufer ausgaben. Aber Kant war kein Vorläufer der romantischen Schule, sondern ihr Gegner. Er war der letzte große Philosoph, der zu jener seither so viel geschmähten Bewegung gehörte, die sich selbst »Aufklärung« nannte. In einem interessanten Aufsatz unter dem Titel »Was ist Aufklärung« schrieb Kant folgendes:

»Aufklärung ist der Ausgang des Menschen aus seiner selbstverschuldeten Unmündigkeit. Unmündigkeit ist das Unvermögen, sich seines Verstandes ohne Leitung eines anderen zu bedienen. Selbstverschuldet ist diese Unmündigkeit, wenn die Ursache derselben nicht am Mangel des Verstandes, sondern der Entschließung und des Mutes liegt, sich seiner ohne Leitung eines anderen zu bedienen. *Sapere aude!* Habe Mut, dich deines eigenen Verstandes zu bedienen!, ist also der Wahlspruch der Aufklärung.«

So schrieb Kant. Und diese Stelle aus Kants Aufsatz zeigt deutlich, was für Kant die entscheidende Idee der Aufklärung war. Es war die Idee der *Selbstbefreiung durch das Wissen*.

Vortrag, gehalten im Bayerischen Rundfunk im Jahre 1961 im Rahmen einer Vortragsreihe zum Thema »Der Sinn der Geschichte«. Zuerst veröffentlicht in: *Der Sinn der Geschichte*, hrsg. von Leonhard Reinisch, München 1961, 1974[5].

Obwohl Kant in der Selbstbefreiung durch das Wissen eine der wichtigsten und würdigsten Aufgaben seines eigenen Lebens sah und obwohl er überzeugt war, daß jeder Mensch vor dieser Aufgabe stehe, außer wenn es ihm am nötigen Verstand fehlte, so war er doch weit davon entfernt, den Sinn des Lebens mit einer hauptsächlich intellektuellen Aufgabe, wie es die der Selbstbefreiung durch das Wissen ist, zu identifizieren. Kant brauchte nicht die Romantiker, um die reine Vernunft zu kritisieren oder um einzusehen, daß der Mensch kein reines Vernunftwesen ist und daß das rein verstandesmäßige Wissen keineswegs das beste und höchste im Menschenleben ist. Er war ein Pluralist, der für die Vielzahl und die Verschiedenheit menschlicher Zielsetzungen und daher für eine pluralistische oder offene Gesellschaftsordnung kämpfte, unter der Parole: »Wage es, frei zu sein, und achte die Freiheit und die Verschiedenheit in anderen, denn die Menschenwürde liegt in der Freiheit, in der Autonomie.« Dennoch erschien ihm die intellektuelle Selbsterziehung, die Selbstbefreiung durch das Wissen, eine philosophisch notwendige Aufgabe, die jeden Menschen hier und jetzt zur sofortigen Tat aufruft; denn nur durch das Wissen können wir uns *geistig* befreien – von der Versklavung durch falsche Ideen, Vorurteile und Idole. Obwohl daher die Aufgabe der Selbsterziehung sicher nicht den Sinn unseres Lebens erschöpft, so kann die Selbsterziehung entscheidend dazu beitragen, unser Leben sinnvoll zu machen.

Ich habe soeben den Ausdruck »Sinn des Lebens« verwendet; und da mein Thema der Sinn der Geschichte ist, so möchte ich auf die Analogie zwischen diesen beiden Ausdrücken – »Sinn des Lebens« und »Sinn der Geschichte« – hinweisen. Zunächst eine Bemerkung über die Vieldeutigkeit des Wortes »Sinn« im Ausdruck »Sinn des Lebens«. Dieser Ausdruck wird manchmal so gebraucht, als wollte man damit von einem verborgenen inneren Sinn sprechen – etwa wie man von dem verborgenen Sinn eines Anagramms oder eines Sinngedichts oder vom Sinn des Chorus Mysticus in Goethes Faust sprechen kann. Aber die Lebensweisheit der Dichter und Philosophen hat uns gelehrt, daß jene Phrase »der Sinn des Lebens« in einer anderen Weise verstanden werden muß: daß der Sinn des Lebens nicht etwas Verborgenes ist, das wir im Leben finden oder entdecken können, sondern etwas, das wir selbst unserem Leben geben können. Wir können durch unser Tun und Lassen, durch unsere Arbeit und unser Wirken, durch unsere Einstellung zum Leben, zu anderen Menschen und zur Welt, unser Leben sinnvoll machen.

Damit wird die Frage nach dem Sinn des Lebens zu einer ethischen Frage. Sie wird zur Frage: Welche Aufgaben soll ich mir stellen, um mein Leben sinnvoll zu machen? Oder, in den Worten Kants: »Was soll ich tun?« Eine Teil-Antwort auf diese Frage geben die Kantischen Ideen der Freiheit und der Autonomie und seine Idee eines Pluralismus, der im wesentlichen nur durch die Idee der Gleichheit vor dem Gesetz und durch die Achtung der Freiheit anderer Menschen beschränkt ist; Ideen, die ebenso wie die der Selbstbefreiung durch das Wissen dazu beitragen können, unserem Leben einen Sinn zu geben.

Mit dem Ausdruck »der Sinn der Geschichte« steht es ganz ähnlich. Hier hat man auch oft an einen geheimen, verborgenen Sinn des Ablaufs der Weltgeschichte gedacht; oder an eine verborgene, der Geschichte innewohnende Entwicklungstendenz; oder an ein Ziel, dem die politische Weltgeschichte zustrebt. Und ich glaube, daß hier unsere Antwort eine ähnliche sein muß wie bei der Frage nach dem Sinn des Lebens: Anstatt nach einem verborgenen Sinn der Geschichte zu fragen, müssen wir der Geschichte einen Sinn geben. Wir müssen der politischen Geschichte eine Aufgabe stellen – und damit uns selbst. Statt nach einem inneren, verborgenen Sinn oder Ziel der politischen Weltgeschichte zu fragen, müssen wir uns selbst fragen, welche Ziele der politischen Weltgeschichte sowohl menschenwürdig als auch politisch möglich sind.

Meine erste These ist daher die, daß wir es ablehnen sollten, vom Sinn der Geschichte zu sprechen, wenn wir damit einen Sinn meinen, der im Drama der Geschichte verborgen ist, oder wenn wir damit Entwicklungstendenzen oder Entwicklungsgesetze meinen, die in der politischen Weltgeschichte verborgen sind und die vielleicht in ihr von Historikern oder von Philosophen entdeckt werden können.

Meine erste These ist also negativ. Sie besagt, daß es einen verborgenen Sinn der Geschichte nicht gibt und daß jene Historiker und Philosophen, die glauben, ihn entdeckt zu haben, in einer argen Selbsttäuschung befangen sind.

Meine zweite These ist hingegen sehr positiv. Sie besagt, daß wir selbst der politischen Geschichte einen Sinn geben können, einen möglichen und menschenwürdigen Sinn. Aber ich möchte noch viel mehr behaupten. Denn meine dritte These ist, daß wir von der Geschichte lernen können, daß eine solche ethische Sinngebung oder Zielsetzung keineswegs vergeblich zu sein braucht. Im Gegenteil, wir werden die Geschichte niemals verstehen, wenn wir die geschichtliche Macht dieser ethischen Zielsetzungen unterschätzen. Ohne Zweifel führen sie oft zu schrecklichen Resultaten; aber den Ideen der Aufklärung, denen Kant Ausdruck gegeben hat, sind wir in mancher Hinsicht näher gekommen als irgendeine Generation vor uns; insbesondere der Idee der Selbstbefreiung durch das Wissen, der Idee einer pluralistischen oder offenen Gesellschaftsordnung und der Idee der Verkündigung des ewigen Friedens als Ziel der politischen Kriegsgeschichte. Wenn ich sage, daß wir dieser Zielsetzung nahe gekommen sind, so will ich natürlich keine Prophezeiung darüber aussprechen, daß das Ziel bald oder überhaupt erreicht werden wird: Sicherlich können wir auch scheitern. Aber ich behaupte, daß zumindest die Friedensidee, für deren Anerkennung Erasmus von Rotterdam, Immanuel Kant, Friedrich Schiller, Berta von Suttner, Friedrich Wilhelm Förster und viele andere kämpften, heute jedenfalls von den Diplomaten und Politikern als bewußtes Ziel der internationalen Politik aller zivilisierten Staaten anerkannt und angestrebt wird; und das ist mehr, als jene großen Vorkämpfer der Friedensidee erwarteten, und es ist auch mehr, als man noch vor 25 Jahren erwarten konnte.

Ich gebe zu, daß dieser außerordentliche Erfolg nur ein Teilerfolg ist und daß er nicht nur von Erasmus' und Kants Ideen hervorgebracht wurde, sondern noch mehr von der Einsicht in die Größe der Gefahr, mit der heute ein Krieg die ganze Menschheit bedroht. Aber das ändert nichts an der Tatsache, daß die Zielsetzung heute offen und allgemein anerkannt ist und daß unsere Schwierigkeiten hauptsächlich darin bestehen, daß die Diplomaten und Politiker nicht wissen, wie sie dieses Ziel verwirklichen können. Auf eine Diskussion dieser Schwierigkeiten kann ich hier natürlich nicht eingehen, um so weniger, als eine nähere Erklärung und Diskussion meiner drei Thesen für ihr Verständnis nötig sein dürfte.

Ich beginne mit meiner ersten These – der negativen These, daß die politische Weltgeschichte keinen verborgenen und auffindbaren Sinn hat, und daß es keine in ihr verborgenen und auffindbaren Entwicklungstendenzen gibt.

Diese These steht im schärfsten Gegensatz nicht nur zu den *Fortschrittstheorien* des 19. Jahrhunderts – zum Beispiel zu den Theorien von Comte, Hegel und Marx –, sondern auch zu der *Untergangstheorie* von Oswald Spengler und zu den *zyklischen* Theorien von Platon, Giovanni Battista Vico und anderen.

Ich halte alle diese Theorien für völlig verfehlt, um nicht zu sagen, für unsinnig. Was verfehlt ist, ist vor allem die Fragestellung. Die Worte »Fortschritt«, »Rückschritt«, »Untergang« und so weiter enthalten Werturteile; und die Theorien eines geschichtlichen Fortschritts oder Rückschritts oder eines Zyklus, der aus Fortschritt und Rückschritt besteht, beziehen sich notwendigerweise auf eine Wertskala. Eine solche Wertskala kann nun eine moralische sein, oder eine wirtschaftliche, oder eine ästhetisch-künstlerische; und innerhalb des Ästhetisch-Künstlerischen kann sie sich auf die Musik beziehen oder auf die Malerei oder Architektur oder Literatur. Und sie kann sich natürlich auch auf die Wissenschaft beziehen oder auf die Technologie. Die Wertskala kann auch auf der Statistik der Lebensdauer oder auf einer Krankheitsstatistik basiert sein. Es ist ganz klar, daß wir in der einen oder anderen dieser Skalen oder Richtungen Fortschritte machen oder Höhepunkte erreichen können, während wir *gleichzeitig* in anderen Rückschritte machen oder Tiefpunkte erreichen. So finden wir in Deutschland zur Zeit der größten Werke Bachs, 1720–1750, weder einen Höhepunkt in der Literatur noch in der Malerei. Aber weit wichtiger als dieses Beispiel ist die Tatsache, daß Fortschritte auf manchen Gebieten – so insbesondere auf dem Gebiet der Wirtschaft oder der Erziehung – oft durch Rückschritte auf anderen Gebieten erkauft werden müssen; ganz ähnlich, wie wir Fortschritte in der Geschwindigkeit und Dichte des Kraftwagenverkehrs mit Rückschritten in der Verkehrssicherheit erkaufen.

Und ähnlich wie es mit der Verwirklichung von wirtschaftlichen Werten steht, so steht es auch mit der Verwirklichung gewisser moralischer Forderungen, insbesondere mit der fundamentalen Forderung nach Freiheit und Menschenwürde. So empfand ein Großteil der Bürger der Vereinigten Staaten den Fortbestand der Sklaverei in den Südstaaten als eine unerträgliche Schmach und als unvereinbar mit ihrem Gewissen; aber sie mußten die Aufhebung der Sklaverei mit einem furchtbaren Bürgerkrieg erkaufen und mit der Zerstörung einer blühenden und eigenartigen Kultur.

Ähnlich steht es mit dem Fortschritt der Wissenschaft – zum Teil eine Folge der Idee der Selbstbefreiung durch das Wissen – der gegenwärtig zur Verlängerung und zur Bereicherung unseres Lebens beiträgt; aber es ist fraglich, ob er zum Glück und zur Zufriedenheit der Menschen beigetragen hat.

Die Tatsache, daß wir gleichzeitig Fortschritte und Rückschritte machen, zeigt, daß nicht nur die Fortschrittstheorien der Geschichte, sondern genau so auch die zyklischen und die Rückschrittstheorien und Untergangsprophezeiungen unhaltbar und in ihrer Fragestellung völlig verfehlt sind.

Sie sind Pseudo-Wissenschaften (wie ich in verschiedenen Schriften nachzuweisen versucht habe[1]). Diese pseudo-wissenschaftlichen Theorien haben alle zusammen eine recht merkwürdige Geschichte.

Homers Geschichtstheorie – und ähnlich die Geschichtstheorie des Alten Testaments – interpretiert die geschichtlichen Vorgänge als den direkten Ausdruck von etwas erratischen Willensäußerungen höchst eigenwilliger, menschenähnlicher Gottheiten. Eine solche Geschichtstheorie war mit der Gottesidee des späteren Judentums und des Christentums unvereinbar. In der Tat, die These, daß wir die politische Weltgeschichte – die Geschichte der Raubkriege, Plünderungen und Brandschatzungen und der immer zunehmenden Vernichtungsmittel – unmittelbar als das Werk Gottes verstehen können, ist Gotteslästerung. Wenn die Geschichte das Werk eines barmherzigen Gottes ist, dann kann sie es nur in einem Sinn sein, in dem der Wille Gottes für uns unbegreifbar, unfaßbar und unvorstellbar ist: Es ist für uns Menschen unmöglich, den Sinn der Geschichte zu verstehen, wenn wir versuchen, sie als das unmittelbare Werk Gottes zu verstehen. Wenn daher die Religion den Sinn der Geschichte verständlich machen will, so muß sie versuchen, die Geschichte nicht als unmittelbare Offenbarung des göttlichen Willens, sondern als einen Kampf zwischen guten und bösen Mächten zu begreifen – guten und bösen Mächten, die in uns oder durch uns wirken. Das hat denn auch der Heilige Augustinus in seinem Buch über den Gottesstaat getan. Sein

1 Siehe insbesondere *Der Zauber Platons* und *Falsche Propheten,* in: *Die offene Gesellschaft und ihre Feinde*, Bd. 1, 2 (Verlag Francke, Bern, 1957 und 1958). – *The Poverty of Historicism*, zweite Auflage London 1960; in deutscher Übersetzung *Das Elend des Historizismus*, Verlag J. C. B. Mohr (Paul Siebeck), Tübingen.

Vorläufer war Platon, der die Geschichte als den politisch-ethischen Sündenfall interpretiert, den Sündenfall eines ursprünglich vollkommenen und kommunistischen Staatswesens unter dem verderblichen Einfluß weltlichen Eigennutzes. Ein anderer wichtiger Einfluß auf das Werk des Heiligen Augustinus stammt aus seiner manichäischen Periode: Es ist der Einfluß der persisch-manichäischen Ketzerei, der Lehre von dem Kampf zwischen dem guten und dem bösen Prinzip (zwischen Ormuzd und Ahriman).

Unter diesen Einflüssen beschreibt nun Augustinus die Geschichte der Menschheit als den Kampf zwischen dem guten Prinzip, dem Gottesstaat, der *civitas dei,* und dem bösen Prinzip, dem Staat des Teufels, der *civitas diaboli*; und fast alle späteren Entwicklungstheorien der Geschichte – vielleicht mit Ausnahme einiger der naivsten Fortschrittstheorien – gehen auf diese manichäische Theorie des Heiligen Augustinus zurück. Dabei übersetzen die neueren Entwicklungstheorien die metaphysischen oder die religiösen Kategorien des Augustinus in eine naturwissenschaftliche oder sozialwissenschaftliche Sprache. So ersetzen sie Gott und den Teufel durch biologisch gute und biologisch schlechte Rassen, oder gute und böse Klassen – die Proletarier und die Kapitalisten. Aber das ändert wohl nur wenig am ursprünglichen Charakter der Theorie.

Was richtig ist, ist nur dies: daß unsere Ideen Mächte sind, die unsere Geschichte beeinflussen. Aber es ist wichtig, einzusehen, daß auch an sich gute und edle Ideen manchmal einen sehr verhängnisvollen Einfluß auf die Geschichte haben können und daß, wie es zuerst wohl Bernard de Mandeville gesehen hat, nicht selten auch so etwas zu finden ist wie eine Idee, eine geschichtliche Kraft, die stets das Böse will und stets das Gute schafft.

Wir müssen uns also sehr davor hüten, unsere höchst pluralistische Geschichte als eine Schwarz-Weiß-Zeichnung oder als ein in nur wenigen Kontrastfarben koloriertes Gemälde anzusehen. Und wir müssen uns noch mehr davor hüten, in sie Entwicklungsgesetze hineinzulesen, die zu Fortschrittsprognosen, zyklischen Prognosen, Untergangsprognosen oder zu irgendwelchen ähnlichen historischen Voraussagen verwendet werden können.

Leider aber erwartet das Publikum seit Hegel und noch mehr seit Spengler von einem weisen Mann und besonders von einem Philosophen oder Geschichtsphilosophen, daß er die Zukunft voraussagen kann. Das ist ein großes Unglück, denn die Nachfrage erzeugt nur allzu leicht ein Angebot. So hat denn auch die Nachfrage nach Propheten ein überreiches Angebot zur Folge gehabt. Man kann wohl sagen, daß heute jeder Intelligenzler, der etwas auf seinen Ruf hält, sich verpflichtet fühlt, es mit der geschichtlichen Wahrsagekunst zu versuchen.

»Warum soll ich nicht beim Gehen«
– sprach er – »in die Ferne sehen?«[2]

Die abgründige Tiefe seiner Einsicht und Fernsicht wird fast immer an der Abgründigkeit seines Pessimismus gemessen.

Ich halte es für an der Zeit, wenigstens den Versuch zu machen, diese ganze Wahrsagerei ein für allemal dorthin zu verweisen, wohin sie gehört – auf die Jahrmärkte. Ich will ja keineswegs behaupten, daß Wahrsager niemals das Wahre sagen. Was ich behaupte, ist nur, daß sie, soweit sie überhaupt etwas Greifbares sagen, ebenso oft das Falsche sagen, und daß es keine wissenschaftliche oder geschichtliche oder philosophische Methode gibt, die als Grundlage von ambitiösen geschichtlichen Voraussagen im Stile Spenglers dienen kann. Das Zutreffen einer solchen geschichtlichen Voraussage ist nämlich eine reine Glückssache. Die Voraussage ist willkürlich, zufällig und unwissenschaftlich. Aber sie kann natürlich eine starke Propagandawirkung ausüben. Wenn nur hinreichend viele Menschen an den Untergang des Abendlandes glauben, dann wird das Abendland sicher untergehen; sogar auch dann, wenn es ohne diese Propaganda seinen Aufstieg weiter fortgesetzt hätte. Denn Ideen können Berge versetzen; auch falsche Ideen. Zum Glück ist es aber auch manchmal möglich, falsche Ideen mit wahren Ideen zu bekämpfen.

Da ich beabsichtige, im folgenden noch einige recht optimistische Gedanken vorzubringen, so möchte ich hier davor warnen, diesen Optimismus für eine optimistische Voraussage der Zukunft zu halten.

Was die Zukunft bringen wird, das weiß ich nicht; und denen, die es zu wissen glauben, glaube ich nicht. Mein Optimismus bezieht sich nur auf das, was man von der Vergangenheit und der Gegenwart ler-

2 Wilhelm Busch, *Plisch und Plum*

nen kann; und das ist, daß vieles möglich war und möglich ist, Gutes und Böses; und daß wir keinen Grund haben, die Hoffnung aufzugeben – und die Arbeit für eine bessere Welt.

Ich verlasse jetzt das Thema meiner ersten und negativen These über den Sinn der Geschichte, um auf meine wichtigeren positiven Thesen einzugehen.

Meine zweite These ist, daß *wir selbst* der politischen Geschichte einen Sinn *geben* und ein Ziel *setzen* können, und zwar einen menschenwürdigen Sinn und ein menschenwürdiges Ziel.

Wir können von einer Sinngebung der Geschichte und zwei recht verschiedenen Bedeutungen sprechen: Die wichtige und grundlegende ist die der *Zielsetzung* durch unsere ethischen Ideen. In einer zweiten und weniger grundlegenden Bedeutung des Wortes »Sinngebung« hat der Kantianer Theodor Lessing die Geschichte als die *»Sinngebung des Sinnlosen«* bezeichnet. Lessings These, die ich für richtig halte, ist folgende: Wir können es versuchen, einen Sinn in die an sich unsinnige Geschichte hineinzulesen, zum Beispiel, indem wir an das Studium der Geschichte mit der Frage herantreten, wie es denn unseren Ideen und besonders unseren ethischen Ideen – wie der Idee der Freiheit und der Idee der Selbstbefreiung durch das Wissen – im Laufe der Geschichte ergangen ist. Wenn wir uns nur davor hüten, das Wort »Fortschritt« im Sinne eines naturgesetzlichen Fortschritts zu verwenden, so können wir auch sagen, daß wir der überlieferten Geschichte dadurch einen Sinn abgewinnen können, daß wir fragen, welche Fortschritte und Rückschritte wir wohl gemacht haben und wie teuer wir wohl unsere Fortschritte haben erkaufen müssen. Hierher gehört dann auch die Geschichte unserer vielen tragischen Irrtümer – Irrtümer in der Zielsetzung und Irrtümer in der Wahl der Mittel.

Das hat niemand klarer formuliert als der große englische Historiker H. A. L. Fisher, der die historizistischen Entwicklungstheorien und die angeblichen Entwicklungsgesetze der Geschichte verwarf, es aber gleichzeitig wagte, die Geschichte vom Standpunkt des ethischen, ökonomischen und politischen Fortschritts zu beurteilen. Fisher schrieb[3]: »Männer, die klüger und gelehrter sind als ich, haben

3 H. A. L. Fischer, *History of Europe*, 1935.

in der Geschichte einen Sinn gefunden, einen Rhythmus, einen gesetzlichen Ablauf... ich jedoch sehe nur eine unvorhergesehene Krise nach der anderen; Krisen, die einander wie Wellenzüge folgen; nur eine lange Kette von Ereignissen, die alle einzigartig sind und daher keine Verallgemeinerung erlauben, sondern dem Geschichtsforscher nur *eine* Regel nahelegen: daß er gut daran tun wird, das Gegenteil des Zufälligen und Unvorhergesehenen nicht aus den Augen zu verlieren.« Fisher sagt also, daß es keine inneren Entwicklungstendenzen gibt; dennoch fährt er folgendermaßen fort: »Man darf aber meinen Standpunkt nicht für einen zynischen oder pessimistischen halten; im Gegenteil, ich behaupte, daß die Tatsache des Fortschritts klar und deutlich auf den Seiten der Geschichte zu lesen ist; aber der Fortschritt ist kein Gesetz der Natur. Was eine Generation an Boden gewinnt, kann von der nächsten wieder verloren werden.« Es gibt also innerhalb des sinnlos-grausamen Wechselspiels der machtpolitischen Kämpfe und Wirren doch einen Fortschritt; aber da es keine geschichtlichen Entwicklungsgesetze gibt, die den weiteren Fortschritt sicherstellen, so hängt das künftige Schicksal dieses Fortschritts – und damit unser Schicksal – von uns selbst ab.

Ich habe hier Fisher nicht nur deshalb zitiert, weil ich glaube, daß er recht hat, sondern vor allem auch deshalb, weil ich darauf hinweisen möchte, wie viel menschenwürdiger und sinnvoller Fishers Idee ist – die Idee, daß die Geschichte von uns abhängt – als die Idee, daß die Geschichte ihre inhärenten mechanischen, dialektischen oder organischen Gesetze hat, und daß wir nur Puppen in einem Puppenspiel der Geschichte oder Spielbälle im Widerspiel übermenschlicher historischer Mächte sind, wie zum Beispiel der Macht des Guten und der Macht des Bösen, oder der Macht des Proletariats und der Macht des Kapitalismus.

Ich gehe nun zur Diskussion der zweiten und wichtigeren Bedeutung der Idee der Sinngebung über: einer Sinngebung, die darin besteht, daß wir nicht nur unserem individuellen Leben eine Aufgabe zu geben suchen, sondern auch unserm politischen Leben, unserem Leben als politisch denkende Menschen; und insbesondere als Menschen, die die sinnlose Tragik der Geschichte als unerträglich empfinden und als eine Aufforderung, ihr Bestes zu tun, um die künftige Geschichte sinnvoller zu machen. Die Aufgabe ist schwer; vor allem deshalb, weil der gute Wille und der gute Glaube uns in tragischer Weise irreleiten können. Und da ich hier für die Ideen der Aufklärung spreche, so fühle ich mich ganz besonders verpflichtet, zuerst darauf hinzuweisen, daß auch die Ideen der Aufklärung und des Rationalismus zu den schrecklichsten Folgen geführt haben.

Erst der Terror des Robespierre belehrte Kant, der die Französische Revolution begrüßt hatte, daß auch im Zeichen der Freiheit, Gleichheit und Brüderlichkeit die abscheulichsten Untaten verübt werden können; ebenso abscheuliche Untaten, wie sie einst zu den Zeiten der Kreuzzüge, der Hexenverbrennungen oder des Dreißigjährigen Krieges im Zeichen des Christentums verübt wurden. Aber Kant zog eine Lehre aus der Geschichte des Schreckens der Französischen Revolution. Diese Lehre, die nicht oft genug wiederholt werden kann, ist, daß der fanatische Glaube immer ein Übel und unvereinbar mit dem Ziel einer pluralistischen Gesellschaftsordnung ist; und daß es unsere Pflicht ist, uns dem Fanatismus in jeder Form zu widersetzen – auch dann, wenn seine Ziele ethisch einwandfrei sind, und vor allem auch dann, wenn seine Ziele die unseren sind.

Die Gefahr des Fanatismus, und die Pflicht, sich ihm dauernd entgegenzustellen, ist wohl eine der wichtigsten Lehren, die wir aus der Geschichte ziehen können.

Aber ist es denn überhaupt möglich, den Fanatismus und seine Exzesse zu vermeiden? Lehrt uns nicht die Geschichte, daß alle ethischen Zielsetzungen vergeblich sind? Und zwar gerade deshalb, weil diese Ziele erst dann eine historische Rolle spielen können, wenn sie von einem fanatischen Glauben getragen werden? Und lehrt uns nicht die Geschichte aller Revolutionen, daß der fanatische Glaube an eine ethische Idee diese Idee immer wieder in ihr Gegenteil verkehrt? Daß er die Gefängnisse im Namen der Freiheit öffnet, nur um sie alsbald hinter neuen Opfern zu schließen? Daß er die Gleichheit aller Menschen verkündet, nur um alsbald die Abkömmlinge der einstmals privilegierten Klassen zu verfolgen, noch über das dritte und vierte Glied hinaus? Daß er die Brüderlichkeit der Menschen verkündet, wie um klar zu machen, daß seine Mordtaten Brudermord sind, obwohl er gleichzeitig immer als Hüter seines Bruders auftritt? Lehrt uns nicht die Geschichte, daß alle ethischen Ideen verderblich sind und die besten Ideen oft die verderblichsten? Und sind die aufklärerischen Ideen der Weltverbesserung nicht durch die Französische Revolution und die Russische Revolution zur Genüge als verbrecherischer Unsinn erwiesen?

Meine Antwort auf diese Fragen ist in meiner dritten These enthalten. Diese These besagt, daß wir von der Geschichte Westeuropas und der Vereinigten Staaten lernen können, daß eine ethische Sinngebung oder Zielsetzung keineswegs vergeblich zu sein braucht. Damit soll sicher nicht behauptet werden, daß unsere ethischen Ziele je voll verwirklicht wurden oder verwirklicht werden können. Meine These ist viel bescheidener. Ich behaupte nur, daß die von ethischen regulativen Prinzipien inspirierte Gesellschaftskritik mancherorts erfolgreich war, und daß es ihr gelungen ist, die schlimmsten Übel des öffentlichen Lebens mit Erfolg zu bekämpfen.

Das ist also meine dritte These. Sie ist optimistisch in dem Sinn, daß sie eine Widerlegung aller pessimistischen Geschichtsauffassungen ist. Denn alle zyklischen und Untergangstheorien sind offenbar widerlegt, wenn es möglich ist, daß wir selbst der Geschichte ein ethisches Ziel setzen oder einen ethischen Sinn geben können.

Aber diese Möglichkeit ist, so scheint es, an ganz bestimmte Bedingungen gebunden. Nur dort war die Gesellschaftskritik von Erfolg gekrönt, wo es die Menschen gelernt hatten, fremde Meinungen zu schätzen und in ihren politischen Zielen bescheiden und nüchtern zu sein; wo sie gelernt hatten, daß der Versuch, den Himmel auf Erden zu verwirklichen, nur allzu leicht die Erde in eine Hölle für die Menschen verwandelt.

Die Länder, die diese Lehre rechtzeitig lernten, waren die Schweiz und England, die ersten Länder, die den utopischen Versuch unternahmen, den Gottesstaat auf Erden zu errichten. In beiden Ländern führte der Versuch zur Ernüchterung.

Die Englische Revolution, die erste der großen Revolutionen der Neuzeit, führte nicht zum Gottesstaat, sondern zur Hinrichtung Karls des Ersten und zur Diktatur Cromwells. Die Lehre, die ein gründlich ernüchtertes England daraus zog, war seine Bekehrung zum Legitimismus. An diesem Legitimismus scheiterte dann der Versuch Jakobs des Zweiten, den Katholizismus in England mit Gewalt wieder einzuführen. Der religiösen Bürgerkriege müde, war England bereit, auf die Botschaft John Lockes und anderer Aufklärer zu hören, die die religiöse Toleranz verteidigten und das Prinzip, daß ein erzwungener Glaube wertlos sei; daß man die Menschen wohl in die

Kirche *führen*, aber nicht in die Kirche *schleppen* dürfe (wie es Innozenz XI. ausdrückte).

Es ist wohl kaum ein Zufall, daß die Schweiz und England, die durch diese ernüchternden politischen Erfahrungen gehen mußten, Länder sind, denen es gelungen ist, auf dem Wege der demokratischen Reform ethisch-politische Ziele zu erreichen, die auf dem Wege der Revolution, der Gewalt, des Fanatismus und der Diktatur nicht erreicht werden konnten.

Jedenfalls kann man aus der Geschichte der Schweiz und der skandinavischen und angelsächsischen Demokratien lernen, daß es nicht unmöglich ist, sich mit Erfolg Ziele zu setzen – vorausgesetzt, daß diese Ziele pluralistisch sind, das heißt die Freiheit und die Meinungen verschiedener Menschen mit verschiedenen Zielen achten; daß es also nicht unmöglich ist, unserer Geschichte einen Sinn zu geben. Das ist aber, was ich in meiner dritten These behauptet habe.

Dieses Ergebnis zeigt, daß die Kritik der Romantik an Kant und der Aufklärung sicher weit oberflächlicher war, als die viel verlästerte Aufklärerei und der viel verlachte Aufkläricht, die mit so viel Beifall »überwunden« wurden. Kant und die Aufklärung wurden als naiv verlacht, weil sie die Ideen des Liberalismus verabsolutierten; weil sie glaubten, daß die Idee der Demokratie mehr ist als eine vorübergehende historische Erscheinung. Und heute hört man wieder viel über den Niedergang dieser Ideen. Aber statt den Niedergang dieser Ideen zu prophezeien, täte man besser, für ihr Fortbestehen zu kämpfen; denn diese Ideen haben nicht nur ihre Lebensfähigkeit bewiesen, sondern auch den von Kant behaupteten Charakter: Eine pluralistische Gesellschaftsordnung ist der notwendige Rahmen für jede Zielsetzung, für jede Politik, die über die unmittelbare Gegenwart hinaussieht; für jede Politik, die einen Sinn für die Geschichte hat und der Geschichte einen Sinn geben will.

Ich komme zu einer letzten Betrachtung: Sowohl die Aufklärung wie die Romantik sehen in der Weltgeschichte vor allem eine Geschichte kämpfender Ideen, eine Geschichte von Glaubenskämpfen. Hier sind wir uns einig. Aber was die Aufklärung von der Romantik trennt, ist die Einstellung zu diesen Ideen. Die Romantik schätzt den Glauben an sich und die Stärke und die Tiefe des Glaubens, was immer auch der Wahrheitsgehalt des Glaubens sein mag. Das ist wohl der tiefste Grund für ihre Verachtung der Aufklärung; denn diese steht dem Glauben als solchem – ausgenommen in der Ethik – mit Mißtrauen gegenüber. Obwohl die Aufklärung den Glauben nicht nur toleriert, sondern hochschätzt, so ist doch das, was sie schätzt, nicht der Glaube als solcher, sondern die Wahrheit. Daß es so etwas wie eine absolute Wahrheit gibt, und daß wir dieser Wahrheit näher kommen können, ist die Grundüberzeugung der Aufklärungsphilosophie, im Gegensatz zum historischen Relativismus der Romantik.

Aber der Wahrheit näher zu kommen ist nicht leicht. Es gibt nur einen Weg, den Weg durch unsere Irrtümer. Nur aus unseren Irrtümern können wir lernen; und nur der wird lernen, der bereit ist, die Irrtümer anderer als Schritte zur Wahrheit zu schätzen; und der nach seinen eigenen Irrtümern *sucht*, um sich von ihnen zu befreien.

Die Idee der Selbstbefreiung durch das Wissen ist also nicht etwa dasselbe wie die Idee der Naturbeherrschung. Es ist vielmehr die Idee einer *geistigen* Selbstbefreiung vom Irrtum, vom Irrglauben. Es ist die Idee einer geistigen Selbstbefreiung durch die Kritik an den eigenen Ideen.

Wir sehen hier, daß die Aufklärung den Fanatismus und den fanatischen Glauben nicht aus bloßen Nützlichkeitsgründen verurteilt; auch nicht weil sie hofft, daß wir mit einer nüchterneren Einstellung in der Politik und im praktischen Leben besser weiterkommen. Die Verurteilung des fanatischen Glaubens ist vielmehr eine Folge der Idee einer Wahrheitssuche durch die Kritik unserer Irrtümer. Und diese Selbstkritik und Selbstbefreiung ist nur in einer pluralistischen Atmosphäre möglich, das heißt in einer offenen Gesellschaft, die unsere Irrtümer und viele andere Irrtümer toleriert.

So enthielt die Idee der Selbstbefreiung durch das Wissen, die die Aufklärung vertrat, von Anfang an auch die Idee, daß wir lernen müssen, uns von unseren eigenen Ideen zu distanzieren, statt uns mit unseren Ideen zu identifizieren. Die Erkenntnis von der geistigen Macht der Ideen führt zu der Aufgabe, uns von der geistigen Übermacht falscher Ideen zu befreien. Im Interesse der Wahrheitssuche und der Befreiung vom Irrtum müssen wir uns dazu erziehen, unsere eigenen Ideen ebenso kritisch betrachten zu können wie die Ideen, gegen die wir kämpfen.

Das bedeutet keine Konzession an den Relativismus; denn die Idee des Irrtums setzt die Idee der Wahrheit voraus. Wenn wir zugeben, daß der andere Recht haben kann und daß wir uns vielleicht geirrt haben, so bedeutet das nicht, daß es nur auf den Standpunkt ankommt und daß, wie die Relativisten sagen, jeder Recht hat von seinem Standpunkt aus und Unrecht von einem anderen Standpunkt aus. In den westlichen Demokratien haben viele gelernt, daß sie manchmal Unrecht haben, und ihre Gegner Recht; aber allzu viele von denen, die diese wichtige Lehre absorbiert haben, sind dem Relativismus verfallen. In unserer großen historischen Aufgabe, eine freie, pluralistische Gesellschaft zu schaffen – als den gesellschaftlichen Rahmen für eine Selbstbefreiung durch das Wissen – tut uns heute nichts so not, als uns selbst zu einer Einstellung zu erziehen, die es uns erlaubt, unseren Ideen kritisch gegenüberzustehen, ohne zu Relativisten oder zu Skeptikern zu werden; und ohne den Mut und die Entschlossenheit zu verlieren, für unsere Überzeugungen zu kämpfen.

11. Die öffentliche Meinung im Lichte der Grundsätze des Liberalismus

Die folgenden Gedanken wurden einer internationalen Konferenz von Anhängern des Liberalismus vorgelegt. Sie sollten lediglich als Grundlage für eine Diskussion dienen. Da ich bei meinen Hörern liberale Ansichten voraussetzen durfte, lag mir daran, verbreitete Meinungen, die diese Ansichten begünstigten, eher kritisch in Frage zu stellen als sie unkritisch zu bestärken. Ich möchte betonen, daß, wenn ich über den Liberalismus spreche, ich nicht an Parteien denke, sondern an Prinzipien.

1. Der Mythos von der öffentlichen Meinung

Wir müssen uns vor einer Anzahl von Mythen von der »öffentlichen Meinung« in acht nehmen, die nur allzuoft ohne Kritik angenommen werden.

Da ist erstens der klassische Mythos – *»vox populi, vox dei«* – welcher der Stimme des Volkes eine Art von endgültiger Autorität und Weisheit beilegt. Sein modernes Äquivalent ist der Glaube an die auf gesundem Menschenverstand beruhende Unfehlbarkeit jener mythischen Figur, des »man in the street« – des Wählers, des »einfachen Mannes« und seiner Stimme. In beiden Fällen ist die *Vermeidung des Plurals* charakteristisch. Aber das Volk spricht, zum Glück, selten

---

Der Vortrag wurde 1954 in Venedig in englischer Sprache gehalten; die Beispiele sind großenteils der englischen Erfahrung entnommen und in diesem Sinne zu verstehen. Die Übersetzung besorgte Dr. Mira Koffka; sie wurde zuerst in *Ordo* Bd. 8 (1956) veröffentlicht.

mit *einer* Stimme; und die verschiedenen »einfachen Männer«, in den verschiedenen Straßen, sind genauso verschieden wie die verschiedenen Liberalen in einem Konferenzzimmer. Und selbst dann, wenn sie gelegentlich einmal derselben Ansicht sein sollten, ist auch das, was sie mit Einstimmigkeit beschließen, nicht immer weise. Sie können recht, oder sie können unrecht haben. »Die Stimme« kann sich über höchst zweifelhafte Angelegenheiten mit der größten Selbstsicherheit aussprechen. (Beispiel: die fast einstimmig und widerspruchslos angenommene Forderung der »bedingungslosen Übergabe«.) Und sie kann sich in Dingen, über die sie in Wirklichkeit keinen Zweifel hegt, mit Zögern und Unbestimmtheit äußern. (Beispiel: die Frage, ob man sich mit politischer Erpressung und politischem Massenmord abfinden soll.) »Die Stimme« kann von guter Absicht geleitet, und gleichzeitig unklug sein. (Beispiel: der öffentliche Protest, der den Hoare-Laval-Plan zu Fall brachte.) Oder sie kann weniger gute Gesinnung verraten, dafür aber vorsichtig, wenn auch nicht weise sein. (Beispiele: die Billigung der Runciman Mission, und die Billigung des Münchener Abkommens von 1938.)

Dennoch glaube ich, daß ein Körnchen Wahrheit in dem *vox populi*-Mythos steckt. Man könnte es so ausdrücken: Obwohl ihnen wichtige Tatsachen oft nur in beschränktem Maße zugänglich sind, so sind doch die einfachen Leute oft weiser als die Regierungen, und wenn nicht weiser, so doch oft von besseren und großherzigeren Intentionen geleitet. (Beispiele: die Bereitwilligkeit des tschechoslowakischen Volkes, am Vorabend von München zu kämpfen; oder wieder der Protest gegen den Hoare-Laval-Plan.)

Eine Form dieses Mythos – oder vielleicht seines philosophischen Hintergrundes –, die mir besonders interessant und bedeutungsvoll zu sein scheint, ist die Annahme, *daß die Wahrheit offenbar ist*. Damit meine ich die Theorie, daß, während der Irrtum immer einer Erklärung bedürftig ist (und etwa aus Mangel an gutem Willen oder aus Einseitigkeit oder Voreingenommenheit erklärt werden kann), die Wahrheit sich immer selbst offenbart, solange sie nicht unterdrückt wird. Dadurch entsteht der naiv-optimistische Glaube, daß die Freiheit, durch die Ausschaltung aller Unterdrückung und sonstiger Hindernisse, notwendigerweise zur unumschränkten Herrschaft der Wahrheit (und des Rechtes) führen muß.

Meine Beschreibung dieses wichtigen Mythos ist natürlich eine bewußte Vereinfachung; er kann auch so formuliert werden: »Wenn uns (oder dem Volk) die Wahrheit auch nur gezeigt wird, so können wir sie gar nicht verkennen.« Ich schlage vor, das die Theorie des rationalistischen Optimismus zu nennen. Diese Theorie hat sowohl den Liberalismus als auch den Sozialismus inspiriert; es ist in der Tat eine Theorie, die sowohl für die Bewegung der Aufklärung als auch für die meisten ihrer Nachfolger und unmittelbaren Vorgänger charakteristisch ist. Sie ist, ebenso wie der Mythos von der *vox populi*, ein Mythos von der Autorität der Einstimmigkeit – einer Einstimmigkeit, der zu mißtrauen wir gelernt haben.

Eine Art von Reaktion gegen diesen rationalistischen und optimistischen Mythos finden wir in der Form, in der die *vox populi*-Theorie in der Romantik auftaucht: ich meine die Lehre von der Autorität und Einheit des Volkswillens (volonté générale); oder des Volksgeistes; oder des Genius der Nation; oder des Kollektivgeistes; oder der Stimme des Blutes. Ich brauche hier wohl kaum die Argumente zu wiederholen, die gegen diese Lehre vom irrationalen Erfassen der Wahrheit von Kant und von vielen anderen – darunter auch von mir – vorgebracht wurden; gegen eine Lehre, die in Hegels Theorie von der *List der Vernunft* kulminierte: einer Vernunft, die unsere Leidenschaften als Werkzeug zum instinktiven oder intuitiven Erfassen der Wahrheit benutzt. Diese Theorie versucht zu beweisen, daß das Volk unmöglich unrecht haben kann, besonders wenn es nicht auf die Stimme der Vernunft hört, sondern nur auf die Stimme der Leidenschaft.

Eine wichtige und auch heute noch sehr einflußreiche Spielart unseres Mythos ist der *Mythos vom Fortschritt der öffentlichen Meinung*, der geradezu als die Form bezeichnet werden kann, in der der Liberalismus des 19. Jahrhunderts den Mythos von der öffentlichen Meinung vertrat. Er kann durch eine Stelle aus Antony Trollopes politischem Roman »Phineas Finn« illustriert werden, auf die mich Professor E. H. Gombrich aufmerksam gemacht hat. Trollope beschreibt das Schicksal eines Antrages im Parlament für die Reform des Pachtrechtes in Irland. Der Antrag kommt zur Abstimmung und wird angenommen: das Ministerium unterliegt gegen eine Majorität von 23. »Und nun«, sagt Mr. Monk, der Parlamentarier, »die traurige Wahrheit ist, daß wir trotz alledem der Pächter-Reform auch nicht einen Schritt nähergekommen sind.«

»Aber wir sind ihr ja nähergekommen.«

»In einem Sinne wohl. Eine solche Debatte und eine solche Majorität veranlaßt die Leute, zu denken. Doch nein – ›denken‹ ist ein stolzes Wort. In der Regel denken die Leute nicht. Aber was hier geschehen ist, wird sie vielleicht glauben machen, daß doch schließlich etwas an dieser Sache sein muß. Viele Leute, die vorher in der Idee einer gesetzlichen Regelung dieser Ansprüche nichts sahen als eine unrealistische Träumerei, werden sich jetzt vielleicht zu der Ansicht bekehren, daß so eine Regelung nur gefährlich oder vielleicht sogar nur schwierig ist. Und so wird es allmählich dahin kommen, daß man diese Reform zu den möglichen Dingen rechnet, und danach sogar zu den wahrscheinlichen Dingen – bis sie schließlich in die Liste jener wenigen Maßnahmen aufgenommen wird, die als absolut notwendig für unser Land angesehen werden. Das eben ist die Art und Weise, in der die öffentliche Meinung geformt wird.«

»Es war keine Zeitverschwendung, den ersten großen Schritt zu ihrem Zustandekommen gemacht zu haben«, sagt Phineas.

»Der erste große Schritt wurde vor langer Zeit gemacht ...«, entgegnete Mr. Monk. »Aber es ist doch etwas Großes, auch nur einen weiteren Schritt gemacht zu haben, der uns vorwärts bringt.«

Die Betrachtung, die hier von dem radikal-liberalen Parlamentsmitglied Mr. Monk angestellt wird, kann vielleicht die *Avant-garde-Theorie von der öffentlichen Meinung* genannt werden. Nach dieser Theorie gibt es eine Anzahl von Führern oder von Schöpfern der öffentlichen Meinung, die durch Briefe an die *Times* oder durch Reden und Anträge im Parlament es dahin bringen, daß gewisse Gedanken zuerst verworfen, alsdann diskutiert und schließlich angenommen werden. Die öffentliche Meinung wird hier aufgefaßt als eine Art von öffentlicher Stellungnahme zu den Gedanken und Bemühungen jener Aristokraten des Geistes, die die Schöpfer neuer Gedanken, neuer Begriffe, neuer Argumente sind. Man stellt sich daher die öffentliche Meinung als ein wenig schwerfällig vor, als ein wenig passiv und konservativ; aber sie ist befähigt, letzten Endes intuitiv die Wahrheit, die in den Reformvorschlägen steckt, zu erkennen; und damit wird die öffentliche Meinung zur ausschlaggebenden, autoritativen Schiedsrichterin über die Debatten der sogenannten Elite. (Ich bin ein Gegner aller Eliten und des Mythos von der Elite.) Das ist zweifellos wiederum eine Form unseres Mythos, obwohl es es auf den ersten Blick so aussehen mag, daß es kein Mythos, sondern ein Bild der englischen Wirklichkeit ist. Zugegeben, daß Reformvorschläge in England oft auf diesem Wege durchdringen konnten: Hatten aber nur triftige Forderungen Erfolg? Ich bin geneigt zu glauben, daß in England weniger die Wahrheit einer Behauptung oder die Weisheit eines Vorschlages Chance hat, die Unterstützung der öffentlichen Meinung für eine gewisse Politik zu gewinnen, als das Gefühl, *daß eine Ungerechtigkeit verübt wurde und vielleicht noch weiter verübt wird, die gutgemacht werden kann und soll.* Es ist diese charakteristische *moralische Empfindsamkeit* der öffentlichen Meinung in England und die Art, wie sie erweckt werden kann, die von Trollope beschrieben wird; die Art, wie die öffentliche Meinung eine Ungerechtigkeit intuitiv erfaßt, wird beschrieben, nicht aber das intuitive Erfassen eines Sachverhaltes, einer Wahrheit. Wieweit läßt sich Trollopes Beschreibung auf andere Länder anwenden? Über diese Frage könnte man debattieren.

2. Grundsätze des Liberalismus: Eine Sammlung von Thesen[1]

1. *Der Staat ist ein notwendiges Übel.* Seine Machtbefugnisse sollten nicht über das notwendige Maß hinaus vermehrt werden. Dieses Prinzip könnte man das »liberale Rasiermesser« nennen (in Anlehnung an Ockhams Rasiermesser, d. h. das berühmte Prinzip, daß metaphysische Wesenheiten nicht über das notwendige Maß hinaus vermehrt werden sollen).

Um die Notwendigkeit dieses Übels – des Staates – zu zeigen, berufe ich mich nicht auf Hobbes' Ansicht: *Homo homini lupus.* Im Gegenteil: diese Notwendigkeit kann selbst dann gezeigt werden, wenn wir die Ansicht *Homo homini felis* annehmen oder gar *Homo homini angelus* – mit anderen Worten die Ansicht, daß vor lauter Sanftheit oder vielleicht vor lauter engelhafter Güte niemand einem

1 Mit diesem und dem nächsten Abschnitt vergleiche mein Buch *The Open Society and Its Enemies* (London 1945; revidierte Ausgaben Princeton und London,[14] 1984). Eine deutsche Ausgabe, *Die offene Gesellschaft und ihre Feinde*, ist im Verlag A. Francke (Bern) erschienen: Bd. 1, *Der Zauber Platons*, und Bd. 2, *Falsche Propheten: Hegel, Marx und die Folgen*. Diese Ausgabe enthält die Revisionen noch nicht.

anderen Leid zufügen wird. Auch in so einer Welt würde es nämlich immer noch schwächere und stärkere Menschen geben, und die schwächeren hätten *kein Recht*, von den stärkeren geduldet zu werden; sie wären ihnen daher Dankbarkeit schuldig für ihre Güte, sie zu dulden. Diejenigen nun (Starke oder Schwache), die so einen Zustand für unbefriedigend halten und die glauben, daß jedermann ein *Recht* zu leben haben soll und *einen Anspruch* darauf, gegen die Macht der Starken geschützt zu werden, werden daher auch die Notwendigkeit eines Staates anerkennen, der die Rechte aller beschützt.

Es ist aber nicht schwer, zu zeigen, daß der Staat eine ständige Gefahr ist und insofern ein Übel, wenn auch ein notwendiges Übel. Denn wenn der Staat seine Aufgabe erfüllen soll, muß er mehr Macht haben als jeder einzelne Staatsbürger oder jede Gruppe von Staatsbürgern. Selbst wenn wir Einrichtungen ersinnen, die die Gefahr des Mißbrauches dieser Macht möglichst beschränken, so können wir diese Gefahr doch niemals vollständig bannen. Im Gegenteil, es scheint, daß wir immer einen Preis für den Rechtsschutz des Staates werden zahlen müssen, und zwar nicht nur in der Form von Steuern, sondern sogar in Form von Erniedrigung, die wir in Kauf nehmen müssen. (»Der Übermut der Ämter«.) Aber das alles ist eine Frage des Grades: Alles hängt davon ab, für den Rechtsschutz keinen allzu hohen Preis zu bezahlen.

2. Der Unterschied zwischen einer Demokratie und einer Despotie besteht darin, *daß man in einer Demokratie seine Regierung ohne Blutvergießen loswerden kann, in einer Despotie aber nicht.*

3. *Die Demokratie kann (und soll) den Bürgern keinerlei Wohltaten erweisen.* Tatsächlich kann »die Demokratie« selbst gar nichts tun – handeln können nur die Bürger eines demokratischen Staates (einschließlich natürlich der Regierung). Die Demokratie ist nichts als ein Rahmen, innerhalb dessen die Staatsbürger handeln können.

4. *Nicht weil die Majorität immer recht hat, sind wir Demokraten, sondern weil demokratische Institutionen, wenn sie in demokratischen Traditionen wurzeln, bei weitem die unschädlichsten sind, die wir kennen.* Wenn die Majorität (die »öffentliche Meinung«) zugunsten einer Despotie entscheidet, braucht ein Demokrat deshalb seine Überzeugungen nicht aufzugeben; aber es wird ihm bewußt werden, daß in seinem Lande die demokratische Tradition nicht stark genug war.

5. *Bloße Institutionen genügen nie, wenn sie nicht in Traditionen*

wurzeln. Institutionen sind immer »ambivalent« in dem Sinne, daß sie – ohne Hilfe einer starken Tradition – oft geradezu im entgegengesetzten Sinne wirken können als in jenem, in dem sie hätten wirken sollen. Zum Beispiel, die Opposition im Parlament soll – grob gesprochen – die Majorität daran hindern, das Geld der Steuerzahler zu stehlen. Aber ich erinnere mich an einen kleinen Skandal in einem Lande im südöstlichen Europa, der die Ambivalenz dieser Institution illustrierte. Es war das ein Fall, in dem eine größere Bestechungssumme gerecht zwischen der Majorität und der Opposition geteilt wurde.

Traditionen sind notwendig, um eine Art Bindeglied zu schaffen zwischen Institutionen und den Intentionen und Wertbegriffen der Individuen.

6. Ein liberales *»Utopia«* – das heißt, ein Staat, der in rationalistischer Weise auf einer traditionslosen *tabula rasa* geplant ist – ist eine Unmöglichkeit. Denn der Grundsatz des Liberalismus verlangt, daß *jene Einschränkungen der individuellen Freiheit, die durch das soziale Zusammenleben unvermeidlich werden, nach Möglichkeit gleichmäßig verteilt* (Kant) und nach Möglichkeit reduziert werden. Wie können wir aber einen solchen *a priori*-Grundsatz in der Praxis anwenden? Sollen wir einen Pianisten am Üben hindern oder seinen Nachbarn am Genuß eines ruhigen Nachmittages? Alle solchen Probleme können nur durch Berufung auf bestehende Traditionen und Gebräuche gelöst werden – durch Berufung auf das traditionelle Gerechtigkeitsgefühl, auf das gemeine Recht, wie es in England genannt wird – und darauf, was ein unparteiischer Richter als billig anerkennt. *Da alle Gesetze nur allgemeine Prinzipien niederlegen können, müssen sie ausgelegt werden, um angewendet zu werden; aber eine Auslegung bedarf wieder gewisser Grundsätze aus der täglichen Praxis, die nur eine lebende Tradition entwickeln kann. Das alles gilt nun ganz besonders für die höchst abstrakten und allgemeinen Grundsätze des Liberalismus.*

7. *Die Grundsätze des Liberalismus können als Grundsätze beschrieben werden, mit deren Hilfe die bestehenden Institutionen beurteilt und, wenn nötig, beschränkt oder geändert werden können. Sie sind nicht fähig, bestehende Institutionen zu ersetzen.* Mit anderen Worten: der Liberalismus ist eher eine evolutionäre als eine revolutionäre Überzeugung (außer gegenüber einer Despotie).

8. *Unter den Traditionen müssen wir jene zu den wichtigsten zählen, die den »moralischen Rahmen« (entsprechend dem institutionellen »gesetzlichen Rahmen«) einer Gesellschaft bilden, und die ihren überlieferten Sinn für Gerechtigkeit und Anständigkeit verkörpern, sowie den von ihr erreichten Grad des moralischen Empfindens.* Dieser moralische Rahmen dient als Grundlage, auf der es möglich wird, einen gerechten und billigen Vergleich zwischen widerstreitenden Interessen zu erzielen, wo das nötig ist. Dieser moralische Rahmen ist natürlich nicht unveränderlich, aber er ändert sich verhältnismäßig langsam. *Nichts ist gefährlicher als die Zerstörung dieses Rahmens, dieser Tradition.* (Diese Zerstörung wurde vom Nazismus bewußt angestrebt.) Sie muß letzten Endes zu einem zynischen Nihilismus führen – zur Mißachtung und zur Auflösung aller menschlichen Werte.

3. Die freie Diskussion in der Theorie des Liberalismus

Gedankenfreiheit und freie Diskussion sind letzte Werte des Liberalismus, die keiner weiteren Rechtfertigung bedürfen. Sie können jedoch durch einen Hinweis auf die Rolle erläutert werden, die sie beim Suchen nach Wahrheit spielen. *Die Wahrheit ist nicht offenbar*, und sie ist nicht leicht aufzufinden. Beim Suchen nach Wahrheit braucht man mindestens

a) Phantasie,
b) Versuch und Irrtum (trial and error),
c) die allmähliche Entdeckung unserer eigenen Vorurteile mit Hilfe von a), b) und mit Hilfe der *kritischen Diskussion.*

Die westliche Tradition des Rationalismus, die von den Griechen herkommt, ist die Tradition der kritischen Diskussion – die Tradition des Untersuchens und Prüfens von Vorschlägen oder Theorien durch den Versuch, sie zu widerlegen (Elenchos). Diese Methode der rationalen Kritik darf nicht verwechselt werden mit einer Beweis-Methode, das heißt einer Methode, die darauf abzielt, die Wahrheit endgültig zu etablieren (Epagogē). Eine solche Methode gibt es nicht, auch nicht eine Methode, die imstande ist, immer zu einer Einigung zu führen. Der Wert der kritischen Diskussion liegt vielmehr darin, daß alle Diskussionsteilnehmer in gewissem Ausmaß ihre Meinungen ändern und als weisere Männer auseinandergehen.

Es ist oft behauptet worden, daß Diskussionen nur zwischen Leuten möglich sind, die gemeinsamen Grundanschauungen huldigen. Ich halte das für falsch. Nur eins ist nötig: die Bereitwilligkeit von seinem Partner zu lernen, die den aufrichtigen Wunsch einschließt, zu verstehen, was er sagen will. Wenn diese Bereitwilligkeit da ist, dann wird eine Diskussion um so fruchtbarer sein, je verschiedener das geistige Milieu ist, aus dem die verschiedenen Teilnehmer kommen: Der Wert einer Diskussion hängt geradezu von der Verschiedenartigkeit der sich messenden Ansichten und Meinungen ab. Gäbe es kein Babel, so müßte man es erfinden. Der Liberalismus setzt seine Hoffnung nicht auf eine Übereinstimmung der Gesinnung, sondern auf die gegenseitige Befruchtung und die daraus folgende Weiterentwicklung der Meinungen. Selbst wenn es uns gelingt, ein Problem zur allgemeinen Befriedigung zu lösen, so schaffen wir gerade durch die Lösung wieder neue Probleme, die zu neuen Meinungsverschiedenheiten führen müssen; was aber nicht zu bedauern ist.

Das Suchen nach Wahrheit, mittels freier, vernünftiger Diskussion, ist zwar eine öffentliche Angelegenheit, aber die »öffentliche Meinung«, was immer sie auch sein mag, ist nicht das Resultat solcher Diskussionen. Die öffentliche Meinung kann vielleicht durch die Wissenschaft beeinflußt werden und zu ihr Stellung nehmen; sie ist jedoch nicht das Ergebnis einer wissenschaftlichen Diskussion.

Aber die traditionelle Achtung vor der vernünftigen Diskussion führt, im Gebiet der Politik, zur traditionellen Achtung vor der Methode der *Regierung durch Diskussion* (wie die parlamentarische Regierung in England genannt wird). Und damit entwickelt sie den Gerechtigkeitssinn; die Gewohnheit, andere Gesichtspunkte gelten zu lassen; und weiter, die Bereitwilligkeit zum Kompromiß.

Was die Anhänger der Grundsätze des Liberalismus hoffen können ist, daß Traditionen, die sich unter dem Einfluß der kritischen Diskussion ändern und entwickeln, viel von dem ersetzen können, was »öffentliche Meinung« genannt wird, und daß sie mit der Zeit jene Funktionen übernehmen werden, die oft der öffentlichen Meinung zugemutet wurden.

4. Die Arten der öffentlichen Meinung

Es gibt zwei Hauptarten der öffentlichen Meinung: eine, die in Institutionen verankert ist, und eine, die nicht in Institutionen verankert ist.

Beispiele von Institutionen, die der öffentlichen Meinung oder ihrer Beeinflussung dienen, sind: die Presse (einschließlich der Briefe an die Herausgeber), politische Parteien, Gesellschaften, Universitäten, Buchhandel, Rundfunk, Theater, Kino, Fernsehen.

Beispiele für das Zustandekommen der öffentlichen Meinung ohne solche spezielle Einrichtungen: was die Leute über die neuesten Begebenheiten reden oder was sie über die Fremden oder über »die Farbigen« in der Eisenbahn oder an anderen öffentlichen Orten sagen; ferner, was sie, besonders in England, beim Dinner übereinander sprechen – in Österreich im Kaffeehaus, in Bayern vielleicht beim Bier. (Diese Gelegenheiten können sogar zu festen Institutionen werden.)

5. Die Gefahren der öffentlichen Meinung

Die öffentliche Meinung, was immer sie sein mag, ist sehr mächtig. Sie kann Regierungen stürzen, sogar nicht-demokratische Regierungen. Der Liberalismus muß eine solche Macht mit Argwohn betrachten.

Aufgrund ihrer Anonymität ist die öffentliche Meinung eine *Macht ohne Verantwortlichkeit* und daher, vom Standpunkt des Liberalismus, besonders gefährlich. (Beispiel: Ausschließung der Farbigen und andere Fragen der »Rasse«.) Die Abhilfe in *einer* Richtung liegt auf der Hand: durch möglichste Verringerung der Macht des Staates kann auch die Gefahr verringert werden, die durch den Einfluß der öffentlichen Meinung auf den Staat entsteht. Aber das sichert noch lange nicht die Freiheit des Tuns und Denkens der Einzelperson. Die öffentliche Meinung kann, selbst in ihren nicht in Institutionen verankerten Formen, zu einer despotischen Macht werden. Hieraus ergibt sich wieder das Bedürfnis nach Schutz des einzelnen durch den Staat und ebenso die Notwendigkeit einer sich entwickelnden und wachsenden liberalen Tradition.

Die Behauptung, daß die öffentliche Meinung nicht unverantwortlich, sondern »sich selbst verantwortlich« ist – in dem Sinne, daß die bösen Folgen ihrer Fehlurteile auf jene Leute zurückfallen, die die falsche Meinung vertraten –, ist wieder nur eine Form des Mythos von der Kollektivität der öffentlichen Meinung; denn die falsche Propaganda einer Gruppe von Staatsbürgern kann nur allzu leicht eine ganz andere Gruppe schädigen.

6. Einige Probleme der Praxis: Zensur und Monopole der Publizität (»Medien«)

(Bemerkung: Hier werden keine Thesen formuliert, sondern nur Probleme angeschnitten.)

Wieweit hängt eine vernünftige Stellungnahme gegen die Zensur von der Tradition einer freiwillig auf sich genommenen Selbstzensur ab?

Wieweit erzeugen Verleger-Monopole eine Art von Zensur? Wieweit können Denker ihre Ideen frei veröffentlichen? Kann und darf es eine absolute Freiheit geben, alles zu veröffentlichen?

Der Einfluß und die Verantwortung der Intellektuellen: a) auf die Verbreitung von Ideen (Beispiel: der Sozialismus), b) auf die Billigung von oft despotischen modernen Richtungen und Moden (Beispiel: abstrakte Kunst).

Die Freiheit der Universitäten: a) staatliche Einmischung, b) private Einmischung, c) Einmischung im Namen der öffentlichen Meinung.

Bearbeitung, Inszenierung und »Planung« der öffentlichen Meinung.

Das Problem des Geschmacks: Normierung und Nivellierung (»Gleichmacherei«).

Das Problem: Propaganda und Reklame auf der einen Seite, Verbreitung von Nachrichten auf der anderen Seite.

Das Problem der *Propaganda für Grausamkeit* in Zeitungen (besonders in »comics«), im Kino, im Fernsehen usw.

Ein noch größeres Problem ist die intellektuelle Mode des Pessimismus.

Diese Mode führt zur Propaganda für die These, daß wir in einer schlechten Gesellschaftsordnung leben – und sogar in einer schlechten Welt.

7. Eine kurze Liste politischer Beispiele

Diese Liste enthält Fälle, die eine sorgfältige Zergliederung verdienen, da sie nicht nur von der »öffentlichen Meinung«, sondern auch von vielen führenden Anhängern des Liberalismus falsch beurteilt wurden.

1. Der Hoare-Laval-Plan (Ein Versuch, Mussolini von Hitler wegzulocken).
2. Die Abdankung Eduards VIII.
3. Neville Chamberlains Popularitätserfolg nach München (1938).
4. Bedingungslose Übergabe.
5. Der »Critchel-Down«-Fall[2].
6. Die englische Gewohnheit, nötige und unnötige Beschwerlichkeiten ohne Murren hinzunehmen.
7. Die »Ohne-mich«-Bewegung in Deutschland.

8. Zusammenfassung

Ich möchte zusammenfassen.

Jene etwas vage und nicht recht greifbare Wesenheit, die »öffentliche Meinung« genannt wird, ist zwar oft aufgeklärter und weiser als die Regierungen, bedeutet aber ohne die Zügel einer starken liberalen Tradition eine Gefahr für die Freiheit. Die öffentliche Meinung darf nie als *vox dei*, als Schiedsrichter über Wahrheit und Falschheit anerkannt werden, aber sie ist manchmal ein erleuchteter Richter über Gerechtigkeit und andere moralische Werte. (Der Loskauf der Sklaven in den englischen Kolonien[3].) Sie ist gefährlich als Schiedsrichterin über Fragen des Geschmacks. Leider kann sie »bearbeitet«, »in Szene gesetzt« und »geplant« werden. Allen diesen Gefahren können wir nur durch Stärkung der Traditionen des Liberalismus begegnen; und an diesem Vorhaben kann jedermann mitwirken.

Die öffentliche Meinung ist zu unterscheiden von freien, kritischen

---

2 Ein damals in England sehr bekannter Fall des Mißbrauches der Amtsgewalt.

3 Dieser Fall hat mit Recht einen tiefen Eindruck auf Schopenhauer gemacht. Vgl. *Die beiden Grundprobleme der Ethik*, ii, »Über das Fundament der Moral«, § 18 (der vorletzte Absatz).

und öffentlichen Diskussionen, wie sie in der Wissenschaft stattfinden (oder stattfinden sollten), einschließlich der Diskussion über Fragen der Gerechtigkeit und andere moralische Themen. Von solchen Diskussionen wird die öffentliche Meinung zwar beeinflußt, aber sie geht weder als Ergebnis aus ihnen hervor, noch wird sie von ihnen in Schach gehalten.

12. Eine objektive Theorie des historischen Verstehens

Die verschiedenen abendländischen Philosophien sind fast durchwegs Variationen über das Thema des Dualismus von Leib und Seele. Abweichungen von diesem dualistischen Thema waren meistens Versuche, einen Monismus einzuführen. Diese Versuche waren meiner Meinung nach erfolglos. Immer wieder finden wir, daß sich unter dem Schleier monistischer Beteuerungen ein Dualismus von Leib und Seele verbirgt.

Der Pluralismus und die Welt 3

Es gab aber nicht nur monistische Abweichungen von der Generallinie, sondern auch pluralistische. Das kann man deutlich im Polytheismus sehen und sogar in seinen monotheistischen und atheistischen Varianten. Dennoch kann man zweifeln, ob die verschiedenen religiösen Interpretationen der Welt eine Alternative zum Dualismus von Körper und Geist bieten können. Denn die Götter, unbeschadet ihrer Anzahl, sind ja doch entweder Geister in unsterblichen Körpern oder reine Geister, im Gegensatz zum Menschen.

Einige Philosophen haben aber einen echten Pluralismus vertreten: Sie behaupteten die Existenz einer *dritten Welt* jenseits von Leib und Seele, von physischen Objekten und Bewußtseinsvorgängen.

Erweiterte Fassung eines Vortrages, gehalten am 3. 9. 1968 in der Plenarsitzung des XIV. Internationalen Kongresses für Philosophie in Wien (siehe auch meinen Aufsatz *On the Theory of the Objective Mind* im ersten Band des Kongreßberichtes), zuerst veröffentlicht in *Schweizer Monatshefte,* 50. Jahr, 1970.

Platon, die Stoiker und einige neuzeitliche Denker wie Leibniz, Bolzano und Frege gehören zu diesen Philosophen (aber nicht Hegel, der starke monistische Tendenzen hatte).

Platons Welt der Formen oder Ideen war keine Welt des Bewußtseins oder der Bewußtseinsinhalte, sondern eine objektive, autonome Welt von logischen Gehalten. Sie existierte neben der physischen Welt und der Welt des Bewußtseins als eine dritte, objektive und autonome Welt. Diese pluralistische Philosophie der Welt 3 will ich hier vertreten, obwohl ich weder ein Platoniker noch ein Hegelianer bin.

Nach dieser Philosophie besteht unsere Welt zumindest aus drei verschiedenen Teilen; oder, wie man auch sagen kann, es gibt drei Welten. Die erste ist die physische Welt oder die Welt der physischen Zustände; die zweite ist die Welt des Bewußtseins oder die Welt der geistigen Zustände; und die dritte ist die Welt der Ideen im objektiven Sinn. Es ist die Welt der Theorien an sich und ihrer logischen Beziehungen, die Welt der Argumentationen an sich, der Probleme an sich und der Problemsituationen an sich. Einem Rat von Sir John Eccles folgend, habe ich die drei Welten »Welt 1«, »Welt 2« und »Welt 3« genannt.

Eine der fundamentalen Fragen dieser pluralistischen Philosophie betrifft die Beziehungen zwischen diesen drei Welten.

Die drei Welten sind dadurch verbunden, daß Welt 1 und Welt 2 in Wechselwirkung stehen können und ebenso Welt 2 und Welt 3. Das bedeutet, daß die Welt 2, die Welt der subjektiven oder persönlichen Erlebnisse, mit jeder der beiden anderen in Wechselwirkung treten kann. Welt 1 und Welt 3 können, wie es scheint, nicht direkt in Wechselwirkung treten, aber sie können es durch die Vermittlung der Welt 2, der Welt der subjektiven oder persönlichen Erlebnisse.

Es scheint mir wichtig, daß die Beziehungen der drei Welten in dieser Weise beschreibbar sind, das heißt mit der Welt 2 in der Rolle eines Vermittlers zwischen der Welt 1 und der Welt 3.

Es waren die Stoiker, die als erste die wichtige Unterscheidung machten zwischen dem drittweltlichen und objektiven *logischen Gehalt* dessen, was wir sagen, und den Gegenständen, über die wir sprechen. Diese Gegenstände können ihrerseits zu jeder der drei Welten gehören: Wir können erstens über die physische Welt sprechen – über physische Gegenstände oder auch über physische Zustände; zweitens über psychologische Zustände, einschließlich unseres Verständnisses von Theorien; und drittens über den logischen Gehalt von Theorien – zum Beispiel von arithmetischen Sätzen – und insbesondere über ihre Wahrheit und Falschheit.

Es ist von Wichtigkeit, daß die Stoiker die Theorie der Welt 3 von den platonischen Ideen auf die Theorien und Sätze ausdehnten. Aber sie führten noch andere drittweltliche sprachliche Objekte ein wie Probleme, Argumente, Untersuchungen; und sie unterschieden weiter solche Objekte wie Gebote, Ermahnungen, Bitten, Verträge und Erzählungen. Auch unterscheiden sie sehr klar zwischen einem persönlichen Zustand der Aufrichtigkeit oder Wahrheit und der objektiven Wahrheit von Theorien oder von Sätzen – das heißt Theorien oder Sätze, die unter das drittweltliche Prädikat »objektiv wahr« fallen.

Ich will nun zwischen zwei Gruppen von Philosophen unterscheiden. Die erste besteht aus jenen, die, wie Platon, eine autonome Welt 3 akzeptieren und sie als übermenschlich ansehen und daher als göttlich und ewig.

Die zweite Gruppe besteht aus jenen, die wie Locke oder Mill oder Dilthey darauf hinweisen, daß die *Sprache*, und was sie »ausdrückt« oder »mitteilt«, Menschenwerk ist. Daher sehen sie die Sprache und alles Sprachliche als zu den beiden ersten Welten gehörig an und verwerfen die Annahme einer Welt 3. Es ist recht interessant, daß die meisten Geisteswissenschaftler und insbesondere die Kulturhistoriker zur Gruppe derer gehören, die die Welt 3 verwerfen.

Die erste Gruppe, die der Platoniker, stützte sich darauf, daß es ewige Wahrheiten gibt: Ein unzweideutig formulierter Satz ist entweder wahr oder falsch; und er ist das in einem zeitlosen Sinn. Diese Tatsache scheint entscheidend zu sein: Ewige Wahrheiten müssen wahr gewesen sein, bevor es Menschen gab; sie können also nicht von uns stammen.

Die Philosophen der zweiten Gruppe stimmen darin überein, daß solche ewige Wahrheiten nicht von uns stammen können; aber sie schließen daraus, daß es ewige Wahrheiten nicht gibt.

Ich glaube, daß es möglich ist, eine Position einzunehmen, die von beiden dieser Gruppen abweicht. Ich schlage vor, die Realität und insbesondere die Autonomie der Welt 3 zu akzeptieren – das heißt ihre Unabhängigkeit von menschlicher Willkür –, aber gleichzeitig zuzugeben, daß die Welt 3 ursprünglich als ein Produkt der menschlichen Tätigkeit entstanden ist. Man kann zugeben, daß die Welt 3 Menschenwerk ist und gleichzeitig übermenschlich, in einem völlig klaren Sinn.

Daß die Welt 3 keine Fiktion ist, sondern »wirklich« existiert, wird klar, wenn man sich nur überlegt, wie groß ihre Wirkung – vermittelt durch die Welt 2 – auf die Welt 1 ist. Man denke nur an die Wirkung der Theorie der elektrischen Kraftübertragung oder der Atomtheorie auf unsere anorganische und organische physische Umwelt oder an die Wirkung von ökonomischen Theorien auf Entscheidungen wie die, ein Schiff oder ein Flugfeld zu bauen.

Die Position, die ich hier vorschlage, besagt, daß die Welt 3, genauso wie die menschliche Sprache, ein Produkt der Menschen ist, so wie Honig ein Produkt der Bienen. Wie die Sprache (und wie auch vermutlich der Honig) ist auch die Welt 3 ein *unbeabsichtigtes und ungeplantes* Nebenprodukt menschlicher (oder tierischer) Handlungen.

Betrachten wir zum Beispiel die Zahlentheorie. Im Gegensatz zu Kronecker sehe ich die Zahlenreihe der ganzen Zahlen als Menschenwerk an. Sie ist ein Produkt der menschlichen Sprache und des menschlichen Denkens. Dennoch gibt es unendlich viele ganze Zahlen und daher mehr – unendlich viel mehr –, als je von Menschen ausgesprochen oder von einem Computer verwendet werden können. Und es gibt unendlich viele wahre Gleichungen zwischen solchen Zahlen und unendlich viele falsche Gleichungen, mehr als wir je als »wahr« oder »falsch« bezeichnen können. Sie alle sind Bewohner, Objekte, der Welt 3.

Aber noch wichtiger ist, daß neue und unerwartete *Probleme* als unbeabsichtigte Nebenprodukte in der Folge der natürlichen Zahlen auftreten; zum Beispiel die ungelösten Probleme der Primzahltheorie (wie zum Beispiel die Goldbachsche Vermutung). Diese Probleme sind offenkundig *autonom*. Sie sind von uns unabhängig, sie werden von uns *entdeckt*. Sie existieren, unentdeckt, bevor wir sie entdecken. Auch gibt es unter diesen ungelösten Problemen solche, die unlösbar sind.

In unserem Bemühen, diese oder andere *Probleme* zu lösen, bauen wir neue *Theorien* auf. Diese Theorien sind unser Werk: Sie sind das Resultat unseres kritischen und schöpferischen Denkens. Aber ob diese Theorien (zum Beispiel die Goldbachsche Vermutung) wahr oder falsch ist, hängt nicht von uns ab. Und jede neue Theorie schafft aus sich selbst neue, unbeabsichtigte und ungeahnte Probleme – autonome Probleme, die von uns entdeckt werden können.

Das erklärt, wie es möglich ist, daß die Welt 3 genetisch unser Werk ist, obwohl sie in einem anderen Sinn wenigstens teilweise autonom ist. Es erklärt, wie es möglich ist, daß wir auf die Welt 3 einwirken können, daß wir einen Beitrag zur Welt 3 leisten können, daß wir ihr Wachstum beeinflussen können, obwohl es keinen Menschen gibt, der auch nur den kleinsten Winkel dieser Welt geistig völlig überblickt. Wir alle tragen zum Wachstum der Welt 3 bei, obwohl der Beitrag jedes einzelnen verschwindend klein ist. Wir alle versuchen, die Welt 3 zu verstehen, und wir können nicht leben, ohne mit ihr in Wechselwirkung zu stehen, denn wir alle machen Gebrauch von der Sprache.

Die Welt 3 ist nicht nur über das Verständnis eines jeden einzelnen hinausgewachsen, sie ist sogar über das Verständnis aller Menschen hinausgewachsen, in einem scharf faßbaren Sinn.[1] Ihr Einfluß auf unser geistiges Wachstum und damit auch auf ihr eigenes Wachstum ist noch größer und noch wichtiger als unser sehr wichtiger schöpferischer Einfluß auf sie. Denn fast alles geistige Wachstum des Menschen ist das Resultat einer Rückkoppelung: Sowohl unser eigenes intellektuelles wie auch das Wachstum der Welt 3 kommt daher, daß ungelöste Probleme uns zu Lösungsversuchen herausfordern; und da viele Probleme für immer ungelöst und unentdeckt bleiben, so wird es immer Gelegenheit für kritisches und schöpferisches Wirken geben, obwohl – oder gerade weil – die Welt 3 autonom ist.

---

1 Denn es läßt sich zeigen (A. Tarski, A. Mostowski, R. M. Robinson, *Undecidable Theories*, Amsterdam 1953, siehe besonders Anm. 13 auf S. 60f.), daß das (vollständige) System aller wahren Sätze der Arithmetik der ganzen Zahlen nicht axiomatisierbar und (wesentlich) unentscheidbar ist. Es folgt daraus, daß es in der Arithmetik immer unendlich viele ungelöste Probleme geben wird. Es ist interessant, daß wir solche ungeahnte und von unserem Bewußtsein ganz unabhängige Entdeckungen über die Welt 3 machen können. (Dieses Resultat geht im wesentlichen auf eine bahnbrechende Arbeit von Kurt Gödel zurück.)

Das Problem des Verstehens, insbesondere in der Geschichte

Ich hatte hier einige Gründe anzuführen, die die These von der Existenz einer autonomen Welt 3 erklären und unterstützen, weil ich beabsichtige, das alles auf das sogenannte Problem des Verstehens anzuwenden. Dieses Problem wird seit langem von den Geisteswissenschaftlern als eines ihrer Kernprobleme betrachtet.

Ich will hier kurz die These vertreten, daß die Hauptaufgabe der Geisteswissenschaften das Verstehen von Dingen ist, die zur Welt 3 gehören. Es scheint mir, daß diese These in einem ziemlich scharfen Gegensatz zu einem Dogma steht, das von fast allen Geisteswissenschaftlern und insbesondere von den meisten Historikern als fundamental akzeptiert wird, und insbesondere von jenen, die am Verstehen interessiert sind. Das Dogma, auf das ich hier anspiele, besagt, daß die Objekte des Verstehens als Produkte menschlichen Handelns der Welt 2 angehören und daß sie daher hauptsächlich mit den Mitteln der Psychologie (einschließlich der Sozialpsychologie) zu erfassen und zu erklären sind.

Ich gebe gerne zu, daß der Akt oder der Prozeß des Verstehens eine subjektive oder persönliche oder psychologische Komponente enthält. Aber wir müssen den *Akt* von seinem mehr oder weniger erfolgreichen *Resultat* unterscheiden: von dem vielleicht nur provisorischen Resultat, dem erzielten Verständnis, der *Interpretation*, mit der wir versuchsweise arbeiten, und die wir weiter verbessern können. Die Interpretation kann ihrerseits als ein drittweltliches Produkt eines zweitweltlichen Aktes angesehen werden, aber auch als ein subjektiver Akt. Aber selbst wenn wir sie als einen subjektiven Akt ansehen, so entspricht diesem Akt in jedem Falle auch ein drittweltliches Objekt. Ich behaupte, daß das von entscheidender Bedeutung ist. Als drittweltliches Objekt betrachtet ist die Interpretation immer eine Theorie. Sehen wir zum Beispiel eine Geschichtsinterpretation, eine geschichtliche Erklärung an. Sie kann mit einer Kette von Argumenten unterstützt werden sowie durch Dokumente, Inschriften und andere geschichtliche Belege. Damit erweist sich die Interpretation als eine Theorie und, wie jede Theorie, als verankert in anderen Theorien und anderen drittweltlichen Objekten. Ferner entsteht ein drittweltliches Problem: das Problem des Erkenntniswertes einer Interpretation und ihres Wertes für das Verstehen.

Aber sogar der subjektive Akt des Verstehens kann seinerseits nur in seinen Beziehungen zu drittweltlichen Objekten verstanden werden. Denn ich behaupte über diesen subjektiven Akt des Verstehens folgendes:

1. daß jeder solche Akt in der Welt 3 verankert ist;
2. daß fast alle wichtigeren Bemerkungen, die wir über einen solchen Akt machen können, darin bestehen, daß wir Beziehungen zu drittweltlichen Objekten aufzeigen; und
3. daß ein solcher Akt selbst in nichts anderem besteht als darin, daß wir mit drittweltlichen Objekten ganz ähnlich wie mit physischen Dingen operieren.

Ein Beispiel für historisches Verstehen im objektiven Sinn

Alles das gilt insbesondere für das historische Verstehen. Das Hauptziel des historischen Verstehens ist die hypothetische Rekonstruktion einer geschichtlichen *Problemsituation*.

Ich will diese These mit Hilfe von ein paar (notwendigerweise kurzen) historischen Bemerkungen über Galileis Theorie von Ebbe und Flut illustrieren. Diese Theorie hat sich als »verfehlt« herausgestellt (da sie den Einfluß des Mondes auf die Gezeiten leugnet), und Galilei wurde sogar noch in unserer Zeit persönlich angegriffen (von Arthur Köstler), weil er an einer so offenkundig falschen Theorie so hartnäkkig festhielt.

Galileis Theorie erklärt, in Kürze, die Gezeiten als Folge von Beschleunigungen, die ihrerseits eine Folge der Erdbewegung sind. Wenn nämlich die gleichmäßig rotierende Erde um die Sonne kreist, dann ist die Geschwindigkeit eines Oberflächenpunktes, der sich auf der von der Sonne abgewandten Seite befindet, größer als die Geschwindigkeit desselben Punktes, wenn er sich auf der der Sonne zugewandten Seite befindet. (Denn wenn B die Bahngeschwindigkeit der Erde ist und R die Rotationsgeschwindigkeit eines Punktes am Äquator, dann ist die Geschwindigkeit dieses Punktes $B + R$ um Mitternacht und $B - R$ am Mittag.) Diese Geschwindigkeitsänderungen bedeuten, daß periodische Verzögerungen und Beschleunigungen

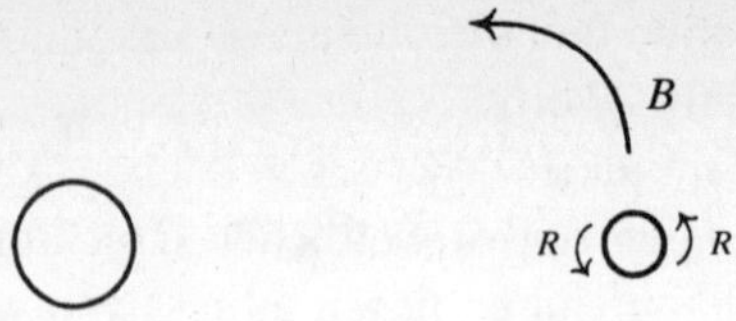

auftreten müssen. Aber periodische Verzögerungen und Beschleunigungen eines Wasserbeckens führen, sagt Galilei, zu Erscheinungen wie Ebbe und Flut. (Galileis Theorie ist plausibel, aber in dieser Form unrichtig: Außer den konstanten Rotationsbeschleunigungen – das heißt Zentripetalbeschleunigungen –, die auch dann auftreten, wenn *B* gleich null ist, treten keine weiteren Beschleunigungen auf, also insbesondere keine periodischen Beschleunigungen.[2]

Was können wir tun, um unser historisches Verständnis dieser so oft mißdeuteten Theorie zu vertiefen? Ich behaupte, daß der erste und entscheidend wichtige Schritt ist, uns zu fragen: Was war das drittweltliche *Problem*, das Galilei mit seiner Theorie zu lösen versuchte? Und was war die Situation, in der das Problem auftrat, die logische *Problemsituation*?

Das Problem war, einfach die Gezeiten zu erklären. Aber die Problemsituation ist nicht so einfach.

Es ist klar, daß Galilei an dem, was ich hier eben sein Problem genannt habe, gar nicht unmittelbar interessiert war. Denn es war ein ganz anderes Problem, durch das er zum Gezeitenproblem geführt wurde: das Problem der Erdbewegung, das Problem der Wahrheit oder Falschheit der kopernikanischen Theorie. Was Galilei hoffte, war, daß er in einer erfolgreichen Gezeitentheorie ein entscheidendes Argument für die kopernikanische Erdbewegung finden würde.

---

2 Man könnte sagen, daß Galileis kinematische Theorie dem sogenannten Galileischen Relativitätsprinzip widerspricht. Aber diese Kritik wäre historisch und theoretisch verfehlt, da dieses Prinzip sich nicht auf rotierende Bewegungen bezieht. Galileis physikalische Intuition – daß die Erdrotation nicht-relativistische mechanische Konsequenzen hat – war richtig; und obwohl diese Konsequenzen (Kreiselbewegung, Foucaultsches Pendel usw.) die Gezeiten nicht erklären, so ist zumindest die Corioliskraft nicht ohne Einfluß auf sie. Überdies erhalten wir periodische kinematische Beschleunigungen, sobald wir die Krümmung der Erdbahn einbeziehen.

Was ich die *Problemsituation* nenne, stellt sich daher als ein Komplex heraus: Die Problemsituation enthält das Gezeitenproblem, aber in der spezifischen Rolle eines Prüfsteines der kopernikanischen Theorie. Aber auch das genügt noch nicht zum Verständnis von Galileis Problemsituation.

Galilei wurde zunächst, als echter Kosmologe und Theoretiker, von der unglaublichen Kühnheit und Einfachheit des kopernikanischen Grundgedankens angezogen, daß die Erde, so wie die andern Planeten, gewissermaßen ein Mond der Sonne ist.

Die Erklärungskraft dieses kühnen Gedankens war groß, und als Galilei in seinem Teleskop die Jupitermonde entdeckte und in ihnen ein Miniaturmodell für das kopernikanische Sonnensystem erkannte, so fand er hier eine empirische Bestätigung dieser kühnen und fast aprioristischen Idee. Auch gelang es ihm, eine Voraussage auf die Probe zu stellen. Denn die kopernikanische Theorie sagte voraus, daß die inneren Planeten Phasen zeigen müssen, entsprechend den Phasen des Mondes; und Galilei entdeckte die Phasen der Venus.

Die kopernikanische Theorie war im wesentlichen ein geometrisch-kosmologisches Modell, konstruiert mit geometrischen (und kinematischen) Mitteln. Aber Galilei war Physiker. Er wußte, daß es in letzter Linie um eine mechanisch-physikalische Erklärung ging; und er fand einige wichtige Elemente dieser Erklärung, insbesondere das Trägheitsgesetz und den entsprechenden Erhaltungssatz für (rotierende) Kreisbewegungen.

Mit diesen beiden Gesetzen (die er wohl für *ein* Gesetz hielt), versuchte Galilei durchzukommen, obwohl er sich der Lückenhaftigkeit seines physikalischen Wissens voll bewußt war. Damit war er methodisch völlig im Recht; denn nur wenn wir versuchen, unsere fehlerhaften Theorien bis zur äußersten Grenze ihrer Leistungsfähigkeit auszunützen, können wir hoffen, aus ihren Schwächen zu lernen.

Das erklärt, warum Galilei, obwohl er von Keplers Schriften wußte, an der *Hypothese der Kreisbewegung* festhielt; und er war darin gerechtfertigt. Es wird oft gesagt, daß er die Schwierigkeiten der kopernikanischen Kreise verbarg und daß er die kopernikanische Theorie in unerlaubter Weise vereinfachte; auch daß er Keplers Gesetze hätte akzeptieren sollen. Aber das alles sind Fehler des historischen Verstehens, Fehler in der Analyse der drittweltlichen Problemsituation. Galilei war völlig im Recht, wenn er mit kühnen Übervereinfachungen arbeitete: Keplers Ellipsen waren ebenso kühne Übervereinfachungen; nur hatte Kepler das Glück, daß seine Übervereinfachungen später von Newton als Prüfstein seiner Zweikörpertheorie verwendet werden konnten und damit erklärt wurden.

Warum aber verwarf Galilei in seiner Gezeitentheorie den Einfluß des Mondes? Diese Frage führt zu einer überaus wichtigen Komponente der Problemsituation. Erstens war Galilei ein Gegner der Astrologie, die die Planeten als Götter interpretiert; in diesem Sinn war er ein Aufklärer und ein Gegner der Astrologie Keplers, obwohl er Kepler bewunderte.[3] Zweitens arbeitete er mit einem mechanischen Erhaltungssatz der Rotationsbewegung, und dieser schien interplanetare Einflüsse auszuschließen. Es war methodisch völlig richtig, ernsthaft zu versuchen, die Gezeiten auf dieser engen Basis zu erklären; ohne diesen Versuch hätte man niemals wissen können, daß die Erklärungsbasis zu eng war und daß eine weitere Idee, Newtons Idee der Anziehungskraft und der Fernwirkung, eingeführt werden mußte; eine Idee, die fast astrologischen Charakter hatte und von Aufklärern und Aufgeklärten (und von Newton selbst) als okkult empfunden wurde.

Die Analyse von Galileis Problemsituation führt auf diese Weise zu einer rationalen Erklärung von Galileis Vorgehen in mehreren Punkten, in denen er von verschiedenen Historikern angegriffen worden ist, und damit zum besseren Verständnis von Galilei. Psychologische Erklärungsgründe wie Ehrgeiz, Eifersucht, Sensationslust, Streitlust und »Besessenheit« von einer fixen Idee werden überflüssig.

Ähnlich wird es überflüssig, Galileis Festhalten an der Kreisbewegung als »dogmatisch« zu kritisieren, oder die »geheimnisvolle Kreisbewegung« (Dilthey) als eine archetypische Idee einzuführen oder zu psychologisieren. Denn Galilei ging völlig richtig vor, wenn er versuchte, mit dem Satz von der Erhaltung der Rotationsbewegung auszukommen. (Es gab ja noch keine Dynamik.)

---

3 Siehe dazu mein Buch *Conjectures and Refutations*, (deutsch: *Vermutungen und Widerlegungen*), in dem ich zeige, daß Newtons Gravitationstheorie – die Theorie des »Einflusses« der Planeten aufeinander und des Mondes auf die Erde – von der Astrologie übernommen wurde.

Verallgemeinerung

An die Stelle psychologischer Erklärungsprinzipien treten also drittweltliche und hauptsächlich logische Überlegungen, und darin zeigt sich, daß unser historisches Verständnis gewachsen ist.

Diese drittweltliche Methode des historischen Verstehens und Erklärens kann auf alle historischen Probleme angewendet werden; ich habe sie die »Methode der Situationsanalyse« (oder der »Situationslogik«) genannt.[4] Es ist eine Methode, die überall, wo es möglich ist, anstelle von psychologisierenden Erklärungen drittweltliche, und zwar großenteils logische Beziehungen als Grundlage des historischen Verstehens und Erklärens heranzieht, einschließlich den Theorien oder Hypothesen, die von den handelnden Menschen vorausgesetzt wurden.

Die These, die ich hier unterbreiten wollte, möchte ich abschließend folgendermaßen zusammenfassen: Die Theorie des Verstehens muß ihre psychologisierende Methode aufgeben und auf einer Theorie der Welt 3 aufgebaut werden.[5]

---

4 Siehe meine Bücher *Das Elend des Historizismus* und *Die offene Gesellschaft und ihre Feinde*.

5 Damit wird die sogenannte »Hermeneutik« überflüssig, beziehungsweise radikal vereinfacht.)

III.

Von den Neuesten ... Zusammengestohlen aus Verschiedenem, Diesem und Jenen

Dieser Titel ist gestohlen. Er stammt aus einer Bemerkung, die Beethoven auf das Manuskript eines Streichquartettes geschrieben hat: »viertes Quartett, von den Neuesten, für 2 Violinen, Bratsche und Violoncell. Zusammengestohlen aus Verschiedenem, Diesem und Jenen.«

13. Wie ich die Philosophie sehe

(gestohlen von Fritz Waismann und von einem der ersten Mondfahrer)

I

Ein berühmter und geistvoller Aufsatz meines 1959 verstorbenen Freundes Friedrich Waismann trägt den Titel: »Wie ich die Philosophie sehe«[1]. Vieles an diesem Aufsatz bewundere ich, und in mehreren Punkten stimme ich mit ihm überein, obgleich meine Einstellung von der seinen gänzlich verschieden ist.

Fritz Waismann und viele seiner Kollegen halten es für ausgemacht, daß Philosophen eine besondere Art von Menschen sind und daß man die Philosophie als ihre besondere Angelegenheit betrachten muß. Was er in seinem Aufsatz mit Beispielen zu belegen versucht, ist der besondere Charakter des Philosophen und der besondere Charakter der Philosophie, verglichen mit anderen akademischen Disziplinen wie Mathematik oder Physik. So versucht er, eine Beschreibung der Interessen und Tätigkeiten zeitgenössischer akademischer Philosophen zu geben und zu erklären, weshalb man sagen kann, daß sie das fortsetzen, was die großen Philosophen der Vergangenheit beschäftigte.

Das alles ist höchst interessant; und darüber hinaus zeigt Waismann, daß er mit dieser akademischen Tätigkeit sympathisiert, ja sogar an ihr persönlich stark beteiligt ist. Offensichtlich ist er selbst mit Leib und

---

Veröffentlicht in: *Theorie und Politik aus kritisch-rationaler Sicht*, hrsg. von Georg Lührs, Thilo Sarrazin, Frithjof Spreer und Manfred Tietzel, Berlin/Bonn 1978. Übersetzt aus dem Englischen (»How I See Philosophy«) von Willy Hochkeppel.

1 F. Waismann, in H. D. Lewis (Hrsg.), *Contemporary British Philosophy*, 3. Serie, 2. Aufl., George Allen & Unwin Ltd., London 1961, S. 447–490.

Seele Philosoph, im Sinne dieser ausgewählten Gruppe von Philosophen, und offensichtlich will er uns mit dem Enthusiasmus anstekken, der die besten Mitglieder dieser exklusiven Gemeinschaft bewegt.

II

Ich sehe die Philosophie völlig anders. Ich glaube, daß alle Menschen Philosophen sind, wenn auch manche mehr als andere. Ich stimme natürlich zu, daß es so etwas wie eine besondere und exklusive Gruppe von akademischen Philosophen gibt, aber ich teile keineswegs Waismanns Begeisterung für die Tätigkeit und die Ansichten dieser Philosophen. Im Gegenteil, ich meine, daß viel für jene Leute spricht (auch sie sind in meinen Augen eine Art von Philosophen), die der akademischen Philosophie mißtrauen. Jedenfalls bin ich ein entschiedener Gegner einer Theorie, die unausgesprochen und ungeprüft dem brillanten Essay Waismanns zugrunde liegt. Ich meine die Theorie von der Existenz einer intellektuellen und philosophischen *Elite*.[2]

Ich gebe natürlich zu, daß es einige wenige wirklich große Philosophen gab und auch eine kleine Zahl von solchen Philosophen, die bewundernswert waren, auch wenn nicht wirklich groß. Aber wenn auch das, was sie hervorgebracht haben, für akademische Philosophen von Bedeutung ist, so ist die Philosophie doch nicht in dem Sinne ihr Werk, in dem die Malerei das Werk der großen Maler oder die Musik das Werk der großen Komponisten ist. Und überdies nimmt die große Philosophie, wie zum Beispiel die der griechischen Vorsokratiker, fast die ganze akademische und Berufsphilosophie vorweg.

---

2 Diese Idee wird in Bemerkungen Waismanns deutlich, wie zum Beispiel: »In der Tat, der Philosoph ist ein Mensch, der die versteckten Risse im Aufbau unserer Begriffe spürt, dort wo andere nur den ausgetretenen Pfad der Alltäglichkeit vor sich sehen.« Ibid., S. 448.

III

Meiner Ansicht nach hat die professionelle Philosophie einiges auf dem Gewissen. Eine »apologia pro vita sua«, eine Rechtfertigung ihrer Existenz, ist dringend nötig. Ich meine sogar, daß die Tatsache, daß ich selbst ein Berufsphilosoph bin, ernsthaft gegen mich spricht: ich empfinde es als eine Anklage. Ich erkläre mich für schuldig; aber ich biete, wie Sokrates, eine Verteidigung an.

Ich denke hier an Platons »Apologie des Sokrates«, weil ich dieses Werk von allen Werken der Philosophie am meisten bewundere. Ich vermute, daß die »Apologie« historisch echt ist: daß sie im großen und ganzen ein getreuer Bericht von dem ist, was Sokrates vor dem athenischen Gerichtshof sagte. Ich bewundere sie: Hier spricht ein Mann, bescheiden, mit Selbstironie, und furchtlos. Und seine Verteidigung ist sehr einfach: Er betont, daß er sich seiner intellektuellen Grenzen bewußt ist; daß er nicht weise ist, außer vielleicht darin, daß er weiß, wie wenig er weiß; daß er selbstkritisch ist, und ein Kritiker jedes hochtrabenden Jargons; vor allem aber ein Freund seiner Mitmenschen und ein loyaler Bürger des athenischen Staates. Das ist nicht nur eine Verteidigung des Sokrates; es ist, in meinen Augen, auch eine eindrucksvolle Verteidigung der Philosophie.

IV

Was aber ist die Anklage gegen die Philosophie? Viele Philosophen, darunter einige der größten, haben meiner Meinung nach Schwerwiegendes auf dem Gewissen. Ich will vier von den größten erwähnen: Platon, Hume, Spinoza und Kant.

Platon, der größte, tiefste und genialste aller Philosophen, hatte eine Auffassung vom menschlichen Leben, die ich abstoßend und geradezu erschreckend finde. Dabei war er nicht nur ein großer Philosoph und der Gründer der bedeutendsten professionellen Schule der Philosophie, sondern auch ein inspirierter Dichter, der neben anderen wunderbaren Werken »Die Apologie des Sokrates« schrieb.

Seine Schwäche war, wie die so vieler berufsmäßiger Philosophen nach ihm, daß er, ganz im Gegensatz zu Sokrates, an die Theorie der Elite glaubte. Während Sokrates von einem Staatsmann Weisheit verlangte und damit meinte, daß er sich darüber klar sein sollte, wie wenig er wisse, forderte Platon, daß der weise, der gelernte Philosoph ein Staatsmann, ja ein absoluter Herrscher sein sollte. (Seit Platon ist der Größenwahn die am weitesten verbreitete Berufskrankheit der Philosophen.) Im zehnten Buch der »Gesetze« führt er sogar eine Institution ein, die zum Vorbild der Inquisition wurde und der Konzentrationslager. Und er empfahl dort Konzentrationslager mit Einzelhaft als ein Mittel, um Andersdenkende – Dissidenten – zu kurieren.

David Hume, der kein Berufsphilosoph war und, neben Sokrates, vielleicht der aufrichtigste und ausgeglichenste unter den großen Philosophen und dabei ein bescheidener, rationaler und recht leidenschaftsloser Mann, wurde durch eine unglückliche und irrige psychologische Theorie (und durch eine Erkenntnistheorie, die ihn lehrte, seinen eigenen, sehr bemerkenswerten Verstandeskräften zu mißtrauen) dazu verführt, die folgende erschreckende Theorie zu vertreten, die viele Anhänger gefunden hat:

»Die Vernunft ist die Sklavin der Leidenschaften; und sie soll es sein und bleiben. Sie kann nie eine andere Rolle beanspruchen als den Leidenschaften zu dienen und ihnen zu gehorchen.«[3]

Ich bin durchaus bereit zuzugeben, daß ohne Leidenschaft noch nie etwas Großes erreicht wurde; aber ich glaube an das genaue Gegenteil von Humes Behauptung. Die Bändigung unserer Leidenschaften durch die sehr begrenzte Vernünftigkeit, deren wir unvernünftige Menschen fähig sind, ist nach meiner Ansicht die einzige Hoffnung für die Menschheit.

Spinoza, der Heilige unter den großen Philosophen und, ebenso wie Sokrates und Hume, kein Berufsphilosoph, lehrte fast genau das Gegenteil von Hume, doch auf eine Weise, die ich nicht nur für falsch, sondern auch für ethisch unannehmbar halte. Er war, ebenso wie Hume, ein Determinist: Er glaubte nicht an den freien Willen des Menschen und hielt die Intuition der Willensfreiheit für eine Täuschung. Und er lehrte, daß die menschliche Freiheit nur darin bestehen kann, daß wir ein klares, deutliches und angemessenes Verständnis von den zwingenden, unausweichlichen Ursachen unseres Handelns haben:

---

3 David Hume, *A Treatise on Human Nature*, 1739–1740; hrsg. von L. A. Selby-Bigge, Clarendon Press, Oxford 1888 (und viele spätere Nachdrucke), Buch II, Teil III, Abschnitt III, S. 415.

»Ein Affekt (das heißt also, eine Leidenschaft) hört auf, eine Leidenschaft zu sein, sobald wir eine klare und deutliche Vorstellung von ihm formen.«[4]

Solange etwas Leidenschaft ist, bleiben wir nach Spinoza in seinen Fängen und sind unfrei; sobald wir eine klare und deutliche Vorstellung davon haben, sind wir zwar immer noch dadurch determiniert, aber wir haben es zu einem Teil unserer Vernunft gemacht. Und das allein ist Freiheit, lehrt Spinoza.

Ich halte diese Lehre für eine unhaltbare und gefährliche Form des Rationalismus, obgleich ich selbst so etwas wie ein Rationalist bin. Erstens glaube ich nicht an den Determinismus, und ich glaube auch nicht, daß Spinoza oder sonst jemand ernste Argumente für den Determinismus vorgebracht hat, oder Argumente, die den Determinismus mit der menschlichen Freiheit (und so mit dem Alltagsverstand) versöhnen. Mir scheint Spinozas Determinismus ein typisches Philosophen-Mißverständnis zu sein, obwohl es natürlich wahr ist, daß *vieles* von dem, was wir tun *(aber nicht alles)*, determiniert und sogar voraussagbar ist. Zweitens, obwohl es wahr sein mag, daß ein Gefühlsausbruch, den Spinoza »Leidenschaft« nennt, uns unfrei macht, so sind wir nach seiner vorhin zitierten Formel nur so lange nicht für unsere Handlung verantwortlich, als wir uns noch keine klare, deutliche und angemessene rationale Vorstellung von Motiven unseres Handelns bilden konnten. Ich dagegen behaupte, daß wir das niemals können; und obwohl es, wie ich glaube (und wie gewiß auch Spinoza meint), ein besonders wichtiges Ziel ist, in unseren Handlungen wie im Umgang mit unseren Mitmenschen Vernunft walten zu lassen, so ist das nicht ein Ziel, von dem jemand jemals sagen kann, daß er es erreicht hat.

Kant, einer der wenigen bewundernswerten, höchst originellen Denker unter den Berufsphilosophen, versuchte, Humes Problem der Sklaverei der Vernunft und Spinozas Problem des Determinismus zu lösen, doch beide Versuche scheiterten.

Dies sind also einige der größten Philosophen; Philosophen, die ich hoch verehre. Jetzt wird man verstehen, warum ich glaube, daß die Philosophie es nötig hat, verteidigt zu werden.

---

4 Benedictus de Spinoza, *Ethica,* Buch V, Proposition III.

V

Ich war nie ein Mitglied des »Wiener Kreises« der logischen Positivisten wie meine Freunde Fritz Waismann, Herbert Feigl und Viktor Kraft, obwohl Otto Neurath mich die »offizielle Opposition« nannte. Ich wurde nie zu einem Treffen des Kreises eingeladen, vielleicht wegen meiner wohlbekannten Gegnerschaft zum Positivismus. (Ich hätte mit Vergnügen eine Einladung angenommen, nicht nur, weil einige Mitglieder des Kreises meine Freunde waren, sondern auch, weil ich für einige andere Mitglieder die größte Hochachtung hatte.) Unter dem Einfluß von Ludwig Wittgensteins »Tractatus logico-philosophicus« war der »Wiener Kreis« nicht nur antimetaphysisch, sondern antiphilosophisch geworden.

Moritz Schlick, der Leiter des Kreises[5], formulierte das durch seine Prophezeiung, daß die Philosophie, da sie nie sinnvoll, sondern immer nur »bedeutungsleere Worte« redet, bald verschwinden werde, weil die Philosophen finden werden, daß »die Zuschauer« nicht mehr da sind, sondern »sich allmählich fortgeschlichen haben«.

Waismann war lange Jahre mit Wittgenstein und Schlick einer Meinung. Ich glaube, daß sein Enthusiasmus für die Philosophie der Enthusiasmus des Bekehrten ist.

Ich habe immer die Philosophie und sogar die Metaphysik gegen den Wiener Kreis verteidigt, obwohl ich zugeben mußte, daß die Philosophen nicht gerade erfolgreich waren. Denn ich glaubte, daß viele Leute, darunter ich selbst, echte philosophische Probleme haben; Probleme von unterschiedlicher Ernsthaftigkeit und Schwierigkeit. Und ich glaubte, daß manche dieser Probleme lösbar sein könnten.

Tatsächlich ist das Vorhandensein dringlicher und ernsthafter philosophischer Probleme und die Notwendigkeit, sie kritisch zu diskutieren, meiner Ansicht nach die einzige Entschuldigung für das, was man akademische Philosophie oder Berufsphilosophie nennen kann.

Wittgenstein und der »Wiener Kreis« leugneten die Existenz ernst-

---

5 Der Wiener Kreis war Schlicks privates Seminar, und die Mitglieder wurden von Schlick persönlich eingeladen. (Die zitierten Worte sind aus den beiden abschließenden Paragraphen S. 10f., von Moritz Schlick, »Die Wende der Philosophie«, *Erkenntnis* 1, S. 4–11).

hafter philosophischer Probleme. Am Ende des »Tractatus« heißt es, daß die Probleme der Philosophie, einschließlich derjenigen des »Tractatus« selbst, Schein-Probleme sind, die dadurch entstehen, daß man seinen Worten keinen Sinn gegeben hat. Diese Theorie mag durch Russells Auflösung der logischen Paradoxien als Scheinsätze angeregt worden sein; als Sätze, die weder wahr noch falsch, sondern sinnlos sind. Das führte zu der modernen philosophischen Technik, unbequeme Sätze und Probleme als »sinnlos« abzutun. Wittgenstein leugnete, daß es echte Probleme oder echte Rätsel (»riddles«) gibt; und später sprach er meist von »puzzles«, also von Verlegenheiten oder Mißverständnissen, die durch den philosophischen Mißbrauch der Sprache entstünden. Ich kann dazu nur sagen, daß es für mich keine Entschuldigung gäbe, Philosoph zu sein, wenn ich keine ernsthaften philosophischen Probleme hätte und keine Hoffnung, sie zu lösen: Es gäbe dann meiner Meinung nach auch keine Entschuldigung für die Existenz der Philosophie.

VI

Ich will jetzt eine Liste von neun Auffassungen von der Philosophie und von Tätigkeiten aufstellen, die häufig als charakteristisch für die Philosophie angesehen werden, meiner Ansicht nach aber unbefriedigend sind. Für diesen Abschnitt möchte ich den Titel wählen: »Wie ich die Philosophie *nicht* sehe.«

Erstens: Die Aufgabe der Philosophie ist nicht das Auflösen von Mißverständnissen, obwohl solche Auflösungen manchmal notwendige Vorarbeiten sein können.

Zweitens: Ich halte die Philosophie nicht für eine Galerie von Kunstwerken, von verblüffenden und originellen Weltbildern oder von klugen und ungewöhnlichen Beschreibungen der Welt. Ich glaube, wir tun den großen Philosophen schweres Unrecht, wenn wir die Philosophie so verstehen.

Die großen Philosophen verfolgten nicht rein ästhetische Ziele. Sie wollten nicht Baumeister scharfsinniger Systeme sein. Sie waren vor allem Wahrheitssucher, ebenso wie die großen Wissenschaftler. Sie suchten nach Lösungen von echten Problemen. Ich sehe die Geschichte der großen Philosophien ganz wesentlich als einen Teil der

Geschichte der Wahrheitssuche, und ich lehne ihre rein ästhetische Beurteilung ab, obwohl ich zugebe, daß Schönheit in der Philosophie wie in der Wissenschaft von großer Bedeutung ist.

Ich bin sehr für intellektuellen Wagemut. Wir können nicht intellektuelle Feiglinge und Wahrheitssucher zugleich sein. Wer die Wahrheit sucht, muß es wagen, weise zu sein: *Sapere aude!* Er muß es wagen, ein Revolutionär auf dem Gebiete des Denkens zu sein.

Drittens: Ich betrachte die Geschichte der philosophischen Systeme nicht als eine Geschichte von intellektuellen Bauwerken, an denen alle möglichen Ideen ausprobiert werden und in denen die Wahrheit vielleicht als ein Nebenprodukt zum Vorschein kommt. Ich glaube, wir tun den wahrhaft großen Philosophen der Vergangenheit unrecht, wenn wir auch nur einen Moment lang daran zweifeln, daß jeder von ihnen sein System aufgegeben hätte, wenn er sich davon überzeugt hätte, daß es vielleicht brillant sei, aber keinen Schritt in der Richtung auf die Wahrheit hin darstellte. (Das ist übrigens der Grund, warum ich Fichte oder Hegel nicht für große Philosophen halte: ich mißtraue ihrer Wahrheitsliebe.)

Viertens: Ich halte die Philosophie nicht für einen Versuch zur Analyse oder »Explikation« von Begriffen, Worten oder Sprachen.

Begriffe oder Worte sind bloß Werkzeuge zur Formulierung von Aussagen, Annahmen oder Theorien. Begriffe oder Worte als solche können weder wahr noch falsch sein. Sie dienen nur der beschreibenden und begründenden menschlichen Sprache. Es sollte nicht unser Ziel sein, *Bedeutungen* zu analysieren, sondern nach interessanten und *bedeutsamen Wahrheiten* zu suchen; das heißt, nach *wahren Theorien.*

Fünftens: Ich halte die Philosophie nicht für ein Mittel zu zeigen, wie gescheit man ist.

Sechstens: Ich halte die Philosophie nicht für eine intellektuelle Therapie (wie Wittgenstein), für eine Tätigkeit, durch die man die Leute aus ihren philosophischen Verwirrungen befreit. Meiner Ansicht nach hat Wittgenstein – in seinem späteren Werk – nicht der Fliege den Weg aus der Flasche gezeigt (wie er hoffte). Vielmehr halte ich die Fliege, die nicht aus der Flasche kann, für ein treffendes Selbstporträt Wittgensteins. (Wittgenstein war offenbar ein wittgensteinischer Fall, so wie Freud ein freudischer Fall und Adler ein adlerischer Fall war.)

Siebtens: Ich sehe in der Philosophie nicht das Bestreben, sich präziser oder exakter auszudrücken. Präzision und Exaktheit sind keine intellektuellen Werte an sich, und wir sollten nie versuchen, präziser und exakter zu sein, als es das vorliegende Problem erfordert.

Achtens: Daher halte ich die Philosophie nicht für das Bemühen, die Grundlagen oder den begrifflichen Rahmen zur Lösung von Problemen zu liefern, die in der näheren oder ferneren Zukunft auftreten mögen. Das tat John Locke; er wollte einen Essay über Ethik schreiben, und dazu hielt er es für nötig, begriffliche Vorarbeiten zu leisten. Sein »Essay« besteht aus diesen Vorarbeiten; und die englische Philosophie ist seitdem mit wenigen Ausnahmen – etwa einigen der politischen Essays von Locke und Hume – in diesen Vorarbeiten steckengeblieben.

Neuntens: Ich verstehe die Philosophie auch nicht als Ausdruck des Zeitgeistes. Das ist eine Hegelsche Idee, die der Kritik nicht standhält. Es gibt allerdings Moden in der Philosophie wie in der Wissenschaft. Aber wer ernsthaft nach der Wahrheit sucht, wird nicht der Mode folgen, er wird vielmehr den Moden mißtrauen und sie sogar bekämpfen.

VII

Alle Menschen sind Philosophen. Auch wenn sie sich nicht bewußt sind, philosophische Probleme zu haben, so haben sie doch jedenfalls philosophische Vorurteile. Die meisten davon sind Theorien, die sie als selbstverständlich akzeptieren: Sie haben sie aus ihrer geistigen Umwelt oder aus der Tradition übernommen.

Da nur wenige solcher Theorien uns ganz zum Bewußtsein kommen, sind sie Vorurteile in dem Sinne, daß sie ohne kritische Prüfung vertreten werden, obwohl sie von großer Bedeutung für das praktische Handeln und für das ganze Leben der Menschen sein können.

Es ist eine Rechtfertigung der Existenz der professionellen oder akademischen Philosophie, daß es notwendig ist, diese weitverbreiteten und einflußreichen Theorien kritisch zu untersuchen und zu überprüfen.

Solche Theorien sind die Ausgangspunkte aller Wissenschaft und aller Philosophie. Sie sind *unsichere* Ausgangspunkte. Jede Philosophie muß mit den unsicheren und oft verderblichen Ansichten des unkritischen Alltagsverstandes anfangen. Ziel ist der aufgeklärte, kritische Alltagsverstand, die Erreichung eines Standpunktes, der der Wahrheit näher ist, und der einen weniger schlimmen Einfluß auf das menschliche Leben hat.

VIII

Ich möchte hier einige Beispiele von weitverbreiteten und gefährlichen philosophischen Vorurteilen anführen.

Es gibt eine sehr einflußreiche philosophische Auffassung vom Leben, die meint, irgend jemand müsse verantwortlich sein, wenn etwas Böses (oder etwas äußerst Unerwünschtes) in dieser Welt geschieht: Jemand muß es getan haben, und zwar absichtlich. Diese Auffassung ist sehr alt. Bei Homer waren die Eifersucht und der Zorn der Götter für die meisten der schrecklichen Vorkommnisse verantwortlich, die im Feld vor Troja und in der Stadt selbst geschahen; und Poseidon war für die Irrfahrten des Odysseus verantwortlich. Später, im christlichen Denken, ist der Teufel für das Böse verantwortlich. Und im Vulgär-Marxismus ist es die Verschwörung habgieriger Kapitalisten, die das Kommen des Sozialismus und die Errichtung des Himmelreiches auf Erden verhindert.

Die Theorie, daß Krieg, Armut und Arbeitslosigkeit die Folgen böser Absichten und finsterer Pläne sind, ist ein Teil des Alltagsverstandes, aber sie ist unkritisch. Ich habe diese unkritische Theorie des Alltagsverstandes die Verschwörungstheorie der Gesellschaft genannt. (Man könnte auch von der Verschwörungstheorie der Welt überhaupt sprechen: Man denke an den Blitze schleudernden Zeus.) Die Theorie ist weitverbreitet. Sie hat, als Suche nach einem Sündenbock, Verfolgungen und fürchterliche Leiden hervorgerufen.

Ein wichtiger Zug der Verschwörungstheorie der Gesellschaft ist, daß sie zu wirklichen Verschwörungen ermutigt. Doch eine kritische Untersuchung zeigt, daß Verschwörungen kaum je ihr Ziel erreichen. Lenin, der die Verschwörungstheorie vertrat, war ein Verschwörer; auch Mussolini und Hitler. Aber Lenins Ziele wurden in Rußland nicht verwirklicht, so wenig wie Mussolinis oder Hitlers Ziele in Italien oder in Deutschland.

Sie alle wurden Verschwörer, weil sie unkritisch an eine Verschwörungstheorie der Gesellschaft glaubten.

Es ist ein bescheidener, aber vielleicht nicht ganz belangloser Beitrag zur Philosophie, auf die Fehler der Verschwörungstheorie der Gesellschaft aufmerksam zu machen. Darüber hinaus führt dieser Beitrag zur Aufdeckung der großen Bedeutung von unbeabsichtigten Folgen menschlicher Handlungen für die Gesellschaft, sowie zu der Anregung, die Aufgabe der theoretischen Sozialwissenschaften in der Erklärung von sozialen Erscheinungen als die unbeabsichtigten Folgen unseres Handelns zu sehen.

Nehmen wir das Problem des Krieges. Selbst ein kritischer Philosoph vom Range Bertrand Russells glaubte, daß Kriege durch psychologische Motive erklärt werden müssen – durch die menschliche Aggressivität. Ich leugne nicht das Vorhandensein der Aggressivität, aber ich bin überrascht, daß Russell übersah, daß die meisten Kriege in modernen Zeiten viel eher durch die *Furcht vor Aggression* ausbrechen als durch die Aggressivität selbst. Entweder waren es ideologische Kriege aus Furcht vor einer Verschwörung oder Kriege, die niemand wollte; die vielmehr einfach als Ergebnis einer solchen Furcht in einer bestimmten Situation ausbrachen. Ein Beispiel dafür ist die gegenseitige Furcht vor Aggression, die zum Rüstungswettrennen und dann zum Krieg führt; vielleicht zu einem Präventiv-Krieg, wie ihn Russell, ein Gegner des Krieges und der Aggression, eine Zeitlang empfahl, weil er (zu Recht) fürchtete, Rußland würde bald eine Wasserstoffbombe besitzen. (Niemand im Westen *wollte* die Bombe; die Furcht, Hitler könnte sie zuerst besitzen, führte zu ihrer Konstruktion.)

Ein anderes Beispiel philosophischer Vorurteile ist das Vorurteil, die Meinungen eines Menschen seien stets durch seine Interessen bestimmt. Diese Theorie (die man als eine degenerierte Form der Humeschen Lehre diagnostizieren könnte, daß der Verstand der Sklave der Leidenschaften ist und sein soll) wendet man in der Regel nicht auf sich selbst an (das tut Hume, der hinsichtlich unserer Vernunft Bescheidenheit und Skepsis lehrte, seine eigene Vernunft inbegriffen); sie wird vielmehr gewöhnlich nur auf die anderen angewendet, besonders auf die, deren Meinungen nicht die unseren sind. Das hindert uns aber daran, neue Ansichten mit Geduld anzuhören und ernst zu nehmen, denn wir können sie ja durch die »Interessen« der anderen wegerklären.

Damit aber wird eine rationale Diskussion unmöglich. Unsere natürliche Wißbegierde, unser Interesse an der Wahrheit über die Dinge verkümmert. An die Stelle der wichtigen Frage »Wo liegt die Wahrheit in dieser Sache?« drängt sich die andere, bei weitem weniger wichtige Frage: »Was ist dein Interesse, welche Motive beeinflussen deine Meinung?« So werden wir verhindert, von denen, deren Meinung sich von der unseren unterscheidet, zu lernen. Die übernationale Einheit der menschlichen Vernunft wird zerstört, jene Einheit, die auf unserer gemeinsamen Rationalität beruht.

Ein ähnliches philosophisches Vorurteil ist die gegenwärtig außerordentlich einflußreiche These, eine rationale Diskussion sei nur zwischen denen möglich, die im Grundsätzlichen übereinstimmen. Diese verderbliche Lehre besagt, daß eine rationale oder kritische Diskussion über Grundlagen unmöglich ist. Sie führt zu ebenso unerwünschten und nihilistischen Konsequenzen wie die zuvor besprochenen Theorien[6]. Diese Theorien werden von vielen vertreten. Ihre Kritik gehört zu einem Aufgabenbereich der Philosophie, der eines der Hauptgebiete vieler Berufsphilosophen darstellt: der Theorie der Erkenntnis.

IX

Die Probleme der Erkenntnistheorie bilden meiner Ansicht nach das Kernstück der Philosophie, und zwar der unkritischen populären Philosophie des Alltagsverstandes wie auch der akademischen Philosophie. Sie sind sogar entscheidend für die Theorie der Ethik (woran uns Jacques Monod vor kurzem erinnert hat)[7].

---

6 Siehe auch meinen Artikel »The Myth of the Framework«, in: *The Abdication of Philosophy,* Essays in Honour of Paul Arthur Schilpp (Hrsg. E. Freeman), Open Court, LaSalle, Ill. 1976.

7 Jacques Monod, *Le hasard et la nécessité,* Éditions du Seuil, Paris 1970; *Zufall und Notwendigkeit,* Piper, München 1971.

Einfach ausgedrückt, besteht das Hauptproblem, hier und in anderen Bereichen der Philosophie, in dem Konflikt zwischen dem »erkenntnistheoretischen Optimismus« und dem »erkenntnistheoretischen Pessimismus«. Sind wir fähig, Wissen zu erlangen? Was können wir wissen? Während der erkenntnistheoretische Optimist an die Möglichkeit menschlicher Erkenntnis glaubt, meint der Pessimist, wirkliches Wissen sei jenseits des menschlichen Vermögens.

Ich bin ein Bewunderer des Alltagsverstandes, aber nicht des gesamten; ich behaupte, daß der Alltagsverstand für uns der einzig mögliche Ausgangspunkt ist. Doch sollten wir nicht versuchen, auf ihm ein Gebäude sicheren Wissens zu errichten. Wir sollten ihn vielmehr kritisieren und dadurch verbessern. So gesehen bin ich, im Sinne des Alltagsverstandes, ein Realist; ich glaube an die Realität der Materie (die ich als beispielhaft für das ansehe, was man mit dem Wort »wirklich« meint). Ich könnte mich deshalb einen »Materialisten« nennen, wenn dieser Ausdruck nicht auch jenes Glaubensbekenntnis bezeichnen würde, das die Materie a) als grundsätzlich nicht weiter erklärbar auffaßt und b) die Realität immaterieller Kraftfelder bestreitet, und natürlich auch c) die Realität des Geistes oder des Bewußtseins leugnet und überhaupt die Realität von allem, das nicht materiell ist. Ich folge dem Alltagsverstand in der Annahme, daß es sowohl Materie (»Welt 1«) als auch Geist (»Welt 2«) gibt, und nehme an, daß es auch noch andere Dinge gibt, vor allem die *Produkte des menschlichen Geistes,* zu denen unsere wissenschaftlichen Entwürfe, Theorien und Probleme gehören (»Welt 3«). Mit anderen Worten, ich bin ein Pluralist. Ich bin durchaus bereit, diese Position kritisieren und durch eine andere ersetzen zu lassen; aber alle kritischen Gegenargumente, die ich kenne, sind meiner Meinung nach ungültig. (Übrigens halte ich den hier beschriebenen Pluralismus auch für die Ethik für nötig[8].)

Alle Argumente, die gegen einen pluralistischen Realismus bisher beigebracht wurden, basieren in letzter Instanz auf der unkritischen Übernahme der Erkenntnistheorie des Alltagsverstandes. Aber diese Erkenntnistheorie halte ich für seine größte Schwäche.

---

8 Siehe z. B. K. R. Popper, *Objective Knowledge: An Evolutionary Approach,* Clarendon Press, Oxford 1972; [7]1983 (besonders Kapitel 2); deutsch: *Objektive Erkenntnis,* Hoffmann und Campe, Hamburg 1973; [4]1984 (bes. Kapitel 2).

Die Erkenntnistheorie des Alltagsverstandes ist insofern höchst optimistisch, als sie ganz allgemein das *Wissen* dem *sicheren Wissen* gleichsetzt; alles, was auf Vermutungen, auf Hypothesen beruht, so behauptet sie, ist kein wirkliches »Wissen«. Dieses Argument lehne ich als bloß verbal ab. Ich gebe gerne zu, daß der Ausdruck »Wissen« in allen mir bekannten Sprachen die Nebenbedeutung von Gewißheit hat. Aber die Wissenschaft ist hypothetisch. Und das Programm des Alltagsverstandes, mit dem anzufangen, was am gewissesten ist, oder was fundamental zu sein scheint (Basiswissen, Beobachtungswissen), und dann auf dieser sicheren Grundlage ein Gebäude sicheren Wissens zu errichten, dieses naive Programm des Alltagsverstandes und des Positivismus hält der Kritik nicht stand.

Es führt, nebenbei bemerkt, zu zwei philosophischen Auffassungen von Wirklichkeit, die beide dem Alltagsverstand widersprechen und die in direktem Gegensatz zueinander stehen.

Erstens: zum Immaterialismus (Berkeley, Hume, Mach).

Zweitens: zum behavioristischen Materialismus (Watson, Skinner).

Der erste leugnet die Realität der Materie, da die einzig gewisse und sichere Grundlage unserer Erkenntnis in den Erfahrungen unserer eigenen Wahrnehmungen bestehe; diese seien stets immateriell.

Der zweite, der behavioristische Materialismus, bestreitet die Existenz des Geistes (und damit die der menschlichen Freiheit), da alles, was wir beobachten könnten, das äußerliche menschliche Verhalten sei, das in jeder Beziehung dem tierischen entspreche (bis auf einen großen und bedeutsamen Bereich, dem »sprachlichen Verhalten«).

Diese beiden Theorien stützen sich auf die unhaltbare Erkenntnistheorie des Alltagsverstandes, die zur traditionellen, aber ungültigen Kritik der Wirklichkeitstheorie des Alltagsverstandes führt. Beide Theorien sind ethisch nicht neutral: Sie sind gefährlich. Wenn ich ein weinendes Kind trösten will, dann will ich nicht für mich unangenehme Wahrnehmungen beenden; ich will auch nicht das Verhalten des Kindes ändern oder verhindern, daß Wassertropfen an seinen Wangen herunterrinnen. Nein, mein Beweggrund ist ein anderer – unbeweisbar, unableitbar, aber *menschlich*.

Der Immaterialismus verdankt seine Herkunft der These des Descartes – der natürlich kein Immaterialist war –, wir müßten von einer unbezweifelbaren Grundlage, wie dem Wissen um unsere eigene Existenz, ausgehen. Seinen Höhepunkt erreicht der Immaterialismus um die Jahrhundertwende mit Ernst Mach, aber heute hat er seinen größten Einfluß verloren. Er ist nicht länger modern.

Der Behaviorismus – die Leugnung der Existenz des Bewußtseins, des Geistes – ist gegenwärtig sehr modern. Obwohl er die Beobachtung preist, schlägt er nicht nur menschlichen Erfahrungen ins Gesicht, sondern er will aus seinen Theorien auch eine erschreckende ethische Theorie ableiten: die Theorie der Konditionierung, des *conditioned reflex*, die *alles* Verhalten durch positive oder negative Dressur erklärt[9]. Sie übersieht, daß sich aus der menschlichen Natur in Wirklichkeit keine ethische Theorie ableiten läßt. (Jacques Monod hat diesen Punkt zu Recht hervorgehoben[10]; vergleiche auch mein Buch »Die offene Gesellschaft und ihre Feinde«[11].) Es ist zu hoffen, daß diese Mode, die auf einer unkritischen Übernahme der Erkenntnistheorie des Alltagsverstandes beruht, deren Unhaltbarkeit ich zu zeigen versucht habe[12], eines Tages ihren Einfluß verlieren wird.

X

So wie ich die Philosophie sehe, sollte sie niemals – und kann sie auch nicht – von den Einzelwissenschaften getrennt werden. Historisch ge-

---

9 Der Allmächtigkeitstraum des behavioristischen Reflexologen kann in J. B. Watsons *Behaviorism* und auch in den Arbeiten von B. F. Skinner gefunden werden (z. B. *Walden Two,* Macmillan, New York 1948, oder *Beyond Freedom and Dignity,* Alfred Knopf, New York 1971). Ich zitiere aus Watson: »Gebt mir ein Dutzend gesunde Kinder ... und ich garantiere irgendeines blindlings herauszugreifen und es so aufzuziehen, daß es ein Spezialist jeder Art werden kann, die ich wähle – Arzt, Rechtsanwalt, Künstler ... [oder] Dieb« (J. B. Watson, *Behaviorism,* 2. Aufl. Routledge & Kegan Paul, London, 1931, p. 104). Es hängt also alles von der Moral des allmächtigen behavioristischen Reflexologen ab. (Aber nach dem, was die Reflexologen behaupten, ist diese Moral nichts anderes als das Produkt von positiven und negativen bedingenden Reizsituationen.)

10 Siehe Fußnote 2, 170.

11 K. R. Popper, *The Open Society and Its Enemies,* Routledge and Kegan Paul, 1945, [14]/1984; deutsch: *Die offene Gesellschaft und ihre Feinde,* Bd. I und II, Francke, Bern und München.

12 Siehe den Hinweis in Fußnote 1, S. 171: *Objective Knowledge: An Evolutionary Approach,* Kapitel 2; deutsch: *Objektive Erkenntnis.*

sehen ist ja die gesamte westliche Wissenschaft ein Abkömmling der philosophischen Spekulation der Griechen über den Kosmos, über die Welt-Ordnung. Die gemeinsamen Vorfahren aller Wissenschaftler und aller Philosophen sind Homer, Hesiod und die Vorsokratiker. Für sie war die Erforschung der Struktur des Universums und unseres Platzes im Universum das zentrale Thema; aus ihm entstand das Problem der Erkenntnis des Universums (ein Problem, das meiner Ansicht nach das entscheidende Problem aller Philosophie bleibt). Und es ist die kritische Untersuchung der Wissenschaften, ihrer Entdekkungen und Methoden, die ein Charakteristikum philosophischer Forschung bleibt, auch nachdem die Einzelwissenschaften sich von der Philosophie abgelöst haben.

In meinen Augen sind Newtons »Mathematische Prinzipien der Naturphilosophie« das größte intellektuelle Ereignis, die größte intellektuelle Revolution in der gesamten geistigen Geschichte der Menschheit. Sie sind die Erfüllung eines mehr als zweitausendjährigen Traumes, und sie zeigen die Reife der Wissenschaft an und ihrer Loslösung von der Philosophie. Doch Newton, wie alle großen Wissenschaftler, blieb ein Philosoph; und er blieb ein kritischer Denker, ein Sucher, und skeptisch gegenüber seinen eigenen Theorien. So schrieb er in einem Brief an Bentley am 25. Februar 1693 über seine Gravitationstheorie, die ja eine Theorie der Fernwirkung war (Hervorhebung von mir):

»Daß die Schwere eine inhärente, essentielle und wesentliche Eigenschaft der Materie ist, *so daß ein Körper auf einen anderen in der Ferne [direkt] wirken kann,* ... das scheint mir eine so große Absurdität zu sein, daß ich nicht glauben kann, daß ein Mensch, der in philosophischen Dingen auch nur einigermaßen kompetent ist, je auf so etwas verfallen könnte.«

Es war seine eigene Theorie der Gravitation, die ihn zum Skeptizismus wie zum Mystizismus führte. Er argumentierte, daß, wenn materielle Dinge in weit voneinander entfernten Gebieten des Raumes augenblicklich und unmittelbar aufeinander einwirken können, das aufgrund der Allgegenwärtigkeit eines und desselben nichtmateriellen Wesens in allen Teilen des Raumes zu erklären ist – aufgrund der Allgegenwärtigkeit Gottes. So führte der Versuch, das Problem der Fernwirkung zu lösen, Newton zu einer mystischen Theorie, der zufolge der Raum das Sensorium Gottes ist – eine Theorie, in der er über die Wissenschaft hinausging und die kritische und spekulative Physik und Philosophie mit der spekulativen Theologie verband. Wir wissen, daß Einstein nicht selten ähnliche Gedanken verfolgte.

XI

Ich gebe zu, daß es einige sehr subtile und gleichzeitig überaus wichtige Probleme in der Philosophie gibt, die ihren natürlichen und einzigen Platz in der akademischen Philosophie haben, beispielsweise die Probleme der mathematischen Logik und, allgemeiner, die der Philosophie der Mathematik. Ich bin höchst beeindruckt von den erstaunlichen Fortschritten, die auf diesen Gebieten in unserem Jahrhundert gemacht wurden.

Aber was die akademische Philosophie im allgemeinen betrifft, so beunruhigt mich der Einfluß derer, die Berkeley die »minuziösen Philosophen« (the minute philosophers) zu nennen pflegte. Gewiß, die kritische Einstellung ist das Herzblut der Philosophie. Aber wir sollten uns vor Haarspaltereien hüten.

Eine minuziöse, kleinliche Kritik kleinlicher Angelegenheiten, ohne Verständnis der großen Probleme der Kosmologie, der menschlichen Erkenntnis, der Ethik und der politischen Philosophie und ohne das ernsthafte und hingebende Bemühen, sie zu lösen, scheint mir verhängnisvoll zu sein. Es sieht fast so aus, als ob jeder gedruckte Absatz, der mit einiger Anstrengung mißverstanden oder mißinterpretiert werden könnte, einen weiteren kritisch-philosophischen Aufsatz rechtfertige. Scholastik, im übelsten Sinne dieses Wortes, gibt es im Überfluß. Große Ideen werden eiligst unter einer Flut von Worten begraben. Auch scheint eine gewisse Arroganz und Ungeschliffenheit – einst eine Seltenheit in der philosophischen Literatur – von den Herausgebern vieler Zeitschriften für ein Zeichen von Kühnheit des Denkens und von Originalität gehalten zu werden.

Ich glaube, es ist die Pflicht jedes Intellektuellen, sich seiner privilegierten Stellung bewußt zu sein. Er hat die Pflicht, einfach und klar und in einer möglichst zivilisierten Art zu schreiben und weder die Probleme zu vergessen, die die Menschheit bedrängen und die neues, kühnes und geduldiges Nachdenken erfordern, noch die sokratische Bescheidenheit – die Einsicht dessen, der weiß, wie wenig er weiß. Im Gegensatz zu den minuziösen Philosophen mit ihren kleinlichen Problemen sehe ich die Hauptaufgabe der Philosophie darin, kritisch über das Universum und unseren Platz in ihm nachzudenken sowie über die gefährliche Macht unseres Wissens und unsere Kraft zum Guten und zum Bösen.

XII

Ich möchte mit einem Stückchen entschieden nichtakademischer Philosophie schließen:

Einem an der ersten Mondlandung beteiligten Astronauten wird eine einfache und kluge Bemerkung, die er nach seiner Rückkehr gemacht haben soll, zugeschrieben (ich zitiere aus dem Gedächtnis): »Ich habe in meinem Leben auch andere Planeten gesehen, aber die Erde ist doch der beste.« Ich glaube, das ist nicht nur Weisheit, sondern philosophische Weisheit. Wir wissen nicht, wie es zu erklären ist und ob es erklärt werden kann, daß wir auf diesem wunderbaren kleinen Planeten leben, oder warum es so etwas wie das Leben gibt, das unseren Planeten so schön macht. Aber wir sind hier und haben allen Grund, darüber zu staunen und dankbar zu sein. Es ist ja ein Wunder. Nach allem, was uns die Wissenschaft sagen kann, ist das Universum nahezu leer: viel leerer Raum und wenig Materie; und dort, wo es Materie gibt, ist sie fast überall in chaotischer Turbulenz und unbewohnbar. Es mag viele andere Planeten geben, auf denen es Leben gibt. Doch wenn wir willkürlich irgendeine Stelle im Universum herausgreifen, dann ist die Wahrscheinlichkeit (errechnet auf der Grundlage unserer derzeitigen Kosmologie), an dieser Stelle einen Körper zu finden, der ein Träger von Leben ist, gleich Null. So hat also das Leben jedenfalls Seltenheitswert: Es ist kostbar. Wir neigen dazu, das zu vergessen und das Leben geringzuachten; vielleicht aus Gedankenlosigkeit; oder vielleicht, weil unsere schöne Erde ein wenig überfüllt ist.

Alle Menschen sind Philosophen, weil sie die eine oder die andere Einstellung oder Haltung gegenüber dem Leben und dem Tod einnehmen. Es gibt solche, die das Leben für wertlos halten, weil es ein

Ende hat. Sie übersehen, daß das gegenteilige Argument ebenso verfochten werden kann: Gäbe es kein Ende, so hätte das Leben keinen Wert. Sie übersehen, daß es zum Teil die stets gegenwärtige Gefahr ist, das Leben zu verlieren, die uns hilft, den Wert des Lebens zu begreifen.

14. Duldsamkeit und intellektuelle Verantwortlichkeit

(gestohlen von Xenophanes und von Voltaire)

Mein Tübinger Vortrag war dem Thema »Duldsamkeit und intellektuelle Verantwortlichkeit« gewidmet. Er wurde gehalten, um an Leopold Lucas zu erinnern, an einen Gelehrten, einen Historiker, einen Mann, der in seiner Duldsamkeit und in seiner Menschlichkeit ein Opfer der Unduldsamkeit und der Unmenschlichkeit geworden ist.

Dr. Leopold Lucas wurde als Siebzigjähriger im Dezember 1942 mit seiner Frau in das Konzentrationslager Theresienstadt gebracht, wo er als Seelsorger wirkte: eine unendlich schwere Aufgabe. Dort starb er nach zehn Monaten. Seine Frau, Dora Lucas, blieb nach dem Tode ihres Mannes noch dreizehn Monate in Theresienstadt, wo sie als Krankenschwester arbeiten konnte. Im Oktober 1944 wurde sie, zusammen mit 18000 anderen Gefangenen, nach Polen deportiert. Dort wurden sie getötet.

Es war ein furchtbares Schicksal. Und es war das Schicksal von unzähligen Menschen, Persönlichkeiten; Menschen, die andere Menschen liebten, die anderen Menschen zu helfen suchten; die von anderen Menschen geliebt wurden und denen andere Menschen zu helfen suchten. Es waren Familien, die zerrissen, zerstört, vernichtet wurden.

Es ist nicht meine Absicht, hier über diese entsetzlichen Ereignisse

---

Vortrag, gehalten am 26. Mai 1981 an der Universität Tübingen; wiederholt am 16. März 1982 beim Toleranzgespräch in der Alten Universität in Wien. Der Abdruck entspricht der Wiener Fassung. Zuerst veröffentlicht in: *Offene Gesellschaft – offenes Universum.* Franz Kreuzer im Gespräch mit Karl R. Popper, Wien ^{3}1983, S. 103 bis 117 zu sprechen. Was immer man über sie sagen mag – oder auch nur denken mag –, es kommt einem wie ein Versuch vor, diese furchtbaren Dinge zu beschönigen.

I

Aber das Grauen geht weiter. Die Flüchtlinge aus Vietnam; die Opfer von Pol Pot in Kambodscha; die Opfer der Revolution im Iran; die Flüchtlinge aus Afghanistan: Immer wieder werden Menschen, Kinder, Frauen und Männer, die Opfer von machttrunkenen Fanatikern.

Was können wir tun, um diese unbeschreiblichen Geschehnisse zu verhindern? Können wir überhaupt etwas tun? Und können wir überhaupt etwas verhindern?

Meine Antwort auf diese Frage ist: Ja. Ich glaube, daß wir viel tun können.

Wenn ich sage »wir«, so meine ich die Intellektuellen, also Menschen, die an Ideen interessiert sind; also insbesondere die, die lesen und die vielleicht auch schreiben.

Warum denke ich, daß wir, die Intellektuellen, helfen können?

Einfach deshalb, weil wir, die Intellektuellen, seit Jahrtausenden den gräßlichsten Schaden gestiftet haben. Der Massenmord im Namen einer Idee, einer Lehre, einer Theorie – das ist unser Werk, unsere Erfindung: die Erfindung von Intellektuellen. Würden wir aufhören, die Menschen gegeneinander zu hetzen – oft mit den besten Absichten –, damit allein wäre schon viel gewonnen. Niemand kann sagen, daß das für uns unmöglich ist.

Das wichtigste der zehn Gebote lautet: Du sollst nicht töten! Es enthält fast die ganze Ethik. Wie zum Beispiel Schopenhauer die Ethik formuliert, ist sie nur eine Erweiterung dieses wichtigsten Gebots. Schopenhauers Ethik ist einfach, direkt, klar. Er sagt: *Schade niemandem; sondern hilf allen, so gut Du kannst.*

Aber was geschah, als Moses das erste Mal vom Berg Sinai mit den steinernen Tafeln herunterkam, noch bevor er die zehn Gebote verkünden konnte? Er entdeckte eine todeswürdige Ketzerei, die Ketzerei des Goldenen Kalbes. Da vergaß er das Gebot »Du sollst nicht töten!« und rief (ich zitiere Luthers Übersetzung, etwas gekürzt, Ex. 32, 26–28):

> Her zu mir, wer dem Herrn angehöret ... So spricht der Herr, der Gott Israels: Gürte ein jeglicher sein Schwerdt auf seine Lenden, ... und erwürge ein jeglicher seinen Bruder, Freund und Nächsten ...... und [so] fielen des Tages vom Volk drey tausend Mann.

Das war, vielleicht, der Anfang. Aber sicher ist, daß es so weiterging, im Heiligen Land wie auch später hier im Westen; und hier besonders, nachdem das Christentum zur Staatsreligion geworden war. Es ist eine erschreckende Geschichte von religiösen Verfolgungen, Verfolgungen um der Rechtgläubigkeit willen. Später – vor allem im 17. und 18. Jahrhundert – kamen dann noch andere ideologische Glaubensgründe dazu, um die Verfolgung, die Grausamkeit und den Terror zu rechtfertigen: Nationalität, Rasse, politische Rechtgläubigkeit, andere Religionen.

In der Idee der Rechtgläubigkeit und des Ketzertums sind die kleinlichsten Laster versteckt; jene Laster, für die die Intellektuellen besonders anfällig sind: Arroganz, Rechthaberei, Besserwissen, intellektuelle Eitelkeit. Das sind kleinliche Laster – nicht große Laster, wie die Grausamkeit.

II

Der Titel meines Vortrages, *Duldsamkeit und intellektuelle Verantwortlichkeit,* spielt an auf ein Argument von Voltaire, des Vaters der Aufklärung; auf ein Argument für die Toleranz. »Was ist Toleranz?« fragt Voltaire. Und er antwortet (ich übersetze frei):

> Toleranz ist die notwendige Folge der Einsicht, daß wir fehlbare Menschen sind: Irren ist menschlich, und wir alle machen dauernd Fehler. *So laßt uns denn einander unsere Torheiten verzeihen.* Das ist das Fundament des Naturrechts.

Voltaire appelliert hier an unsere intellektuelle Redlichkeit: Wir sollen uns unsere Fehler, unsere Fehlbarkeit, unsere Unwissenheit eingestehen. Voltaire weiß wohl, daß es durch und durch überzeugte Fanatiker gibt. Aber ist ihre Überzeugung wirklich durch und durch ehrlich? Haben sie sich selbst, ihre Überzeugungen und deren Gründe ehrlich geprüft? Und ist die kritische Selbstprüfung nicht ein Teil aller intellektuellen Redlichkeit? Ist nicht der Fanatismus oft ein Versuch, unseren eigenen, uneingestandenen Unglauben, den wir unterdrückt haben und der uns daher nur halb bewußt ist, zu übertönen?

Voltaires Appell an unsere intellektuelle Bescheidenheit und vor allem sein Appell an unsere intellektuelle Redlichkeit hat zu seiner Zeit großen Eindruck auf die Intellektuellen gemacht. Ich möchte diesen Appell hier erneuern.

Voltaire begründet die Toleranz damit, daß wir einander unsere Torheiten vergeben sollen. Aber eine weitverbreitete Torheit, die der *In*toleranz, findet Voltaire, mit Recht, schwer zu tolerieren. In der Tat, hier hat die Toleranz ihre Grenzen. Wenn wir der Intoleranz den Rechtsanspruch zugestehen, toleriert zu werden, dann zerstören wir die Toleranz und den Rechtsstaat. Das war das Schicksal der Weimarer Republik.

Aber es gibt außer der Intoleranz noch andere Torheiten, die wir nicht tolerieren sollten; vor allem jene Torheit, die die Intellektuellen dazu bringt, mit der letzten Mode zu gehen; eine Torheit, die viele dazu gebracht hat, in einem dunklen, eindrucksvollen Stil zu schreiben, in jenem orakelhaften Stil, den Goethe im Hexeneinmaleins und an anderen Stellen des *Faust* so vernichtend kritisiert hat. Dieser Stil, der Stil der großen, dunklen, eindrucksvollen und unverständlichen Worte, diese Schreibweise sollte nicht länger bewundert, ja sie sollte von den Intellektuellen nicht einmal länger geduldet werden. Sie ist intellektuell unverantwortlich. Sie zerstört den gesunden Menschenverstand, die Vernunft. Sie macht jene Haltung möglich, die man als *Relativismus* bezeichnet hat. Diese Haltung führt zu der These, daß *alle* Thesen intellektuell mehr oder weniger gleich vertretbar sind. Alles ist erlaubt. Daher führt die These des Relativismus offenbar zur Anarchie, zur Rechtlosigkeit; und so zur Herrschaft der Gewalt.

Mein Thema, Toleranz und intellektuelle Verantwortlichkeit, hat mich also zu der Frage des Relativismus geführt.

Ich möchte hier dem Relativismus eine Position gegenüberstellen, die fast immer mit dem Relativismus verwechselt wird, die aber von diesem grundverschieden ist. Ich habe diese Position oft als *Pluralis-*

mus bezeichnet; aber das hat eben zu jenen Mißverständnissen geführt. Ich will sie deshalb hier als einen *kritischen Pluralismus* charakterisieren. Während der Relativismus, der aus einer laxen Toleranz entspringt, zur Herrschaft der Gewalt führt, kann der kritische Pluralismus zur Zähmung der Gewalt beitragen.

Für die Gegenüberstellung von Relativismus und kritischem Pluralismus ist die Idee der *Wahrheit* von entscheidender Bedeutung.

Der Relativismus ist die Position, daß man alles behaupten kann, oder fast alles, und daher nichts. Alles ist wahr, oder nichts. Die Wahrheit ist also bedeutungslos.

Der kritische Pluralismus ist die Position, daß *im Interesse der Wahrheitssuche* jede Theorie – je mehr Theorien, desto besser – zum Wettbewerb zwischen den Theorien zugelassen werden soll. Dieser Wettbewerb besteht in der rationalen Diskussion der Theorien und in ihrer kritischen Eliminierung. Die Diskussion ist rational; und das heißt, daß es um die Wahrheit der konkurrierenden Theorien geht: die Theorie, die in der kritischen Diskussion der Wahrheit näher zu kommen scheint, ist die bessere; und die bessere Theorie verdrängt die schlechteren Theorien. Es geht also um die Wahrheit.

III

Die Idee der objektiven Wahrheit und die Idee der Wahrheitssuche sind hier von entscheidender Bedeutung.

Der Mann, der als erster eine Wahrheitstheorie entwickelte, die die Idee der objektiven Wahrheit mit der Idee unserer grundsätzlichen menschlichen Fehlbarkeit verband, war der Vorsokratiker Xenophanes. Er wurde vermutlich 571 vor Christus im kleinasiatischen Jonien geboren. Er war der erste Grieche, der Literaturkritik schrieb; der erste Ethiker; der erste Erkenntniskritiker; und der erste spekulative Monotheist.

Xenophanes war der Gründer einer Tradition, einer Denkrichtung, zu der unter anderen Sokrates, Montaigne, Erasmus, Voltaire, Hume, Lessing und Kant gehörten.

Diese Tradition wird manchmal als die der skeptischen Schule bezeichnet. Aber diese Bezeichnung kann leicht zu Mißverständnissen führen. Dudens deutsches Wörterbuch erklärt »Skepsis« als »Zweifel, Ungläubigkeit«, und »Skeptiker« als »mißtrauischer Mensch«; und das ist offenbar die deutsche Bedeutung des Wortes, und die moderne Bedeutung überhaupt. Aber das griechische Verb, von dem sich die deutsche Wortfamilie (skeptisch, Skeptiker, Skeptizismus) herleitet, bedeutet ursprünglich nicht »zweifeln«, sondern »prüfend betrachten, prüfen, erwägen, untersuchen, suchen, forschen«.

Unter den Skeptikern im ursprünglichen Sinn dieses Wortes hat es sicher auch viele Zweifler und vielleicht auch mißtrauische Menschen gegeben, aber die fatale Gleichsetzung der Worte »Skepsis« und »Zweifel« war vielleicht ein Schachzug der stoischen Schule, die ihre Konkurrenten karikieren wollte. Jedenfalls waren die Skeptiker Xenophanes, Sokrates, Erasmus, Montaigne, Locke, Voltaire und Lessing alle Theisten oder Deisten. Was alle die Mitglieder dieser skeptischen Tradition gemeinsam haben – auch Nicolaus von Cues, der ein Kardinal war, und Erasmus von Rotterdam – und was auch ich mit dieser Tradition gemeinsam habe, ist, daß wir unsere menschliche *Unwissenheit* betonen. Daraus ziehen wir wichtige ethische Konsequenzen: *Duldsamkeit,* aber *keine* Duldung der Unduldsamkeit, der Gewalt und der Grausamkeit.

Xenophanes war von Beruf Rhapsode. Geschult an Homer und Hesiod, kritisierte er beide. Seine Kritik war ethisch und pädagogisch. Er wandte sich dagegen, daß die Götter stehlen, lügen, ehebrechen, wie Homer und Hesiod erzählen. Das führte ihn dazu, die homerische Götterlehre einer Kritik zu unterwerfen. Das wichtige Ergebnis der Kritik war die Entdeckung dessen, was wir heute als Anthropomorphismus bezeichnen: die Entdeckung, daß die griechischen Göttergeschichten nicht ernst zu nehmen sind, weil sie die Götter als Menschen darstellen.

Ich darf vielleicht hier einige der Argumente des Xenophanes in Versform zitieren, in meiner fast wörtlichen Übersetzung:

> Stumpfnasig, schwarz: so seh'n Äthiopiens Menschen die Götter.
> Blauäugig aber und blond: so seh'n ihre Götter die Thraker.
> Aber die Rinder und Rosse und Löwen, hätten sie Hände,
> Hände wie Menschen, zum Zeichnen, zum Malen, ein Bildwerk zu schaffen,

Dann würden Rosse die Götter gleich Rossen, die Rinder gleich Rindern
Malen, und deren Gestalten, die Formen der göttlichen Körper,
Nach ihrem eigenen Bilde erschaffen: ein jedes nach seinem.

Damit stellt sich Xenophanes sein Problem: Wie sollen wir uns die Götter denken, *nach* dieser Kritik des Anthropomorphismus? Wir haben vier Fragmente, die einen wichtigen Teil seiner Antwort enthalten. Die Antwort ist monotheistisch, obwohl Xenophanes, ähnlich wie Luther in seiner Übersetzung des ersten Gebotes, in der Formulierung seines Monotheismus seine Zuflucht zu »Göttern« im Plural nimmt. Xenophanes schreibt:

Ein Gott nur ist der größte, allein unter Göttern und Menschen,
Nicht an Gestalt den Sterblichen gleich, noch in seinen Gedanken.
Stets am selbigen Ort verharrt er, ohne Bewegung,
Und es geziemt ihm auch nicht, bald hierhin, bald dorthin zu wandern.
Mühelos schwingt er das All, allein durch sein Wissen und Wollen.
Ganz ist er Sehen; ganz Denken und Planen; und ganz ist er Hören.

Das sind die vier Fragmente, die uns über Xenophanes' spekulative Theologie unterrichten. (Siehe auch die Anmerkung auf S. 229.)

Es ist klar, daß diese völlig neue Theorie für Xenophanes die Lösung eines schwierigen Problems war. In der Tat, sie kam ihm als Lösung des größten aller Probleme, des Weltproblems. Niemand, der etwas über die Psychologie der Erkenntnis weiß, kann bezweifeln, daß diese neue Einsicht ihrem Schöpfer wie eine Offenbarung erscheinen mußte.

Trotzdem sagte er klar und ehrlich, daß seine Theorie nicht mehr war als eine Vermutung. Das war ein selbstkritischer Sieg ohnegleichen, ein Sieg seiner intellektuellen Redlichkeit und seiner Bescheidenheit.

Xenophanes verallgemeinerte diese Selbstkritik in einer für ihn überaus charakteristischen Weise: Ihm wurde klar, daß das, was er über seine eigene Theorie herausgefunden hatte – daß sie trotz ihrer intuitiven Überzeugungskraft nicht mehr war als eine Vermutung –, von allen menschlichen Theorien gelten muß: Alles ist nur Vermutung. Das scheint mir zu verraten, daß es ihm nicht allzuleicht geworden ist, seine eigene Theorie als Vermutung zu sehen.

Xenophanes formuliert diese kritische Theorie der Erkenntnis in vier schönen Verszeilen:

> Sichere Wahrheit erkannte kein Mensch und wird keiner erkennen
> Über die Götter und alle die Dinge, von denen ich spreche.
> Sollte einer auch einst die vollkommenste Wahrheit verkünden,
> Wissen könnt' er das nicht: Es ist alles durchwebt von Vermutung.

Diese vier Zeilen enthalten mehr als eine Theorie der Unsicherheit des menschlichen Wissens. Sie enthalten *eine Theorie der objektiven Wahrheit.* Denn Xenophanes lehrt hier, daß etwas, das ich sage, wahr sein kann, ohne daß ich oder sonst jemand *weiß,* daß es wahr ist. Das heißt aber, daß die Wahrheit *objektiv* ist: Wahrheit ist die Übereinstimmung dessen, was ich sage, mit den Tatsachen; ob ich es nun *weiß oder nicht weiß,* daß die Übereinstimmung besteht.

Darüber hinaus enthalten diese vier Zeilen noch eine weitere sehr wichtige Theorie. Sie enthalten einen Hinweis auf den Unterschied zwischen der objektiven *Wahrheit* und der subjektiven *Gewißheit* des Wissens. Die vier Zeilen sagen, daß ich, auch wenn ich die vollkommenste Wahrheit verkünde, diese Wahrheit nie *mit Sicherheit* wissen kann. Denn es gibt kein unfehlbares Kriterium der Wahrheit: Wir können eben nie, oder fast nie, ganz sicher sein, daß wir uns nicht geirrt haben.

Aber Xenophanes war kein erkenntnistheoretischer Pessimist. Er war ein Sucher; und es gelang ihm, im Laufe seines langen Lebens, manche seiner Vermutungen kritisch zu verbessern, besonders auch seine naturwissenschaftlichen Theorien. Er formuliert das folgendermaßen:

> Nicht vom Beginn an enthüllten die Götter den Sterblichen alles.
> Aber im Laufe der Zeit finden wir, suchend, das Bess're.

Xenophanes erklärt auch, was er hier mit »dem Besseren« meint: Er meint die Annäherung an die objektive Wahrheit: die Wahrheitsnähe, die Wahrheitsähnlichkeit. Denn er sagt von einer seiner Vermutungen:

Diese Vermutung ist, so scheint es, der Wahrheit recht ähnlich.

Es ist möglich, daß in diesem Fragment die Worte »diese Vermutung« auf Xenophanes' monotheistische Theorie der Gottheit anspielen.

Xenophanes' Theorie des menschlichen Wissens enthält also die folgenden Punkte:

1. Unser Wissen besteht aus Aussagen.
2. Aussagen sind wahr oder falsch.
3. Die Wahrheit ist objektiv. Sie ist die Übereinstimmung des Aussageinhaltes mit den Tatsachen.
4. Selbst dann, wenn wir die vollkommenste Wahrheit aussprechen, können wir das nicht wissen; das heißt, nicht mit Sicherheit, nicht mit Gewißheit wissen.
5. Da »Wissen« im vollen Sinn des Wortes »sicheres Wissen« ist, so gibt es kein Wissen, sondern nur *Vermutungswissen:* »Es ist alles durchwebt von Vermutung.«
6. Aber in unserem Vermutungswissen gibt es einen Fortschritt zum Besseren.
7. Das bessere Wissen ist eine bessere Annäherung an die Wahrheit.
8. Aber es bleibt immer Vermutungswissen – von Vermutung durchwebt.

Zum vollen Verständnis von Xenophanes' Theorie der Wahrheit ist es besonders wichtig, zu betonen, daß Xenophanes die objektive *Wahrheit* von der subjektiven *Sicherheit* deutlich unterscheidet. Die objektive Wahrheit ist die Übereinstimmung einer Aussage mit den Tatsachen, ob wir das nun wissen – sicher wissen – oder nicht. *Die Wahrheit darf also nicht mit der Sicherheit verwechselt werden* oder mit dem sicheren Wissen. Wer etwas sicher weiß, der kennt die Wahrheit. Aber es kommt oft vor, daß jemand etwas vermutet, ohne es sicher zu wissen; und daß seine Vermutung tatsächlich wahr ist. Xenophanes deutet ganz richtig an, daß es viele Wahrheiten gibt – und wichtige Wahrheiten –, die niemand sicher weiß; ja, die niemand wissen kann, obwohl sie von manchen vermutet werden. Und er deutet weiter an, daß es Wahrheiten gibt, die niemand auch nur vermutet.

In der Tat, in jeder Sprache, in der wir über die unendlich vielen natürlichen Zahlen sprechen können, gibt es unendlich viele klare und eindeutige Sätze (zum Beispiel $17^2 = 627 + 2$). Jeder dieser Sätze ist entweder wahr oder, wenn er falsch ist, so ist seine Negation wahr. Es gibt also unendlich viele Wahrheiten. Und daraus folgt weiter, daß es unendlich viele Wahrheiten gibt, die wir niemals wissen können: Es gibt unendlich viele, für uns unerkennbare Wahrheiten.

Auch heute noch gibt es viele Philosophen, die denken, daß die Wahrheit nur dann von Bedeutung für uns sein kann, wenn wir sie besitzen; also wenn wir sie mit Sicherheit wissen. Aber gerade das Wissen um die Tatsache, daß es Vermutungswissen gibt, ist von großer Bedeutung. Es gibt Wahrheiten, denen wir nur in mühevollem Suchen näherkommen können. Unser Weg führt fast immer durch den Irrtum; und ohne Wahrheit kann es keinen Irrtum geben. (Und ohne Irrtum gibt es keine Fehlbarkeit.)

IV

Einige der Einsichten, die ich soeben beschrieben habe, waren mir schon ziemlich klar, bevor ich Xenophanes' Fragmente gelesen hatte. Vielleicht hätte ich sie sonst nicht verstanden. Daß gerade unser bestes Wissen von Vermutung durchwebt und unsicher ist, war mir durch Einstein klar geworden. Denn er zeigte, daß Newtons Theorie der Gravitation, trotz ihrer großartigen Erfolge, Vermutungswissen ist, ebenso wie auch Einsteins eigene Gravitationstheorie; und ebenso wie jene, so scheint auch diese Theorie nur eine Annäherung an die Wahrheit zu sein.

Ich glaube nicht, daß mir die Bedeutung des Vermutungswissens ohne Newton und Einstein je klar geworden wäre; und so fragte ich mich, wie es wohl Xenophanes vor 2500 Jahren klar werden konnte. Vielleicht ist folgendes die Antwort auf diese Frage:

Xenophanes glaubte ursprünglich an das Weltbild Homers, so wie ich an das Weltbild Newtons. Dieser Glaube wurde bei ihm wie bei mir erschüttert: bei ihm durch seine eigene Kritik an Homer, bei mir durch Einsteins Kritik an Newton. Sowohl Xenophanes wie Einstein ersetzten das kritisierte Weltbild durch ein neues; und beide waren sich bewußt, daß ihr neues Weltbild nur eine Vermutung war.

Die Einsicht, daß Xenophanes meine Theorie des Vermutungswissens vor 2500 Jahren vorweggenommen hat, lehrte mich, bescheiden zu sein. Aber auch die Idee der intellektuellen Bescheidenheit wurde fast ebensolang vorweggenommen. Sie stammt von Sokrates.

Sokrates war der zweite und viel einflußreichere Gründer der skeptischen Tradition. Er lehrte: Nur der ist weise, der weiß, daß er es *nicht* ist.

Sokrates, und etwa gleichzeitig Demokrit, machten, unabhängig voneinander, dieselbe ethische Entdeckung. Beide sagten, fast mit denselben Worten: »Unrecht erleiden ist besser als Unrecht tun.«

Man kann wohl sagen, daß diese Einsicht – jedenfalls zusammen mit der Einsicht, wie wenig wir wissen – zur Toleranz führt; wie es dann später Voltaire lehrte.

V

Ich komme nun dazu, die gegenwärtige Bedeutung dieser selbstkritischen Philosophie der Erkenntnis zu besprechen.

Hier ist zuerst der folgende Einwand von Interesse. Es ist ja richtig, wird man sagen, daß Xenophanes, Demokrit und Sokrates nichts wußten; und es war in der Tat Weisheit, daß sie ihr eigenes Nichtwissen erkannten; und vielleicht noch größere Weisheit, daß sie die Haltung von Suchern annahmen. Wir – oder richtiger, unsere Naturwissenschaftler – sind noch immer Sucher, Forscher. Aber heute sind die Naturwissenschaftler nicht nur Sucher, sondern auch Finder. Und sie wissen ja eine ganze Menge; soviel, daß die bloße Menge unseres naturwissenschaftlichen Wissens zum Problem geworden ist. Können wir also heute noch ernstlich unsere Philosophie des Erkennens auf die Sokratische These des Nichtwissens aufbauen?

Der Einwand ist richtig. Aber nur, wenn wir vier überaus wichtige Zusätze gemacht haben.

Erstens: Wenn hier gesagt wird, daß die Naturwissenschaft vieles weiß, dann ist das zwar richtig, aber das Wort »Wissen« wird hier, anscheinend unbewußt, in einem Sinn gebraucht, der völlig verschieden ist von dem Sinn, den Xenophanes und Sokrates meinten und den das Wort »Wissen« auch in der heutigen Umgangssprache noch hat. Denn wir meinen bei »Wissen« immer *»sicheres* Wissen«. Wenn jemand sagt: »Ich *weiß,* daß heute Dienstag ist, aber ich bin *nicht* *sicher,* daß heute Dienstag ist«, so widerspricht er sich selbst, oder er zieht im zweiten Teil seines Satzes zurück, was er im ersten Teil gesagt hat.

Aber das naturwissenschaftliche Wissen ist eben *nicht* sicheres Wissen. Es ist revidierbar. Es besteht aus überprüfbaren *Vermutungen* – im besten Fall ungemein streng überprüften Vermutungen, aber doch immer nur aus *Vermutungen.* Es ist hypothetisches Wissen, *Vermutungswissen.* Das ist der erste Zusatz, und er allein ist eine volle Rechtfertigung des sokratischen Nichtwissens und der Bemerkung des Xenophanes, daß auch dann, wenn wir die vollkommene Wahrheit aussprechen, wir nicht *wissen* können, daß das, was wir gesagt haben, wahr ist.

Der zweite Zusatz, den ich zu dem Einwand machen muß, daß wir heute so viel wissen, ist der folgende: Mit fast jeder neuen naturwissenschaftlichen Errungenschaft, mit jeder hypothetischen Lösung eines naturwissenschaftlichen Problems wachsen die Zahl und die Schwierigkeit der offenen Probleme, und zwar weit schneller als die Lösungen. Wir können wohl sagen, daß, während unser hypothetisches Wissen endlich ist, unser Nichtwissen unendlich ist. Aber nicht nur das: Für den richtigen Naturwissenschaftler, der einen Sinn für offene Probleme hat, wird die Welt in einem ganz konkreten Sinn immer rätselhafter.

Mein dritter Zusatz ist der folgende: Wenn wir sagen, daß wir heute *mehr* wissen als Xenophanes oder Sokrates, dann ist das vermutlich unrichtig, falls wir »wissen« im subjektiven Sinne interpretieren. Vermutlich weiß jeder von uns nicht *mehr,* sondern *andere* Dinge. Wir haben gewisse Theorien, gewisse Hypothesen, gewisse Vermutungen gegen andere ausgetauscht, sehr oft gegen bessere: bessere im Sinne der Wahrheitsnähe.

Den *Inhalt* dieser Theorien, Hypothesen, Vermutungen kann man als *Wissen im objektiven* Sinne bezeichnen, im Gegensatz zum subjektiven oder persönlichen Wissen. Zum Beispiel das, was im vielbändigen Handbuch der Physik enthalten ist, ist unpersönliches oder objektives – und natürlich hypothetisches – Wissen: Es geht weit über das hinaus, was auch der gelehrteste Physiker wissen kann. Das, was ein Physiker weiß – oder, genauer, vermutet –, kann als sein persönliches oder subjektives Wissen bezeichnet werden. Beides – das unpersönliche und das persönliche Wissen – ist größtenteils hypothetisch und verbesserungsfähig. Aber nicht nur geht das unpersönliche Wissen heutzutage weit über das hinaus, was irgendein Mensch persönlich wissen kann, sondern der Fortschritt des unpersönlichen, des objektiven Wissens ist so schnell, daß das persönliche Wissen nur auf kurze Zeit und in kleinen Gebieten Schritt halten kann: Es wird überholt.

Hier haben wir noch einen vierten Grund, um Sokrates recht zu geben. Denn dieses überholte Wissen besteht aus Theorien, die sich als falsch herausgestellt haben. Überholtes Wissen ist daher, zumindest im Sinne der Umgangssprache, bestimmt kein Wissen.

VI

Wir haben also vier Gründe, die zeigen, daß auch heute die Sokratische Einsicht »Ich weiß, daß ich nichts weiß, und kaum das« hochaktuell ist – vielleicht noch aktueller als zur Zeit des Sokrates. Und wir haben Grund, zur Verteidigung der Toleranz aus dieser Einsicht jene ethischen Konsequenzen zu ziehen, die von Erasmus, Montaigne, Voltaire und später von Lessing gezogen wurden. Und noch weitere Konsequenzen.

Die Prinzipien, die jeder rationalen Diskussion zugrunde liegen, das heißt jeder Diskussion im Dienste der Wahrheitssuche, sind recht eigentlich *ethische* Prinzipien. Ich möchte drei solche Prinzipien angeben.

1. Das Prinzip der Fehlbarkeit: Vielleicht habe ich unrecht, und vielleicht hast du recht. Aber wir können auch beide unrecht haben.

2. Das Prinzip der vernünftigen Diskussion: Wir wollen versuchen, möglichst unpersönlich unsere Gründe für und wider eine bestimmte, kritisierbare Theorie abzuwägen.

3. Das Prinzip der Annäherung an die Wahrheit. Durch eine sachliche Diskussion kommen wir fast immer der Wahrheit näher; und wir kommen zu einem besseren Verständnis; auch dann, wenn wir nicht zu einer Einigung kommen.

Es ist bemerkenswert, daß alle drei Prinzipien erkenntnistheoretische und gleichzeitig ethische Prinzipien sind. Denn sie implizieren unter anderem Duldsamkeit, Toleranz: Wenn ich von dir lernen kann und im Interesse der Wahrheitssuche lernen will, dann muß ich dich nicht nur dulden, sondern als potentiell gleichberechtigt anerkennen; die potentielle Einheit und Gleichberechtigung aller Menschen sind eine Voraussetzung unserer Bereitschaft, rational zu diskutieren. Wichtig ist auch das Prinzip, daß wir von einer Diskussion viel lernen können; auch dann, wenn sie nicht zu einer Einigung führt. Denn die Diskussion kann uns lehren, einige der Schwächen unserer Position zu verstehen.

Es liegen also der Naturwissenschaft ethische Prinzipien zugrunde. Die Idee der Wahrheit als das grundlegende regulative Prinzip ist ein solches ethisches Prinzip.

Die Wahrheitssuche und die Idee der Annäherung an die Wahrheit sind weitere ethische Prinzipien; ebenso auch die Idee der intellektuellen Redlichkeit und die der Fehlbarkeit, die uns zur selbstkritischen Haltung und zur Toleranz führt.

Sehr wichtig ist auch, daß wir im Gebiet der Ethik *lernen* können.

VII

Das möchte ich noch am Beispiel der Ethik für die Intellektuellen aufzeigen, insbesondere der Ethik für die intellektuellen Berufe: der Ethik für die Wissenschaftler, für die Mediziner, Juristen, Ingenieure, Architekten; für die öffentlichen Beamten und, sehr wichtig, für die Politiker.

Ich möchte Ihnen einige Sätze für *eine neue Berufsethik* unterbreiten, Sätze, die mit den Ideen der Toleranz und der intellektuellen Redlichkeit eng zusammenhängen.

Zu diesem Zweck werde ich zuerst die alte Berufsethik charakterisieren und vielleicht auch ein klein wenig karikieren, um sie dann mit der neuen Berufsethik, die ich vorschlage, zu vergleichen.

Beiden, der *alten* und der *neuen* Berufsethik, liegen, zugegebenermaßen, die Ideen der Wahrheit, der Rationalität und der intellektuellen Verantwortlichkeit zugrunde. Aber die alte Ethik war auf die Idee des persönlichen Wissens und des sicheren Wissens gegründet und damit auf die Idee der *Autorität;* während die neue Ethik auf die Idee des objektiven Wissens und des unsicheren Wissens gegründet ist. Dadurch ändert sich die unterliegende Denkweise grundlegend, und damit auch die *Rolle* der Ideen der Wahrheit, der

Rationalität und der intellektuellen Redlichkeit und Verantwortlichkeit.

Das alte Ideal war, Wahrheit und Sicherheit zu *besitzen* und die Wahrheit, wenn möglich, durch einen logischen Beweis zu *sichern*.

Diesem auch heute noch weitgehend akzeptierten Ideal entspricht das persönliche Ideal des Weisen – natürlich nicht im sokratischen Sinn, sondern das Platonische Ideal des Wissenden, der eine Autorität ist; des Philosophen, der gleichzeitig ein königlicher Herrscher ist.

Der alte Imperativ für den Intellektuellen ist: Sei eine Autorität! Wisse alles in deinem Gebiet!

Wenn du einmal als Autorität anerkannt bist, dann wird deine Autorität von deinen Kollegen beschützt werden, und du mußt natürlich die Autorität deiner Kollegen beschützen.

Die alte Ethik, die ich beschreibe, verbietet es, Fehler zu machen. Ein Fehler ist absolut unerlaubt. Daher dürfen Fehler nicht zugegeben werden. Ich brauche nicht zu betonen, daß diese alte professionelle Ethik intolerant ist. Und sie war auch immer schon intellektuell unredlich: Sie führt zum Vertuschen der Fehler um der Autorität willen; insbesondere auch in der Medizin.

VIII

Ich schlage deshalb eine *neue* Berufscthik vor; vor allem, aber nicht nur, für Naturwissenschaftler. Ich schlage vor, sie auf folgende zwölf Prinzipien zu gründen, mit denen ich schließe.

1. Unser objektives Vermutungswissen geht immer weiter über das hinaus, was *ein* Mensch meistern kann. *Es gibt daher keine Autoritäten.* Das gilt auch innerhalb von Spezialfächern.

2. *Es ist unmöglich, alle Fehler zu vermeiden* oder auch nur alle an sich vermeidbaren Fehler. Fehler werden dauernd von allen Wissenschaftlern gemacht. Die alte Idee, daß man Fehler vermeiden kann und daher verpflichtet ist, sie zu vermeiden, muß revidiert werden: Sie selbst ist fehlerhaft.

3. *Natürlich bleibt es unsere Aufgabe, Fehler nach Möglichkeit zu vermeiden.* Aber gerade um sie zu vermeiden, müssen wir uns vor allem klar darüber werden, wie schwer es ist, sie zu vermeiden, und

daß es niemandem völlig gelingt. Es gelingt auch nicht den schöpferischen Wissenschaftlern, die von ihrer Intuition geleitet werden: Die Intuition kann uns auch irreführen.

4. Auch in den am besten bewährten unter unseren Theorien können Fehler verborgen sein; und es ist die spezifische Aufgabe des Wissenschaftlers, nach solchen Fehlern zu suchen. Die Feststellung, daß eine gut bewährte Theorie oder ein viel verwendetes praktisches Verfahren fehlerhaft ist, kann eine wichtige Entdeckung sein.

5. *Wir müssen deshalb unsere Einstellung zu unseren Fehlern ändern.* Es ist *hier,* wo unsere praktische ethische Reform beginnen muß. Denn die alte berufsethische Einstellung führt dazu, unsere Fehler zu vertuschen, zu verheimlichen und so schnell wie möglich zu vergessen.

6. Das neue Grundgesetz ist, daß wir, um zu lernen, Fehler möglichst zu vermeiden, *gerade von unseren Fehlern lernen* müssen. Fehler zu vertuschen ist deshalb die größte intellektuelle Sünde.

7. Wir müssen daher dauernd nach unseren Fehlern Ausschau halten. Wenn wir sie finden, müssen wir sie uns einprägen; sie nach allen Seiten analysieren, um ihnen auf den Grund zu gehen.

8. Die selbstkritische Haltung und die Aufrichtigkeit werden damit zur Pflicht.

9. Da wir von unseren Fehlern lernen müssen, so müssen wir es auch lernen, es anzunehmen, ja, *dankbar* anzunehmen, wenn andere uns auf unsere Fehler aufmerksam machen. Wenn wir andere auf ihre Fehler aufmerksam machen, so sollen wir uns immer daran erinnern, daß wir selbst ähnliche Fehler gemacht haben wie sie. Und wir sollen uns daran erinnern, daß die größten Wissenschaftler Fehler gemacht haben. Ich will sicher nicht sagen, daß unsere Fehler gewöhnlich entschuldbar sind: Wir dürfen in unserer Wachsamkeit nicht nachlassen. Aber es ist menschlich unvermeidbar, immer wieder Fehler zu machen.

10. Wir müssen uns klarwerden, *daß wir andere Menschen zur Entdeckung und Korrektur von Fehlern brauchen (und sie uns);* insbesondere auch Menschen, die mit anderen Ideen in einer anderen Atmosphäre aufgewachsen sind. Auch das führt zur Toleranz.

11. Wir müssen lernen, daß Selbstkritik die beste Kritik ist; daß aber die *Kritik durch andere eine Notwendigkeit* ist. Sie ist fast ebensogut wie die Selbstkritik.

12. Rationale Kritik muß immer spezifisch sein: Sie muß spezifische Gründe angeben, warum spezifische Aussagen, spezifische Hypothesen falsch zu sein scheinen oder spezifische Argumente ungültig. Sie muß von der Idee geleitet sein, der objektiven Wahrheit näher zu kommen. Sie muß in diesem Sinne unpersönlich sein.

Ich bitte Sie, meine Formulierungen als Vorschläge zu betrachten. Sie sollen zeigen, daß man, auch im ethischen Gebiet, diskutierbare und verbesserbare Vorschläge machen kann.

Anmerkung zu Seite 219, Zeile 5 des zweiten Zitates von Xenophanes.

Meine Übersetzung *»schwingt«* (für *»kradainei«*, in D–K. B 25) kann sich auf Hermann Diels (1903) berufen sowie auf Wilhelm Nestle (1908). Sie wurde von Karl Reinhardt (*Parmenides*, 1916, S. 112) scharf abgelehnt, mit einem Hinweis auf Homer (*Ilias* I, 530), und er schlägt vor, etwa »Mühelos macht er das All *erbeben*« zu übersetzen. Reinhards Vorschlag wurde von Walter Kranz (und vielen anderen) angenommen, der Diels korrigierte (D–K 25): »Doch sonder Mühe *erschüttert* er alles ...« Aber im Gegensatz zum Umschwung des Sternenhimmels kann man einen Allbeben wenig Sinn abgewinnen; auch das Wort »mühelos« oder »sonder Mühe« verträgt sich nicht mit der Situation in der *Ilias* I, 530. Zeus *erschüttert* dort den Olymp, jedoch ohne Absicht, also offenbar weder mühelos noch mühevoll. Aber er könnte wohl mühelos eine Lanze *schwingen* (wie in *Ilias* VII, 213; XIII, 583; *Odyssee* XIX, 438) oder den Sternenhimmel. Wie immer das Fragment gedeutet wird, es widerspricht, zusammen mit D–K B 26, der pantheistischen Interpretation (suggeriert von Aristoteles in *Metaphysik*, 986 b 24) von Xenophanes' Monotheismus.

Nachdem W. K. C. Guthrie (im ersten Band seiner *History of Greek Philosophy*, 1962, S. 385 f.) den anscheinenden Widerspruch zwischen den Fragmenten B 27, 29 und 33 völlig aufgeklärt hat, bleibt von den wörtlich überlieferten Fragmenten nur noch B 28 problematisch. Das Problem liegt in der verfehlten Annahme (Aristoteles, *De caelo* 294 b 21), Xenophanes könnte noch gelehrt haben, die Erde gehe nach unten bis ins Unendliche (oder »ins Unermessliche«, wie D–K B 28 übersetzt). Das Problem veschwindet, wenn man wie folgt übersetzt (vgl. dazu auch Felix M. Cleve, *The Giants of Pre-Sophistic Greek Philosophy*, 2. Aufl. 1969, S. 1 ff.):

> Uns zu Füßen erblickt man das obere Ende der Erde
> Grenzend an Luft; doch das unt're reicht hin bis an das Apeiron.

Das »Apeiron« ist hier offenbar Anaximanders den Weltraum erfüllender Urstoff: offenbar polemisiert Xenophanes hier gegen Anaximenes und für Anaximander. (Siehe die Hinweise in Anm. 1 auf S. 381 in Guthrie, op. cit.) Xenophanes' Fragment B 28 scheint noch Anaximanders Form der Erde anzunehmen: den Säulenstumpf. Aber gerade das würde es nicht unwahrscheinlich machen, daß Xenophanes später, angeregt durch seine eigene Theologie (vielleicht gleichzeitig mit Pythagoras oder Ameinias oder auch Parmenides) zur Theorie der Kugelgestalt der Erde überging.

15. Woran glaubt der Westen?
(gestohlen vom Autor der »offenen Gesellschaft«)

Leider muß ich mit einer Entschuldigung beginnen: mit einer Entschuldigung für den Titel meines Vortrages. Dieser Titel lautet: *Woran glaubt der Westen?* Wenn ich an die Geschichte des Ausdrukkes »der Westen« denke, so frage ich mich, ob ich ihn nicht hätte vermeiden sollen. Denn der Ausdruck »der Westen« ist eine Übersetzung des englischen Ausdrucks »the west«, und dieser Ausdruck hat sich in England besonders durch die Übersetzung von Spenglers *Untergang des Abendlandes* eingebürgert, denn dessen englischer Titel ist *»The Decline of the West«*. Aber ich möchte natürlich nichts mit Spengler zu tun haben. Denn ich halte ihn nicht nur für einen falschen Propheten eines vorgeblichen Unterganges, sondern auch für ein Symptom eines wirklichen Unterganges, wenn auch nicht des Westens: Was seine Prophezeiungen illustrieren, das ist der Untergang des intellektuellen Gewissens vieler abendländischer Denker. Sie illustrieren den Sieg der intellektuellen Unredlichkeit, des Versuches, ein wissensdurstiges Publikum durch bombastische Worte zu betören, kurz, den Sieg der Hegelei und des hegelisierenden Historizismus, den Schopenhauer vor mehr als hundert Jahren als geistige Pest Deutschlands entlarvte und bekämpfte.

Durch die Wahl meines Titels und wegen der hegelianischen Anklänge, die durch meinen Titel erweckt werden könnten, bin ich gezwungen, meinen Vortrag damit zu beginnen, daß ich mich von der

---

Vortrag, gehalten in Zürich, im Jahre 1958, auf Einladung von Albert Hunold. Zuerst veröffentlicht in: *Erziehung zur Freiheit. Sozialwissenschaftliche Studien für das Schweizerische Institut für Auslandsforschung*, hrsg. von Albert Hunold, Bd. 7, Erlenbach-Zürich/Stuttgart 1959.

hegelianischen Philosophie, von der Prophetie des Unterganges wie auch von der Prophetie des Fortschrittes, klar distanziere.

Ich möchte mich daher zuallererst als einen ganz altmodischen Philosophen vorstellen – als einen Anhänger jener längst überwundenen und verschwundenen Bewegung, die Kant »Aufklärung« nannte und andere »Aufklärerei« oder auch »Aufkläricht«. Das bedeutet aber, daß ich ein Rationalist bin und an die Wahrheit und die Vernunft glaube. Es bedeutet natürlich nicht, daß ich an die Allmacht der menschlichen Vernunft glaube. Ein Rationalist ist keineswegs, wie unsere anti-rationalistischen Gegner oft behaupten, ein Mensch, der ein reines Vernunftswesen sein möchte und der andere zu reinen Vernunftswesen machen möchte. Das wäre ja höchst unvernünftig. Jeder vernünftige Mensch, und daher auch, hoffe ich, ein Rationalist, weiß sehr gut, daß die Vernunft im menschlichen Leben nur eine sehr bescheidene Rolle spielen kann. Es ist die Rolle der kritischen Überlegung, der kritischen Diskussion. Was ich meine, wenn ich von der Vernunft spreche oder vom Rationalismus, ist weiter nichts als die Überzeugung, daß wir durch Kritik lernen können – durch kritische Diskussion mit anderen und durch Selbstkritik. Ein Rationalist ist also ein Mensch, der bereit ist, von anderen zu lernen, nicht dadurch etwa, daß er jede Belehrung einfach hinnimmt, sondern dadurch, daß er seine Ideen von anderen kritisieren läßt und daß er die Ideen anderer kritisiert. Der Nachdruck liegt hier auf den Worten »kritische Diskussion«: Der rechte Rationalist glaubt nicht, daß er selbst oder sonst jemand die Weisheit mit dem großen Löffel gegessen habe. Er weiß, daß wir immer wieder neue Ideen brauchen und daß uns die Kritik nicht zu neuen Ideen verhilft. Aber sie kann uns dazu verhelfen, den Hafer von der Spreu zu sondern. Er weiß auch, daß die Annahme oder die Verwerfung einer Idee niemals eine rein rationale Angelegenheit sein kann. Aber nur die kritische Diskussion kann uns helfen, eine Idee von mehr und mehr Seiten zu sehen und sie gerecht zu beurteilen. Ein Rationalist wird natürlich nicht behaupten, daß sich alle menschlichen Beziehungen in der kritischen Diskussion erschöpfen. Das wäre wieder höchst unvernünftig. Aber ein Rationalist kann vielleicht darauf hinweisen, daß die Einstellung des »give and take«, des Gebens und des Annehmens, die der kritischen Diskussion zugrunde liegt, auch rein menschlich von großer Bedeutung ist. Denn ein Rationalist wird sich leicht darüber klar, daß er seine Vernunft anderen Menschen verdankt. Er wird leicht einsehen, daß die kritische Einstellung nur das Ergebnis der Kritik anderer sein kann und daß man nur durch die Kritik anderer selbstkritisch sein kann. Die rationale Einstellung kann vielleicht am besten durch den Satz ausgedrückt werden: Vielleicht hast Du recht, und vielleicht habe ich unrecht; und wenn wir auch in unserer kritischen Diskussion vielleicht nicht endgültig entscheiden werden, wer von uns recht hat, so können wir doch hoffen, nach einer solchen Diskussion die Dinge etwas klarer zu sehen als vorher. Wir können beide voneinander lernen, solange wir nicht vergessen, daß es nicht so sehr darauf ankommt, wer recht behält, als vielmehr darauf, der objektiven Wahrheit näher zu kommen. Denn es geht uns ja beiden vor allem um die objektive Wahrheit.

Das ist in Kürze, was ich meine, wenn ich mich als einen Rationalisten deklariere. Aber wenn ich mich als reinen Aufklärer deklariere, dann meine ich noch etwas mehr. Ich denke dann an die Hoffnung einer Selbstbefreiung durch das Wissen, die Pestalozzi inspirierte, und an den Wunsch, uns aus unserem dogmatischen Schlummer aufzurütteln, wie es Kant nannte. Und ich denke an eine Pflicht jedes Intellektuellen, die leider die meisten Intellektuellen, insbesondere seit den Philosophen Fichte, Schelling und Hegel, vergessen haben. Es ist *die Pflicht, nicht als Prophet zu posieren.*

Gegen diese Pflicht haben insbesondere die Denker Deutschlands schwer gesündigt; zweifellos weil es von ihnen *erwartet* wurde, daß sie als Propheten auftreten – als Religionsstifter, als Offenbarer der Geheimnisse der Welt und des Lebens. Hier, wie überall, erzeugt die ständige Nachfrage leider ein Angebot. Propheten und Führer wurden gesucht. Kein Wunder, daß Propheten und Führer gefunden wurden. Was insbesondere im deutschen Sprachbereich auf diesem Gebiet gefunden wurde, grenzt ans Unglaubliche. In England sind diese Dinge glücklicherweise sehr wenig beliebt. Wenn ich die Situation in den beiden Sprachbereichen vergleiche, dann steigt meine Bewunderung für England über alle Grenzen. Man muß sich in diesem Zusammenhang daran erinnern, daß die Aufklärung mit Voltaires *Briefen aus London über die Engländer* anfing: mit dem Versuch, das intellektuelle Klima Englands, jene Trockenheit, die so merkwürdig mit seinem physischen Klima kontrastiert, auf dem Kontinent einzuführen. Diese Trockenheit, diese Nüchternheit, ist einfach ein Ausfluß des Respektes vor dem Nebenmenschen, dem man nichts einreden will oder vorzumachen versucht.

Im deutschen Sprachbereich ist es leider anders. Hier will jeder Intellektuelle ein Mitwisser der letzten Geheimnisse, der letzten Dinge sein. Hier werden nicht nur Philosophen, sondern auch Wirtschaftler, Ärzte und insbesondere Psychologen zu Religionsstiftern.

Was ist das äußere Kennzeichen dieser beiden Einstellungen – der des Aufklärers und der des selbsternannten Propheten? Es ist die Sprache. Der Aufklärer spricht so einfach, als es eben möglich ist. Er will verstanden werden. In dieser Hinsicht ist unter den Philosophen wohl Bertrand Russell unser unübertroffener Meister: auch dann, wenn man ihm nicht beistimmen kann, muß man ihn bewundern. Er spricht immer klar, einfach und direkt.

Warum liegt uns Aufklärern so viel an der Einfachheit der Sprache? Weil der rechte Aufklärer, der rechte Rationalist, niemals überreden will. Ja, er will eigentlich nicht einmal überzeugen: Er bleibt sich stets dessen bewußt, daß er sich ja irren kann. Vor allem aber achtet er die Selbständigkeit, die geistige Unabhängigkeit des anderen zu hoch, als daß er ihn in wichtigen Dingen überzeugen wollte; viel eher will er seinen Widerspruch herausfordern, seine Kritik. Nicht überzeugen will er, sondern aufrütteln, zur freien Meinungsbildung herausfordern. Die freie Meinungsbildung ist ihm wertvoll. Sie ist ihm nicht nur darum wertvoll, weil wir mit der freien Meinungsbildung der Wahrheit näher kommen können, sondern auch darum, weil er die freie Meinungsbildung als solche respektiert. Er respektiert sie auch dann, wenn er eine Meinung für grundfalsch hält.

Einer der Gründe, warum der Aufklärer nicht überreden und nicht einmal überzeugen will, ist der folgende. Er weiß, daß es außerhalb des engen Gebietes der Logik und vielleicht der Mathematik keine Beweise gibt. Um es kurz zu sagen, *beweisen kann man nichts*. Man kann wohl Argumente vorbringen und man kann Ansichten kritisch untersuchen. Aber außerhalb der Mathematik ist unsere Argumentierung *niemals* lückenlos. Wir müssen immer die Gründe abwägen; wir müssen immer entscheiden, welche Gründe mehr Gewicht haben: die Gründe, die für eine Ansicht sprechen, oder die, die gegen sie sprechen. So enthalten die Wahrheitssuche und die Meinungsbildung immer ein Element der freien Entscheidung. Und es ist die freie Entscheidung, die eine Meinung menschlich wertvoll macht.

Diese hohe Wertschätzung der freien, persönlichen Meinung hat die Aufklärung von John Locke übernommen und fortgebildet. Sie ist zweifellos das direkte Ergebnis der englischen und der kontinental-europäischen Religionskämpfe. Diese Kämpfe brachten schließlich die Idee der religiösen Toleranz hervor. Und diese Idee der religiösen Toleranz ist keineswegs eine bloß negative Idee, wie es so oft (zum Beispiel von Arnold Toynbee) behauptet wird. Es ist nicht nur der Ausdruck der Kampfesmüdigkeit und der Einsicht, daß es aussichtslos ist, Konformität auf dem Gebiete der Religion durch den Terror zu erzwingen. Ganz im Gegenteil, die religiöse Toleranz entspringt der positiven Erkenntnis, daß eine erzwungene religiöse Einstimmigkeit völlig wertlos ist: daß nur *der* religiöse Glaube von Wert sein kann, der frei angenommen wurde. Und diese Einsicht führt weiter. Sie führt dazu, jeden ehrlichen Glauben zu respektieren, und sie führt damit zum Respekt vor dem einzelnen und seiner Meinung. Sie führt, in den Worten von Immanuel Kant (der der letzte große Philosoph der Aufklärung war) zur Anerkennung der Würde der menschlichen Person.

Unter dem Satz von der Würde der Person verstand Kant das Gebot, jeden Menschen und seine Überzeugung zu respektieren. Kant verband diese Regel aufs engste mit dem Prinzip, das die Engländer mit Recht die goldene Regel nennen und das im Deutschen etwas banal klingt: »Was Du nicht willst, das man Dir tu, das füg auch keinem andern zu!« Kant verknüpfte fernerhin dieses Prinzip mit der Idee der Freiheit: der Gedankenfreiheit, wie sie Schillers Marquis Posa von Philipp verlangte; der Gedankenfreiheit, wie sie der Determinist Spinoza damit zu begründen versuchte, daß es eine unveräußerliche Freiheit sei, die der Tyrann uns zu entreißen sucht, die er uns aber nie entreißen kann.

Ich glaube, daß wir in diesem Punkt nicht mehr mit Spinoza übereinstimmen können. Vielleicht ist es richtig, daß die Gedankenfreiheit niemals völlig unterdrückt werden kann. Aber sie kann zumindest weitgehend unterdrückt werden. Denn ohne freien Gedankenaustausch kann es keine wirkliche Gedankenfreiheit geben. Wir brauchen andere, um an ihnen unsere Gedanken zu erproben; um herauszufinden, ob sie stichhaltig sind. Die kritische Diskussion ist die Grundlage des freien Denkens des Einzelnen. Das bedeutet aber, daß die volle Gedankenfreiheit ohne politische Freiheit unmöglich ist. Und die politische Freiheit wird damit zur Vorbedingung des vollen, freien Vernunftgebrauches jedes Einzelmenschen.

Aber die politische Freiheit kann ihrerseits nur durch die *Tradition* gesichert werden, durch die traditionelle Bereitschaft, sie zu verteidigen, für sie zu kämpfen, für sie Opfer zu bringen.

Es ist oft behauptet worden, daß der Rationalismus im Gegensatz zu aller Tradition steht; und es ist wahr, daß sich der Rationalismus vorbehält, jede Tradition kritisch zu diskutieren. Aber letzten Endes beruht der Rationalismus selbst auf Tradition: auf der Tradition des kritischen Denkens, der freien Diskussion, der einfachen, klaren Sprache und der politischen Freiheit.

Ich habe hier versucht zu erklären, was ich unter Rationalismus und Aufklärung verstehe; denn da ich mich von Spengler und anderen Hegelianern distanzieren wollte, mußte ich mich Ihnen gegenüber als Rationalist und als Aufklärer bekennen, als einer der letzten Nachzügler einer längst veralteten und ganz und gar unmodernen Bewegung.

Aber, so können Sie wohl fragen, ist das nicht eine etwas lange Einleitung? Was hat denn das alles mit unserem Thema zu tun? Sie sind ja gekommen, um etwas über den Westen zu hören, und woran der Westen glaubt. Und statt dessen rede ich nun über mich selbst und woran ich glaube. Mit Recht können Sie wohl fragen, wie lange ich noch Ihre Geduld mißbrauchen werde.

Meine Damen und Herren, ich möchte Sie bitten, es mir nicht als Unbescheidenheit auszulegen, wenn ich Ihnen gestehe, daß ich schon mitten in unserem Thema bin. Ich weiß sehr wohl, daß mein Rationalismus und meine Aufklärerei höchst unzeitgemäße Ideen sind und daß es lächerlich wäre, zu behaupten, daß der Westen, bewußt oder unbewußt, an diese Ideen glaubt. Aber obwohl diese Ideen heutzutage von fast allen Intellektuellen mit Verachtung behandelt werden, so ist doch zumindest der Rationalismus eine Idee, ohne die der Westen gar nicht existieren würde. Denn nichts ist so charakteristisch für unsere westliche Zivilisation wie die Tatsache, daß sie eine wissenschaftsbeflissene Zivilisation ist. Sie ist die einzige Zivilisation, die eine Naturwissenschaft hervorgebracht hat und in der diese Wissenschaft eine geradezu entscheidende Rolle spielt. Aber diese Naturwissenschaft ist das unmittelbare Produkt des Rationalismus: Sie ist das Produkt des Rationalismus der antiken, griechischen Philosophie: der Vorsokratiker.

Bitte, verstehen Sie mich recht: Es ist hier nicht meine These, daß der Westen an den Rationalismus glaubt, entweder bewußt oder unbewußt. Über den Glauben des Westens werde ich später sprechen. Hier möchte ich nur feststellen, wie es schon viele andere vor mir getan haben, daß unsere westliche Zivilisation, historisch betrachtet, weitgehend ein Produkt jener rationalistischen Denkweise ist, die unsere Zivilisation von den Griechen geerbt hat. Es scheint mir ziemlich klar zu sein, daß, wenn wir vom Westen, oder wie Spengler, vom Abendland sprechen, wir eben diese rationalistisch beeinflußte Zivilisation meinen. Wenn ich es also hier versucht habe, den Rationalismus zu erklären, so war mein Beweggrund nicht nur, daß ich mich von gewissen anti-rationalistischen Strömungen distanzieren wollte; sondern ich wollte auch den Versuch machen, Ihnen die vielverlästerte rationalistische Tradition nahe zu bringen: die Tradition, die unsere westliche Zivilisation entscheidend beeinflußt hat – so sehr, daß es wohl angeht, die westliche Zivilisation als die einzige zu charakterisieren, in der die rationalistische Tradition eine dominierende Rolle spielt.

Mit andern Worten, ich mußte vom Rationalismus sprechen, um zu erklären, was ich meine, wenn ich vom Westen spreche. Und ich mußte gleichzeitig den Rationalismus ein wenig in Schutz nehmen, da er allzu oft in Form einer Karikatur dargestellt wird.

Damit habe ich nun vielleicht erklärt, was ich meine, wenn ich vom Westen spreche. Aber ich muß noch hinzufügen, daß ich, wenn ich vom Westen spreche, in erster Linie an England denke, sogar noch vor der Schweiz. Vielleicht ist das nur deshalb so, weil ich in England lebe; aber ich glaube, daß es auch noch andere Gründe hat. England ist das Land, das nicht kapitulierte, als es Hitler allein gegenüberstand. Und wenn ich mich jetzt der Frage zuwende »Woran glaubt der Westen?«, werde ich wohl hauptsächlich daran denken, woran meine Freunde in England glauben und andere Menschen in England. Woran glauben diese Menschen? Sicherlich nicht an den Rationalismus. Sicher nicht an die Wissenschaft, wie sie vom griechischen Rationalismus geschaffen wurde. Im Gegenteil, der Rationalismus wird heute allgemein als veraltet empfunden. Und was die Wissenschaft betrifft, so ist sie in den letzten Jahrzehnten den meisten von uns Westlern zuerst fremd und unverständlich geworden und später, nach der Atombombe, ungeheuerlich und unmenschlich. Woran also glauben wir heute? Woran glaubt der Westen?

Wenn wir uns die Frage, woran wir glauben, ernsthaft vorlegen und wenn wir sie ehrlich zu beantworten versuchen, so werden wohl die meisten von uns gestehen, daß sie nicht recht wissen, woran sie glauben sollen. Die meisten von uns haben es erlebt, daß sie an diese oder jene falschen Propheten glaubten und durch die Vermittlung dieser falschen Propheten auch an diese oder jene falschen Götter. Wir alle haben Erschütterungen in unserem Glauben durchgemacht; und auch die wenigen, deren Glauben durch alle diese Erschütterungen unerschüttert hindurchgegangen ist, werden wohl zugeben müssen, daß es heute nicht leicht ist, zu wissen, woran wir im Westen glauben.

Meine Bemerkung, daß es nicht leicht ist, zu wissen, woran der Westen glaubt, klingt vielleicht recht negativ. Ich kenne viele und gute Menschen, die es als eine Schwäche des Westens ansehen, daß wir im Westen keine tragende, einheitliche Idee, keinen einheitlichen Glauben haben, den wir der kommunistischen Religion des Ostens stolz gegenüberstellen können.

Diese weitverbreitete Ansicht ist überaus verständlich. Aber ich halte sie für grundfalsch. Unser Stolz sollte es sein, daß wir nicht *eine* Idee haben, sondern *viele* Ideen, gute und schlechte; daß wir nicht *einen* Glauben haben, nicht *eine* Religion, sondern viele, gute und schlechte. Es ist ein Zeichen der überragenden Kraft des Westens, daß wir uns das leisten können. Die Einigung des Westens auf *eine* Idee, auf *einen* Glauben, auf *eine* Religion, wäre das Ende des Westens, unsere Kapitulation, unsere bedingungslose Unterwerfung unter die totalitäre Idee.

Es ist nicht lange her, daß Harold Macmillan, jetzt britischer Ministerpräsident, aber damals noch Außenminister, auf die Frage des Herrn Chruschtschow, woran wir im Westen denn eigentlich glauben, die Antwort gab: an das Christentum. Und vom Standpunkt der Geschichte aus gesehen, kann man ihm wohl nicht unrecht geben. Abgesehen vom griechischen Rationalismus hat nichts auf die Ideengeschichte des Westens einen so großen Einfluß gehabt wie das Christentum und die langen Zwistigkeiten und Kämpfe innerhalb des Christentums.

Dennoch halte ich Macmillans Antwort für verfehlt. Sicher gibt es gute Christen unter uns. Aber gibt es ein Land, gibt es eine Regierung, gibt es eine Politik, die man ehrlich und aufrichtig als christlich bezeichnen kann? Kann es eine solche Politik geben? Ist nicht vielmehr der lange Kampf zwischen geistlicher und weltlicher Macht und die Niederlage des weltlichen Machtanspruches der Kirche eine jener geschichtlichen Tatsachen, die die Tradition des Westens zutiefst beeinflußt haben? Und ist das Christentum ein einheitlicher Begriff? Gibt es nicht viele unvereinbare Interpretationen dieses Begriffs?

Aber wichtiger noch als diese wichtigen Fragen ist eine Antwort, die Chruschtschow, wie eben jeder Marxist seit Karl Marx, bereit haben mußte. »Ihr seid ja gar keine Christen«, so antworten die Kommunisten. »Ihr nennt Euch ja nur Christen. Die wirklichen Christen sind wir, die wir uns nicht Christen, sondern Kommunisten nennen. Denn Ihr betet den Mammon an, während wir für die Unterdrückten kämpfen, für die Mühseligen und Beladenen.«

Es ist kein Zufall, daß Antworten dieser Art auf echte Christen immer den größten Eindruck gemacht haben, und daß es im Westen immer christliche Kommunisten gab und daß es sie immer noch gibt. Ich zweifle nicht an der ehrlichen Überzeugung des Bischofs von Bradford, wenn er 1942 unsere westliche Gesellschaft als ein Werk des Satans bezeichnete und alle gläubigen Diener der christlichen Religion aufforderte, für die Vernichtung unserer Gesellschaft und für den Sieg des Kommunismus zu arbeiten. Seitdem ist der Satanismus Stalins und seiner Folterknechte von den Kommunisten selbst zugegeben worden; ja die These vom Satanismus Stalins war für eine kurze Weile geradezu ein integraler Bestandteil der Generallinie der kommunistischen Partei. Dennoch gibt es echte Christen, die noch immer so denken wie der frühere Bischof von Bradford.

Wir können uns also nicht, wie Harold Macmillan, auf das Christentum berufen. Unsere Gesellschaft ist keine christliche Gesellschaft – ebensowenig wie sie eine rationalistische Gesellschaft ist.

Und das ist verständlich. Die christliche Religion verlangt von uns eine Reinheit des Handelns und des Denkens, die nur von Heiligen ganz erreicht werden kann. Die zahllosen Versuche, eine Gesellschaftsordnung aufzubauen, die ganz vom Geiste des Christentums beseelt ist, haben deshalb immer fehlgeschlagen. Sie haben immer und mit Notwendigkeit zur Intoleranz geführt, zum Fanatismus.

Nicht nur Rom und Spanien können davon erzählen, sondern auch Genf und Zürich und zahlreiche amerikanische christlich-kommunistische Experimente. Der marxistische Kommunismus ist nur das schrecklichste Beispiel eines solchen Versuches, den Himmel auf Erden zu verwirklichen: Es ist ein Experiment, von dem wir lernen, wie leicht die, die sich anmaßen, den Himmel auf Erden zu verwirklichen, die Hölle verwirklichen können.

Selbstverständlich ist es nicht die Idee des Christentums, die zum Terror und zur Unmenschlichkeit führt. Es ist vielmehr die Idee der einen, einheitlichen Idee, der Glaube an den einen, einheitlichen und ausschließlichen Glauben. Und da ich mich hier als Rationalist bezeichnet habe, ist es wohl meine Pflicht, darauf hinzuweisen, daß der Terror des Rationalismus, der Religion der Vernunft, wenn möglich noch schlimmer war als der des christlichen oder des mohammedanischen oder des jüdischen Fanatismus. Eine echt rationalistische Gesellschaftsordnung ist ebenso unmöglich wie eine echt christliche, und der Versuch, das Unmögliche zu verwirklichen, muß hier zumindest zu denselben Scheußlichkeiten führen. Das Beste, was man dem Terror Robespierres noch nachsagen kann, ist, daß er verhältnismäßig kurzlebig war.

Jene wohlmeinenden Enthusiasten, die den Wunsch und das Bedürfnis haben, den Westen unter der Führung einer begeisternden Idee zu vereinheitlichen, sie wissen nicht, was sie tun. Sie wissen nicht, daß sie mit dem Feuer spielen – daß es die totalitäre Idee ist, die sie anlockt.

Nein, es ist nicht die Einheit der Idee, es ist die Vielheit der Ideen, der Pluralismus, auf den wir im Westen stolz sein sollten. Und auf die Frage »Woran glaubt der Westen?« können wir jetzt eine erste und vorläufige Antwort geben. Denn wir können mit Stolz sagen, daß wir im Westen an viele und verschiedene Dinge glauben, an vieles, das wahr ist, und an vieles, das unwahr ist; an gute Dinge und an böse Dinge.

Meine erste und vorläufige Antwort auf die Frage »Woran glauben wir im Westen?« ist also ein Hinweis auf eine fast triviale Tatsache: Wir glauben an vielerlei. Aber diese triviale Tatsache ist von überragender Bedeutung.

Natürlich gibt es viele, die die westliche Toleranz der Meinungen geleugnet haben. Bernhard Shaw, zum Beispiel, hat immer wieder behauptet, daß unser Zeitalter und unsere Zivilisation ebenso intolerant sind wie alle anderen. Er versuchte zu beweisen, daß sich nur der *Inhalt* unserer abergläubischen Dogmatik geändert hat; daß an die Stelle des religiösen Dogmas das wissenschaftliche Dogma getreten ist; und daß, wer es heutzutage wagte, dem wissenschaftlichen Dogma entgegenzutreten, ebenso verbrannt werden würde wie einst Giordano Bruno. Aber obwohl er alles tat, um seine Mitmenschen durch seine Meinungen zu schockieren, gelang es ihm nicht. Es ist auch nicht wahr, daß er, wie ein Hofnarr, alles sagen durfte, weil es nicht ernst genommen wurde. Ganz im Gegenteil. Vielleicht ist er vergessen, aber diese Ideen werden auch heute noch von vielen sehr ernst genommen, und insbesondere seine Theorie über die westliche Intoleranz hatte einen recht großen Einfluß auf seine Zeitgenossen. Ich zweifle nicht, daß sein Einfluß größer war als der Giordano Brunos; aber er starb, mehr als neunzig Jahre alt, nicht am Scheiterhaufen, sondern an den Folgen eines Knochenbruches.

Ich schlage also vor, meine erste vorläufige Antwort auf unsere Frage zu akzeptieren und uns nun den vielen verschiedenen Dingen zuzuwenden, an die die vielen verschiedenen Menschen bei uns im Westen glauben.

Es sind gute Dinge, und es sind böse Dinge, wenigstens erscheinen sie mir so. Und da ich natürlich die guten Dinge ausführlicher behandeln will, so bespreche ich zuerst die bösen, um sie aus dem Weg zu schaffen.

Es gibt viele falsche Propheten bei uns im Westen und viele falsche Götter. Es gibt Menschen, die an die Macht glauben und an die Versklavung anderer. Es gibt Menschen, die an eine geschichtliche Notwendigkeit glauben, an ein Gesetz der Geschichte, das wir erraten können und das uns erlaubt, die Zukunft vorauszusehen und uns zur rechten Zeit auf die Seite der zukünftigen Machthaber zu schlagen. Es gibt Propheten des Fortschritts und Propheten des Rückschritts, und sie alle finden gläubige Schüler, trotz allem. Und es gibt Propheten und Gläubige der Gottheit *Erfolg*, der *efficiency*, der Produktionssteigerung um jeden Preis, des Wirtschaftswunders und der Macht des Menschen über die Natur. Aber den größten Einfluß unter den Intellektuellen haben die *raunzenden Propheten des Pessimismus*.

Heutzutage scheint es fast, als ob alle zeitgenössischen Denker, denen ihr guter Ruf auch nur einen Pfifferling wert ist, sich darüber einig sind, daß wir in einer recht elenden Zeit leben – in einer geradezu verbrecherischen Zeit, vielleicht sogar in der schlechtesten aller Zeiten. Wir wandeln am Rande des Abgrundes, und es ist unsere moralische Schlechtigkeit, vielleicht sogar die Erbsünde, die uns so weit gebracht hat. Wir sind, so sagt der von mir hochverehrte Bertrand Russell, intelligent – vielleicht zu intelligent; aber vom Standpunkt der Ethik betrachtet, sind wir nicht gut genug. Unser Unglück ist, daß sich unsere Intelligenz schneller entwickelt hat als unsere moralischen Gaben. So kommt es, daß wir gescheit genug waren, Atombomben und Wasserstoffbomben zu konstruieren; aber wir waren moralisch zu unreif, um einen Weltstaat zu bauen, der allein uns vor einem alles vernichtenden Krieg bewahren kann.

Meine Damen und Herren: ich muß gestehen, daß ich diese pessimistische Ansicht von unserer Zeit für grundfalsch halte. Ich halte sie für eine gefährliche Mode. Ich möchte sicher nichts gegen den Weltstaat sagen oder gegen eine Weltföderation. Aber es erscheint mir völlig verfehlt, das Versagen der Vereinten Nationen auf ein moralisches Versagen der Staatsbürger, der Angehörigen dieser Nationen, zurückzuführen. Im Gegenteil: ich bin fest überzeugt davon, daß wir im Westen fast alle bereit wären, jedes nur erdenkliche Opfer zu bringen, um den Frieden auf Erden zu sichern, wenn wir nur sehen könnten, wie wir unser Opfer so bringen könnten, daß es etwas nützt. Ich persönlich kenne niemanden, von dem ich zweifle, daß er bereit wäre, sein Leben hinzugeben, wenn er dadurch der Menschheit den Frieden sichern könnte. Ich will damit nicht sagen, daß es nicht vielleicht doch Leute gibt, die dazu nicht bereit wären, aber ich möchte behaupten, daß sie selten sind. Wir wollen also den Frieden. Das bedeutet aber nicht, daß wir den *Frieden um jeden Preis* wollen.

Meine Damen und Herren, es war nicht meine Absicht, und es ist auch nicht meine Absicht, diesen Vortrag dem Problem der Atomwaffen zu widmen. In England spricht man sehr wenig über diese Fragen; und obwohl Bertrand Russell allgemein verehrt und geliebt wird, so ist es ihm doch kaum gelungen, in England eine wirkliche Diskussion über diese Dinge in Gang zu bringen.

Meine Studenten, zum Beispiel, luden ihn ein, einen Vortrag über dieses Thema zu halten, und er wurde mit Ovationen empfangen. Sie waren begeistert über den Mann, sie hörten ihm mit dem größten Interesse zu, sie sprachen auch in der Diskussion, aber soviel ich weiß, ließen sie dann das Thema fallen. In meinem Seminar, in dem alle nur erdenklichen philosophischen und politischen Probleme in der freiesten Weise diskutiert werden, von der Naturphilosophie bis zur politischen Ethik, hat noch nie ein Student Russells Problem angeschnitten. Dabei wissen wir alle, was wir darüber denken. Ich bin mir klar darüber, daß hier auf dem Kontinent die Lage ganz anders ist. Es wird Sie vielleicht interessieren, daß ich Russells Argumente zuerst vor acht Jahren [also im Jahre 1950] in Amerika hörte, von einem Atomphysiker, der vielleicht mehr als irgendein anderer dazu beigetragen hat, den Entschluß zum Bau der Atombombe durchzusetzen. Sein Standpunkt war, daß die Kapitulation dem Atomkrieg vorzuziehen sei. Es würden dann wohl die bösesten Tage für die Menschheit kommen, durch die sie je hindurchgegangen ist, so meinte er; aber einmal wird die Freiheit doch wieder erkämpft werden. Der Atomkrieg hingegen wäre das Ende.

Dieselbe Idee wurde von anderen so ausgedrückt, daß es besser und sogar ehrenvoller sei, unter den Russen zu leben, als von Atombomben getötet zu werden. Ich achte diese Meinung, aber ich halte die Alternative für falsch gestellt. Sie ist falsch, weil sie die Möglichkeit außer acht läßt, den Atomkrieg auf andere Art als durch Kapitulation zu vermeiden. Wir *wissen ja nicht,* daß der Atomkrieg unvermeidlich ist, und wir können es gar nicht wissen. Und wir wissen nicht, ob die Kapitulation nicht den Atomkrieg herbeibringen würde. Die wahre Alternative, vor der wir stehen, ist die: Sollen wir kapitulieren, um die Möglichkeit oder Wahrscheinlichkeit eines Atomkrieges zu verringern, oder sollen wir uns, *wenn es sein muß,* mit allen Mitteln zur Wehr setzen?

Auch diese Alternative bedeutet eine schwere Entscheidung. Aber es ist nicht die Entscheidung zwischen einer Partei des Friedens und einer Partei des Krieges. Sondern es ist die Entscheidung zwischen einer Partei, die daran glaubt, daß sie den *Wahrscheinlichkeitsgrad* eines Atomkrieges hinreichend genau einschätzen kann, und die das Risiko für zu groß hält – für so groß, daß sie die Kapitulation vorzieht – und andererseits einer Partei, die gleichfalls den Frieden will, die aber auch an die *Tradition der Freiheit* glaubt und sich daran erinnert, daß die Freiheit niemals ohne Risiko verteidigt werden kann; daß Churchill nicht vor Hitler kapitulierte, als seine Lage fast hoffnungslos aussah, und daß niemand an Kapitulation dachte, als Hitler seine V-Waffen ankündigte, obwohl die Eingeweihten Grund hatten zu glauben, daß er bereits Atomwaffen zur Verfügung habe. Auch die Schweiz war mehr als einmal in einer fast aussichtslosen Lage, zuletzt wohl Hitler gegenüber, und viele wollten kapitulieren. Aber es gelang ihr, ihre Freiheit und ihre bewaffnete Neutralität aufrechtzuerhalten.

Worauf ich hier hinweisen möchte, ist also, daß beide Parteien Kriegsgegner sind. Auch sind sich beide Parteien darin einig, daß sie keine *unbedingten* Gegner des Krieges sind. Und schließlich glauben beide Parteien nicht nur an den Frieden, sondern auch an die Freiheit.

Alles das haben die beiden Parteien gemeinsam. Der Gegensatz erhebt sich mit der Frage: Sollen und können wir hier Wahrscheinlichkeitsgrade kalkulieren, oder sollen wir der Tradition folgen?

Es liegt also hier ein Gegensatz vor zwischen dem Rationalismus und der Tradition. Der Rationalismus ist, so scheint es, für die Kapitulation; die Tradition der Freiheit ist dagegen.

Ich habe mich Ihnen als einen Rationalisten vorgestellt und als einen Verehrer von Bertrand Russell. Aber in diesem Konflikt wähle ich nicht den Rationalismus, sondern die Tradition. Ich glaube nicht, daß wir in solchen Fragen Wahrscheinlichkeitsgrade abschätzen können. Wir sind nicht allwissend; wir wissen nur wenig, und wir sollten nicht Vorsehung spielen. Gerade als Rationalist glaube ich, daß der Rationalismus seine Grenzen hat und daß er ohne Tradition unmöglich ist.

Meine Damen und Herren, ich möchte es vermeiden, mich in eine Polemik einzumischen, die schon zu vielen bitteren Worten geführt hat. Ich konnte es wohl nicht vermeiden, Farbe zu bekennen. Aber ich sehe meine Aufgabe nicht darin, meinen Standpunkt zu verteidigen, sondern in der Analyse der Meinungsverschiedenheiten und dessen, was die Parteien gemeinsam haben. Denn hier können wir lernen, woran der Westen glaubt.

Wenn wir uns also wieder der Frage zuwenden, an was wir hier im Westen glauben, dann können wir vielleicht sagen, daß von den vielen richtigen Antworten, die wir geben könnten, eine der wichtigsten heute wohl die ist: Wir hassen Willkür, Unterdrückung und Gewalt; und wir alle glauben an unsere Aufgabe, diese Dinge zu bekämpfen. Wir sind gegen den Krieg und gegen Erpressungen jeder Art, und ganz besonders gegen Erpressungen durch Kriegsdrohungen. Wir halten die Erfindung der Atombombe für ein Unglück. Wir wollen den Frieden und glauben an seine Möglichkeit. Wir alle glauben an die Freiheit und daß nur die Freiheit das Leben lebenswert macht. Wo sich unsere Wege trennen, ist bei der Frage, ob es recht ist, der Erpressung nachzugeben und zu versuchen, den Frieden mit der Freiheit zu erkaufen.

Die Tatsache, daß wir im Westen den Frieden wollen und die Freiheit und daß wir alle bereit sind, für beide die größten Opfer zu bringen, das erscheint mir wichtiger, als der Zwist zwischen den beiden Parteien, den ich geschildert habe. Und ich glaube, daß diese Tatsache es rechtfertigt, ein sehr optimistisches Bild von unserer Zeit zu entwerfen. Aber ich wage es kaum, Ihnen meine optimistische These vorzulegen. Ich fürchte, Ihr Vertrauen völlig zu verscherzen. Denn meine These ist die: Ich behaupte, daß unsere Zeit, trotz allem, die beste aller Zeiten ist, von denen wir historische Kenntnis haben; und daß die Gesellschaftsform, in der wir im Westen leben, trotz vieler Mängel, die beste ist, von der wir Kenntnis haben.

Dabei habe ich keineswegs hauptsächlich den materiellen Wohlstand im Auge, obwohl es doch sehr bedeutsam ist, daß in der kurzen Zeit seit dem Zweiten Weltkrieg die Armut in Nordeuropa und Westeuropa fast verschwunden ist – während in meiner Jugend und noch zwischen den beiden Weltkriegen die Armut (insbesondere als Folge der Arbeitslosigkeit) als *das* soziale Problem galt. Das Verschwinden der Armut, leider nur im Westen, hat verschiedene Ursachen, deren wichtigste wohl die Produktionssteigerung ist. Aber ich möchte hier besonders auf drei Ursachen hinweisen, die im Zusammenhang mit unserem Thema von Bedeutung sind: Sie zeigen deutlich, woran wir im Westen glauben.

Erstens hat unsere Zeit einen moralischen Glaubenssatz aufgestellt, der geradezu zu einer moralischen Selbstverständlichkeit erhoben wurde. Ich meine den Satz, daß niemand hungern darf, solange es unter uns genug zu essen gibt. Und sie hat weiter den ersten Entschluß gefaßt, *den Kampf gegen die Armut nicht dem Zufall zu überlassen,* sondern als eine elementare Pflicht aller zu betrachten – insbesondere jener, denen es materiell gut geht.

Zweitens glaubt unsere Zeit an das Prinzip, allen eine möglichst gute Chance im Leben zu geben (»equality of opportunity«); oder mit anderen Worten, sie glaubt mit der Aufklärung an die Selbstbefreiung durch das Wissen und mit Pestalozzi an die Bekämpfung des Elends durch das Wissen; und sie glaubt daher mit Recht, daß das

Universitätsstudium allen zugänglich gemacht werden soll, die die nötige Begabung haben.

Drittens hat unsere Zeit in den Massen Bedürfnisse erweckt und den Ehrgeiz des Besitzes. Es ist selbstverständlich, daß das eine gefährliche Entwicklung ist, aber ohne sie ist Massenelend unvermeidlich: das wurde von den Reformern des 18. und 19. Jahrhunderts klar erkannt. Sie sahen, daß das Problem der Armut ohne die Mitarbeit der Armen unlösbar war und daß zuerst der Wunsch und der Wille, ihre Lebenslage zu verbessern, erweckt werden mußten, bevor man die Mitarbeit der Armen gewinnen konnte. Diese Einsicht wurde zum Beispiel von George Berkeley, dem Bischof von Cloine, klar formuliert. (Es ist das eine jener Wahrheiten, die der Marxismus aufgegriffen und durch Übertreibungen ins Unkenntliche verzerrt hat.)

Diese drei Glaubenssätze – der vom öffentlichen Kampf gegen die Armut, der von der Erziehung für jedermann und der von der Bedürfnissteigerung – haben zu höchst fragwürdigen Entwicklungen geführt.

Der Kampf gegen die Armut hat in manchen Ländern einen Wohlfahrtsstaat hervorgebracht, mit einer ungeheuerlichen Wohlfahrtsbürokratie und einer fast grotesken Bürokratisierung des Ärzte- und Spitalwesens; mit dem selbstverständlichen Resultat, daß nur Bruchteile der Summen, die für das Wohlfahrtswesen ausgegeben werden, denen, die es brauchten, zugute kommen. Aber wenn wir den Wohlfahrtsstaat kritisieren – und wir sollen und müssen ihn kritisieren –, dann dürfen wir nie vergessen, daß er einem höchst menschlichen und bewunderungswerten moralischen Glaubenssatz entspringt und daß eine Gesellschaft, die bereit ist, für den Kampf gegen die Armut schwere materielle Opfer (und sogar überflüssige Opfer) zu bringen, damit bewiesen hat, daß es ihr ernst ist mit diesem moralischen Glaubenssatz. Und eine Gesellschaft, die bereit ist, für ihre moralische Überzeugung solche Opfer zu bringen, hat auch das Recht, ihre Ideen zu verwirklichen. Unsere Kritik des Wohlfahrtsstaates muß daher zeigen, wie diese Ideen *besser* verwirklicht werden könnten.

Die Idee der gleichen Aussichten (equal opportunity) und des gleichen Zuganges zur höheren Bildung hat in manchen Ländern zu ähnlichen bedauernswerten Folgen geführt. Für den unbemittelten Studenten meiner eigenen Generation war der Kampf um das Wissen ein Abenteuer, das schwere Opfer heischte, die dem errungenen Wissen einen einzigartigen Wert gaben. Ich fürchte, daß diese Einstellung im Schwinden begriffen ist. Dem neuen Recht auf Bildung entspricht eine neue Einstellung, die dieses Recht als verbrieft beansprucht; und das, was ohne Opfer als unser Recht beansprucht werden kann, wird wenig geschätzt. Indem die Gesellschaft diesen Studenten das Recht auf Bildung schenkte, stahl sie ihnen ein unersetzliches Erlebnis.

Wie Sie wohl aus meinen Bemerkungen über diese beiden Punkte ersehen, besteht mein Optimismus nicht darin, daß ich alle Lösungen bewundere, die wir gefunden haben; sondern er besteht darin, daß ich die Motive bewundere, die uns dazu bewegen, es mit diesen Lösungen zu versuchen. Diese Motive werden, wie es gegenwärtig Mode ist, selbstverständlich von allen Pessimisten als heuchlerisch und grundsätzlich egoistisch entlarvt. Sie vergessen dabei, daß sogar der moralische Heuchler gerade durch seinen Akt der Heuchelei bezeugt, daß er an die moralische Überlegenheit jener Werte glaubt, die er vorgibt, um ihrer selbst willen zu schätzen. Selbst unsere großen Diktatoren waren gezwungen, zu sprechen, als ob sie an die Freiheit, den Frieden und die Gerechtigkeit glaubten. Ihre Heuchelei war eine unbewußte und ungewollte Anerkennung dieser Werte und ein unbewußtes und ungewolltes Lob der Massen, die an diese Werte glaubten.

Ich komme nun zu meinem dritten Punkt, zur Bedürfnissteigerung. Hier liegt der Schaden wohl klar auf der Hand, da diese Idee einem anderen Freiheitsideal direkt zuwiderläuft – dem griechischen und christlichen Ideal der Bedürfnislosigkeit und der Selbstbefreiung durch die Askese.

So hat die Bedürfnissteigerung zu vielen unerfreulichen Erscheinungen geführt: zum Beispiel zum Ehrgeiz, andere einzuholen und zu überholen, statt die erreichte Lebenshaltung zu genießen; zur Unzufriedenheit statt zur Zufriedenheit.

Hier sollte man aber nicht vergessen, daß wir am Beginn einer neuen Entwicklung stehen und daß wir Zeit brauchen, um zu lernen. Der neue und neuverbreitete wirtschaftliche Massenehrgeiz ist vielleicht moralisch nicht sehr gut, und er ist sicherlich nicht sehr schön; aber er ist schließlich der einzige Weg, die Armut vom einzelnen her zu überwinden. Und damit ist der neue wirtschaftliche Massenehrgeiz auch der hoffnungsvollste Weg zur Überwindung dessen, was am Wohlfahrtsstaat so fragwürdig erscheint: die Bürokratisierung und die Bevormundung des einzelnen. Denn nur der wirtschaftliche Ehrgeiz des einzelnen kann es dazu bringen, daß die Armut so selten wird, daß es schließlich unsinnig erscheinen muß, die Hauptaufgabe des Staates im Kampf gegen die Armut zu sehen. Nur die Realisierung einer hohen Lebenshaltung für die Massen kann das alte Problem der Armut lösen – dadurch eben, daß die Armut zu einer seltenen Erscheinung wird, der dann durch entsprechende Fürsorge abgeholfen wird, ohne daß die damit betraute Bürokratie überhandnehmen kann.

In diesem Licht scheint mir die Leistungsfähigkeit unseres westlichen Wirtschaftssystems von großer Bedeutung zu sein. Wenn es uns nicht gelingt, die Armut zur Seltenheit zu machen, dann kann es uns leicht passieren, daß wir unsere Freiheit an die Bürokratie des Wohlfahrtsstaates verlieren.

Aber ich möchte doch hier einer Ansicht entgegentreten, die man in verschiedener Form immer wieder hört; der Ansicht nämlich, daß die Entscheidung zwischen der westlichen und der östlichen Wirtschaftsform in letzter Linie davon abhängen wird, welche dieser beiden Formen wirtschaftlich überlegen ist. Ich persönlich glaube ja an die wirtschaftliche Überlegenheit einer freien Marktwirtschaft und an die Unterlegenheit der sogenannten Planwirtschaft. Aber ich halte es für ganz falsch, unsere Ablehnung der Tyrannei mit wirtschaftlichen Überlegungen zu begründen oder auch nur zu bestärken. Auch wenn es so wäre, daß die staatliche, zentralistisch geplante Wirtschaft der freien Marktwirtschaft überlegen ist, wäre ich gegen die Planwirtschaft; deshalb nämlich, weil sie die Macht des Staates bis zur Tyrannei vergrößert. Es ist nicht die Unwirtschaftlichkeit des Kommunismus, die wir bekämpfen: Es ist seine Unfreiheit und seine Unmenschlichkeit. Wir sind nicht bereit, unsere Freiheit für ein Linsengericht zu verkaufen – auch nicht für das der höchsten Produktivität und des größten Reichtums, der größten wirtschaftlichen Sicherheit – falls so etwas sich mit Unfreiheit erkaufen ließe.

Ich habe hier mehrere Male das Wort »Masse« gebraucht, insbesondere um darauf hinzuweisen, daß die Bedürfnissteigerung und der wirtschaftliche Ehrgeiz der Massen etwas Neues ist. Es ist mir gerade deshalb wichtig, mich von denen zu distanzieren, die das Wort *»Vermassung«* im Munde führen und unsere Gesellschaftsform als eine Massengesellschaft (mass society) bezeichnen. Das Wort »Vermassung« ist ein beliebtes Schlagwort geworden, ebenso wie das Wort vom »Aufstand der Massen«, das wirklich Massen von Intellektuellen und Halbintellektuellen fasziniert zu haben scheint.

Ich glaube nicht, daß diese Schlagworte auch nur das geringste mit unserer sozialen Wirklichkeit zu tun haben. Unsere Sozialphilosophen haben diese Wirklichkeit falsch gesehen und falsch dargestellt. Sie haben die soziale Wirklichkeit falsch gesehen, weil sie sie durch die Brille der platonisch-marxistischen Sozialtheorie gesehen haben.[1]

Platon war der Theoretiker einer absolutistisch-aristokratischen Regierungsform. Er stellte als *Grundproblem der Staatstheorie* die folgende Frage auf: »*Wer soll herrschen?* Wer soll den Staat regieren? Die vielen, der Mob, die Masse, oder die wenigen, die Auserwählten, die Elite?«

Wenn man die Frage »Wer soll herrschen?« als grundlegend annimmt, dann gibt es offenbar nur eine vernünftige Antwort: nicht die Unwissenden, sondern die Wissenden, die Weisen; nicht der Mob, sondern die wenigen Besten. Das ist Platons Theorie der Herrschaft der Besten – der Aristokratie.

Es ist merkwürdig, daß die großen Gegner dieser platonischen Theorie – die großen Theoretiker der Demokratie, wie zum Beispiel Rousseau – die Fragestellung Platons akzeptierten, statt sie als unzulänglich abzulehnen. Denn es ist ja klar, daß die grundlegende Frage der Staatstheorie eine ganz andere ist, als Platon annahm. Sie ist nicht »Wer soll herrschen?« oder »Wer soll die Macht haben?«, sondern »Wieviel Macht soll der Regierung eingeräumt werden?« oder vielleicht noch genauer: »Wie können wir unsere politischen Einrichtungen so ausbauen, daß auch unfähige und unredliche Machthaber keinen großen Schaden anrichten können?«

Mit anderen Worten, das Fundamentalproblem der Staatstheorie ist das Problem der Zähmung der politischen Macht – der Willkür und des Mißbrauches der Macht – durch Institutionen, durch die die Macht geteilt und kontrolliert wird.

---

1 Zum folgenden vergleiche man meine Bücher *The Poverty of Historicism*, 1957, und *The Open Society and Its Enemies*, 1945, ^{14}1984, deutsch: *Die offene Gesellschaft und ihre Feinde* (1. Band, *Der Zauber Platons*, insbesondere Kapitel 8; 2. Band, *Falsche Propheten: Hegel, Marx und die Folgen)*, Verlag Francke, Bern.

Ich zweifle nicht daran, daß die Demokratie, an die der Westen glaubt, nichts anderes ist als ein Staatswesen, in dem die Macht in diesem Sinn beschränkt und kontrolliert ist. Denn die Demokratie, an die wir glauben, ist kein Staatsideal. Wir wissen sehr wohl, daß vieles geschieht, das nicht geschehen sollte. Wir wissen, daß es kindisch ist, in der Politik Idealen nachzustreben, und jeder halbwegs reife Mensch im Westen weiß: *Alle Politik besteht in der Wahl des kleineren Übels* (wie der Wiener Dichter Karl Kraus einst sagte). Für uns gibt es nur zwei Regierungsformen: solche, die es den Regierten möglich machen, ihre Machthaber ohne Blutvergießen loszuwerden, und solche, die ihnen dies nicht möglich machen oder nur durch Blutvergießen. Die erste dieser Regierungsformen nennen wir gewöhnlich Demokratie, die zweite Tyrannei oder Diktatur. Aber auf den Namen kommt es hier nicht an, sondern nur auf die Sache.

Wir im Westen glauben an die Demokratie nur in diesem nüchternen Sinn – als *eine Staatsform des kleinsten Übels.* So hat sie auch der Mann geschildert, der die Demokratie und den Westen gerettet hat. »Die Demokratie ist die schlechteste aller Regierungsformen«, so sagte einst Winston Churchill, »ausgenommen alle anderen Regierungsformen.«

Platons Frage »Wer soll regieren? Wer soll die Macht haben?« ist also falsch gestellt. Wir glauben an die Demokratie, aber nicht, weil in der Demokratie das Volk herrscht. Weder Sie noch ich herrschen; im Gegenteil, Sie sowohl wie ich, wir werden regiert, und manchmal mehr als uns lieb ist. Wir glauben an die Demokratie als die einzige Regierungsform, die mit politischer Opposition und daher mit der politischen Freiheit verträglich ist.

Leider wurde Platons Problem »Wer soll herrschen?« von den Staatstheoretikern niemals klar abgelehnt. Im Gegenteil, Rousseau stellte dieselbe Frage, antwortete aber, umgekehrt wie Platon: »Der allgemeine Wille [des Volkes] soll herrschen – der Wille der vielen, nicht der der wenigen«; eine gefährliche Antwort, da sie zur Mythologie und Vergöttlichung des »Volkes« und seines »Willens« führt. Und auch Marx fragte, ganz im Sinn Platons: »Wer soll herrschen, die Kapitalisten oder die Proletarier?«; und auch er antwortete: »Die vielen sollen herrschen, nicht die wenigen; die Proletarier, nicht die Kapitalisten.«

Im Gegensatz zu Rousseau und zu Marx sehen wir in dem Mehrheitsentscheid der Abstimmung oder der Wahl nur eine Methode, Entscheidungen ohne Blutvergießen herbeizuführen und mit einem Minimum an Freiheitsbeschränkung. Und wir bestehen darauf, daß die Minoritäten ihre Freiheitsrechte haben, die niemals durch Majoritätsbeschluß beseitigt werden können.

Meine Ausführungen werden es wohl klar gemacht haben, daß die Modewörter »Masse« und »Elite« und die Schlagworte von der »Vermassung« und vom »Aufstand der Massen« Ausdrücke sind, die aus dem Ideenkreis des Platonismus und des Marxismus stammen. Ebenso wie Rousseau und Marx die platonische Antwort einfach umkehrten, ebenso kehren manche Gegner von Marx die marxistische Antwort um. Sie wollen dem »Aufstand der Massen« durch einen »Aufstand der Elite« entgegenwirken, womit sie wieder auf die platonische Antwort und den Herrschaftsanspruch der Elite zurückgeraten. Aber das alles ist eben ganz verfehlt. Gott bewahre uns vor dem Antimarxismus, der den Marxismus einfach umkehrt: Wir kennen ihn gut genug. Sogar der Kommunismus ist nicht schlimmer als die antimarxistische »Elite«, die Italien, Deutschland und Japan beherrschte und die nur durch ein Weltblutbad beseitigt werden konnte.

Aber, so fragen unsere Gebildeten und Halbgebildeten, kann es recht sein, daß meine Stimme nicht mehr gelten soll als die eines ungebildeten Straßenkehrers? Gibt es nicht eine Elite des Geistes, die weiter sieht als die Masse der Ungebildeten und der deshalb ein größerer Einfluß auf die großen politischen Entscheidungen eingeräumt werden sollte?

Die Antwort ist, daß leider die Gebildeten und Halbgebildeten auf alle Fälle einen größeren Einfluß haben. Sie schreiben Bücher und Zeitungen, sie lehren und halten Vorträge, sie sprechen in Diskussionen und können als Mitglieder ihrer politischen Partei ihren Einfluß ausüben. Ich will aber nicht sagen, daß ich es für gut halte, daß der Einfluß der Gebildeten größer ist als der der Straßenkehrer. Denn die Platonische Idee von der Herrschaft der Weisen und Guten ist meiner Meinung nach unbedingt abzulehnen. Wer entscheidet denn über die Weisheit und Unweisheit? Sind nicht die Weisesten und Besten gekreuzigt worden – und von denen, die als weise und gut anerkannt waren?

Sollen wir unsere politischen Institutionen auch noch damit belasten, daß wir die Beurteilung der Weisheit, der Güte, der entsagungsvollen Leistung und der Integrität zu einem politischen Problem machen? Als praktisches politisches Problem ist ja das Problem der Elite ganz hoffnungslos. Die Elite kann praktisch von der Clique nie unterschieden werden.

Aber das Gerede über die »Massen« und die »Elite« enthält kein Fünkchen von Wahrheit, da es ja diese Massen gar nicht gibt. Woran wir alle ganz persönlich leiden, das ist nicht die »Masse Mensch« – es ist die Masse der Automobile und der Motorräder. Aber der Automobilist und der Motorradfahrer ist ja eben kein Massenmensch. Ganz im Gegenteil: Er ist ein unverbesserlicher Individualist, der, man könnte fast sagen, einen Einzelkampf ums Dasein gegen alle führt. Wenn irgendwo, so ist hier das individualistische Bild »homo homini lupus« anwendbar.

Nein, wir leben in keiner Massengesellschaft. Im Gegenteil, nie hat es eine Zeit gegeben, in der so viele bereit waren, Opfer zu bringen und Verantwortungen zu tragen. Nie zuvor hat es so viel freiwilliges und individuelles Heldentum gegeben wie in den unmenschlichen Kriegen unserer Zeit, und nie war der soziale und materielle Ansporn zum Heldentum geringer. Das Grabmal des unbekannten Soldaten, des *unknown soldier*, vor dem sich jedes Jahr der Monarch Englands beugt – das drückt unseren Glauben, den Glauben derer, die im Westen leben, an den einfachen, unbekannten Nebenmenschen aus. Wir fragen nicht, ob er der »Masse« angehörte oder der »Elite«. Er war ein Mensch, nehmt alles nur in allem.

Es ist der Glaube an den Nebenmenschen und der Respekt vor dem Nebenmenschen, der unsere Zeit zur besten aller Zeiten macht, von denen wir Kenntnis haben; ein Glaube, dessen Echtheit durch die Bereitschaft bewiesen wird, Opfer zu tragen. Wir glauben an die Freiheit, weil wir an unsere Nebenmenschen glauben. Wir haben die Sklaverei abgeschafft. Und wir leben in der besten, weil verbesserungsfreudigsten Gesellschaftsordnung, von der wir geschichtlich Kenntnis haben.

Wenn wir von diesem Standpunkt aus zum Osten hinüberblikken, so können wir vielleicht doch noch mit einer versöhnlichen Note schließen. Wohl hat der Kommunismus die Sklaverei wieder eingeführt und die Folter, und das können wir ihm nicht verzeihen.

Aber wir dürfen nicht vergessen, daß das alles geschah, weil der Osten an eine Theorie glaubte, die ihm die Freiheit versprach – die Freiheit für alle Menschen. In diesem bitteren Konflikt dürfen wir nicht vergessen, daß auch dieses ärgste Übel unserer Zeit aus dem Wunsche geboren wurde, anderen zu helfen und für andere Opfer zu bringen.

16. Schöpferische Selbstkritik in Wissenschaft und Kunst

(gestohlen aus Beethovens Skizzenbüchern)

Vor allem möchte ich für die überaus freundliche und ehrenvolle Einladung danken, die Festrede zur Eröffnung der Salzburger Festspiele zu halten. Diese Einladung war eine große Überraschung für mich, aber sie war auch beunruhigend. Seit 1950 lebe ich mit meiner Frau sehr zurückgezogen in den Chiltern Hills, ohne Fernsehapparat, ohne Tageszeitung, ganz absorbiert von meiner Arbeit. Diese Arbeit betrifft hauptsächlich ein sehr abstraktes Gebiet: die menschliche Erkenntnis und insbesondere die wissenschaftliche Erkenntnis. Das befähigt mich wohl kaum dazu, eine Festrede in Salzburg zu halten.

Ich grübelte darüber nach, warum ich wohl eingeladen wurde. Zuerst fragte ich mich, ob man mich nicht mit jemand anderem verwechselt haben könnte. Oder war es vielleicht wegen meiner Liebe zu dieser Stadt, die aus einer Kinderliebe entstand, als ich fünf oder sechs Jahre alt war, also vor über 70 Jahren? Aber davon wußte ja niemand; ebensowenig wie von einem nächtlichen Abenteuer, das sich hier vor mehr als einem halben Jahrhundert abspielte – in eisiger Mitternacht, als ich auf dem Rückweg von einer Schitour unversehens in eine monderhellte Pferdeschwemme rutschte ... So mußten es wohl andere Gründe gewesen sein, die dazu geführt hatten, mich zum Festredner zu bestimmen. Da fiel es mir ein: In einer Beziehung bin ich ziemlich einzigartig – ich bin nämlich ein Optimist: ein Optimist in einer Welt, in der es bei den Intelligenzlern zur herrschenden Mode

Rede zur Eröffnung der Salzburger Festspiele 1979, gehalten am 26. Juli 1979; zuerst veröffentlicht in *Offizielles Programm der Festspiele* 1979, S. 25–31.

geworden ist, Pessimist zu sein. Ich glaube, daß unsere Zeit nicht so schlimm ist, wie man allgemein sagt; daß sie besser und schöner ist als ihr Ruf. Ich habe vor einem Vierteljahrhundert einen Vortrag gehalten, dessen Titel heute noch provokanter klingt als schon damals: »Zur Geschichte unseres Zeitalters: die Ansicht eines Optimisten«. Nun, wenn mich irgend etwas zu einem festlichen Vortrag befähigte, so vielleicht dieser Ruf, ein unbelehrbarer Optimist zu sein.

Erlauben Sie mir ein paar Worte über diesen Optimismus zu sagen, der sich auch auf Dinge bezieht, die mit den Salzburger Festspielen zusammenhängen. Seit vielen Jahren – zumindest seit Adolf Loos und Karl Kraus, die ich beide noch kannte – ist es unseren Intelligenzlern ein strenges Gebot, gegen die sogenannte Kulturindustrie zu wettern, gegen den Kitsch, gegen das Vulgäre. Der Pessimist sieht nur den Niedergang und Untergang, insbesondere in dem, was die Industrie den sogenannten »Massen« als Kultur anbietet. Ein Optimist sieht aber auch die andere Seite: Millionen von Schallplatten und Tonbändern mit den schönsten Werken von Bach, Mozart, Beethoven, Schubert – also den Allergrößten – werden gekauft; und die Zahl der Menschen, die gelernt haben, diese großen Musiker und ihre wunderbare Musik zu lieben und zu verehren, ist unübersehbar geworden.

Natürlich muß ich den Pessimisten zustimmen, wenn sie darauf hinweisen, daß wir durch den Film und durch das Fernsehen unsere Kinder zur Roheit und zur Gewalt erziehen. Und leider gilt Ähnliches auch von der modernen Literatur. Aber, so sage ich als Optimist, es gibt trotz alledem noch viele gute und hilfsbereite Menschen. Und es gibt trotz der manchmal recht überzeugenden Propaganda der Kulturpessimisten noch immer viele lebensfrohe Menschen.

Die Pessimisten verweisen auf die politische Verwahrlosung, auf die Mißachtung von Menschenrechten, die wir alle schon für gesichert hielten. Mit Recht. Aber hat man auch das Recht, das auf die Wissenschaft und ihre Anwendung durch die Technik zurückzuführen? Sicher nicht. Und der Optimist bemerkt, daß Wissenschaft und Technik den meisten Menschen Europas und Amerikas einen bescheidenen Wohlstand gebracht haben und daß das furchtbare Massenelend des vorigen Jahrhunderts in weiten Teilen der Erde so gut wie ausgetilgt ist.

Meine Damen und Herren, ich bin weit davon entfernt, an den

Fortschritt zu glauben oder an ein Gesetz des Fortschritts. Es gibt in der Geschichte der Menschheit ein Auf und Ab, und Höhepunkte des Reichtums können sehr wohl gleichzeitig mit Höhepunkten der Verworfenheit auftreten oder Höhepunkte der Kunst mit Tiefpunkten der Hilfsbereitschaft. Ich habe schon vor mehr als vierzig Jahren einiges gegen den Fortschrittsglauben geschrieben und gegen den Einfluß von Moden und Modernität in Kunst und Wissenschaft. Noch gestern wurden wir aufgerufen, an die Idee der Modernität und des Fortschritts zu glauben, und heute will man uns den Kulturpessimismus einimpfen. Ich habe in einem langen Leben – das möchte ich gegen die Pessimisten sagen – nicht nur Rückschritte, sondern auch sehr deutliche und weithin spürbare Fortschritte gesehen. Die Kulturkritiker, die nichts Gutes an unserem Zeitalter und an unserer Gesellschaft lassen wollen, sind hierfür blind, und sie machen andere blind. Ich glaube, daß es schädlich ist, wenn führende und bewunderte Intelligenzler den Menschen dauernd erzählen, daß sie eigentlich in einer Hölle leben. Denn so macht man die Menschen nicht nur unzufrieden – das wäre ja nicht so schlimm – sondern man macht sie unglücklich. Man nimmt ihnen die Lebensfreude. Wie endete sogar der persönlich so tiefunglückliche Beethoven sein Lebenswerk? Mit Schillers Hymne *An die Freude!*

Beethoven lebte in einem Zeitalter der enttäuschten Hoffnungen auf Freiheit. Die Französische Revolution war in Terror untergegangen und im Kaiserreich Napoleons. Metternichs Restauration unterdrückte die Idee der Demokratie und verschärfte die Klassengegensätze. Das Elend der Massen war groß. Beethovens Hymnus an die Freude ist ein leidenschaftlicher Protest gegen die Klassengegensätze, durch die die Menschheit geteilt ist; »streng geteilt«, wie Schiller sagt. Beethoven ändert diese Worte an einer Stelle für einen Aufschrei des Chors und schreibt: »frech geteilt«. Aber er kennt keinen Klassenhaß – nur Menschenliebe und Brüderlichkeit. Und fast alle Werke Beethovens enden entweder tröstlich, wie die *Missa solemnis,* oder jubelnd, wie die Symphonien und *Fidelio.*

Viele unserer zeitgenössischen produktiven Künstler sind Opfer der kulturpessimistischen Propaganda geworden. Sie glauben, daß es ihre Aufgabe ist, das, was sie für eine gräßliche Zeit halten, auch gräßlich darzustellen. Es ist wahr, daß auch große Künstler der Vergangenheit gerade das getan haben. Ich denke an Goya oder an

Käthe Kollwitz. Kritik an der Gesellschaft ist nötig und soll erschüttern. Aber der tiefere Sinn solcher Kunst soll nicht das Jammern sein, sondern es soll ein Ruf sein, das Leid zu überwinden. Das finden wir im *Figaro,* der eine überschäumende Kritik seiner Zeit ist, voll von Scherz, Satire, Ironie; aber auch voll von tieferer Bedeutung. Auch voll von Ernst und sogar von Trauer; aber auch voll von Freude und übersprudelnder Lebenskraft.

Meine Damen und Herren, ich habe schon zu lange über meinen Optimismus gesprochen, und es ist höchste Zeit, daß ich zu meinem angesagten Thema komme, das da heißt:

Schöpferische Selbstkritik in Wissenschaft und Kunst.

Dieses Thema ist mit meinen einleitenden Worten eng verbunden: Ich möchte, wenn auch sehr kurz, über einige Ähnlichkeiten und Verschiedenheiten in der schöpferischen Arbeit der großen Naturwissenschaftler und der großen Künstler sprechen, zum Teil um die gerade heute wieder höchst aktive, gegen die Naturwissenschaften gerichtete Propaganda der Kulturpessimisten zu bekämpfen.

Die großen Künstler haben immer vor allem an das Werk gedacht. Das ist der Sinn der Formel »Art for art's sake«, also »die Kunst um der Kunst willen«. Das heißt aber, um des Werkes willen. Und dasselbe gilt für die großen Naturforscher. Es ist falsch, wenn man sagt, daß die Naturwissenschaft durch ihre Anwendungen bestimmt wird. Weder Planck noch Einstein, weder Rutherford noch Bohr dachten an praktische Anwendungen der Atomtheorie. Im Gegenteil, bis zum Jahre 1939 hielten sie solche Anwendungen für unmöglich, für Science-fiction. Sie waren Forscher um der Forschung willen. Sie waren Physiker, richtiger vielleicht Kosmologen, denn sie waren von einem Wunsch beseelt, den Faust in den Worten ausspricht:

> Daß ich erkenne, was die Welt
> Im Innersten zusammenhält.

Das ist ein alter Traum der Menschheit, ein Traum der Dichter ebenso wie der Denker. Kosmologische Spekulationen finden sich in allen alten Kulturen. Sie finden sich in Homers *Ilias* (8, 13–16) und in Hesiods *Theogonie* (720–725).

Es gibt noch immer einige Naturwissenschaftler und natürlich auch viele Laien, die glauben, daß die Naturwissenschaften Tatsachen zusammentragen – vielleicht, um sie erst induktiv und dann auch industriell auszuwerten. Ich sehe die Wissenschaft ganz anders. Ihr Anfang ist im dichterischen Mythos zu suchen, in der menschlichen Phantasie, die versucht, uns selbst und die Welt zu erklären. Aus dem Mythos entwickelt sich die Wissenschaft durch die rationale Kritik; das heißt, durch eine Kritik, die von der Idee der Wahrheit und der Wahrheitssuche inspiriert ist. Die Grundfragen dieser Kritik sind: Kann das wahr sein? Und ist es wahr?

Ich komme damit zur ersten These meiner Festrede: Dichtung und Wissenschaft haben denselben Ursprung, den Ursprung im Mythos.

Die zweite These ist folgende. Wir können zwei Arten von Kritik unterscheiden; eine ästhetisch-literarisch orientierte Kritik und eine rational orientierte Kritik. Die erste führt vom Mythos zur Dichtung, die zweite führt vom Mythos zur Wissenschaft oder, genauer, zur Naturwissenschaft. Die erste fragt nach der Schönheit der Sprache, nach der Energie des Rhythmus, nach der Leuchtkraft und Plastik der Bilder, der Metapher, nach der dramatischen Spannung und nach der Überzeugungskraft. Diese Art der kritischen Beurteilung führt zur Dichtung, vor allem zur epischen und dramatischen Dichtung, zum dichterischen Gesang und schließlich auch zur klassischen Musik.

Im Gegensatz dazu fragt die rationale Kritik am Mythos, ob der mythische Bericht wahr ist; ob die Welt wirklich so entstanden ist oder ob sie so entstanden sein könnte, wie uns Hesiod erzählt oder die Genesis. Und unter dem Druck solcher Fragen wandelt sich der Mythos zur Kosmologie, zur Wissenschaft von der Welt, von unserer Umwelt, zur Naturwissenschaft.

Es ist meine dritte These, daß von diesem gemeinsamen Ursprung der Dichtung und der Musik einerseits und der Kosmologie, der Naturwissenschaft andererseits noch viel übriggeblieben ist. Ich behaupte nicht, daß alle Dichtung mythisch ist oder daß alle Wissenschaft nur Kosmologie ist. Aber ich behaupte, daß in der Dichtung – man denke nur an Hofmannsthals *Jedermann* – sowie auch in der Wissenschaft die Mythenbildung noch immer eine unerwartet große Rolle spielt. Mythen sind naive, von der Phantasie inspirierte Versuche, uns selbst und unsere Welt zu erklären. Nicht nur ein Großteil der Dichtung, sondern auch ein Großteil der Wissenschaft kann noch immer als ein solcher naiver, von der Phantasie inspirierter Versuch der Welterklärung beschrieben werden.

Dichtung und Wissenschaft – und daher auch die Musik – sind also blutsverwandt. Sie stammen aus dem Versuch, unseren Ursprung und unser Schicksal und den Ursprung und das Schicksal der Welt zu deuten.

Diese drei Thesen kann man als historische Hypothesen bezeichnen, obwohl für die griechische Dichtung, insbesondere für die Tragödie, die Abstammung vom Mythos kaum zweifelhaft ist. Für die Forschungen über die Anfänge der griechischen Naturphilosophie haben sich die drei Hypothesen gut bewährt. Und unsere westliche Naturwissenschaft wie auch unsere westliche Kunst sind beide die Wiedergeburt – die Renaissance – ihrer griechischen Vorläufer. Obwohl also Kunst und Wissenschaft aus einem gemeinsamen Ursprung stammen, gibt es natürlich wesentliche Unterschiede.

In der Wissenschaft gibt es Fortschritt. Das hängt damit zusammen, daß die Wissenschaft ein Ziel hat. Wissenschaft ist Wahrheitssuche, und ihr Ziel ist die Annäherung an die Wahrheit. Auch in der Kunst gibt es manchmal Ziele, und insofern dasselbe Ziel für einige Zeit verfolgt wird, kann man wohl manchmal auch von einem Fortschritt in der Kunst sprechen. So war für lange Zeit die Nachahmung der Natur ein Ziel der Malerei und der Bildhauerei; wenn auch sicher nie das einzige Ziel. Und relativ zu diesem Ziel kann man wohl von einem Fortschritt sprechen, wie zum Beispiel in der Behandlung von Licht und Schatten. Auch die Perspektive gehört hierher. Aber Ziele wie diese waren nie die einzigen Triebkräfte in der Kunst. Und die großen Kunstwerke wirken auf uns oft ganz unabhängig von der Beherrschung solcher dem Fortschritt unterliegender Mittel durch den Künstler.

Daß es in der Kunst keinen allgemeinen Fortschritt gibt, wurde oft gesehen und oft betont. Vom Primitivismus wurde es vielleicht sogar überbetont. Worin es aber sicher einen Fortschritt geben kann – und natürlich auch einen Niedergang –, das ist die Schaffenskraft des einzelnen Künstlers.

Jeder Künstler hat seine Lehrzeit, sogar ein unfaßbares Genie wie Mozart. Jeder Künstler, oder fast jeder Künstler, hat seinen Lehrer; und jeder große Künstler lernt aus seinen Erfahrungen, aus seiner Arbeit. Oscar Wilde, ein großer Dichter und hier in Salzburg nicht unbekannt, sagt: »Erfahrung: das ist der Name, den wir den Fehlern geben, die wir gemacht haben.« Und John Archibald Wheeler, ein großer

Physiker und Kosmologe, schreibt: »Es ist unsere Aufgabe, unsere Fehler so schnell zu machen wie nur möglich.« Ich möchte noch hinzusetzen: Es ist unsere Aufgabe, unsere Fehler womöglich selbst zu entdecken und von ihnen selbst zu lernen. Sogar bei Mozart gibt es radikale Umarbeitungen und Verbesserungen, zum Beispiel von seinem ersten Streichquintett in B-Dur, einem Jugendwerk. Aber Mozarts größte Werke sind im letzten Jahrzehnt seines kurzen Lebens entstanden, von etwa 1780 bis zu seinem Tod im Jahre 1791, also etwa zwischen seinem 24. und seinem 35. Lebensjahr. Das zeigt wohl, daß er durch Selbstkritik gelernt hat, und zwar erstaunlich schnell. Es bleibt unfaßbar, daß er die *Entführung* mit 25 oder 26 Jahren schrieb und den *Figaro* mit 30 Jahren – Werke von einem nie ausschöpfbaren Reichtum.

Was mich aber zu dem Titel meines Festvortrages anregte, dem Titel »Schöpferische Selbstkritik in Wissenschaft und Kunst«, das war das Werk Beethovens; oder genauer, eine Ausstellung von Beethovens Skizzenbüchern, die ich vor vielen Jahren besuchte. Sie war von der Gesellschaft der Musikfreunde in Wien veranstaltet.

Beethovens Skizzenbücher sind Dokumente der Selbstkritik; des unentwegten Abwägens und oft des geradezu unbarmherzigen Verbesserns. Diese Haltung, die Haltung der rücksichtslosen Selbstkritik, macht die erstaunliche persönliche Entwicklung Beethovens von seinen Anfängen, die von Haydn und Mozart beeinflußt waren, bis zu seinen letzten Werken vielleicht sogar verständlich.

Es gibt Künstler und Schriftsteller von sehr verschiedener Art. Manche scheinen fast nie mit der Methode der Fehlerkorrektur zu arbeiten. Sie sind, wie es scheint, imstande, auch ein vollkommenes Werk ohne Vorversuche zu schaffen, unmittelbar in seiner Vollkommenheit. Unter den Philosophen war Bertrand Russell ein solches Genie. Er schrieb das schönste Englisch; und in seinen Handschriften war vielleicht auf drei oder vier Seiten ein einziges Wort geändert. Andere arbeiten in einer ganz verschiedenen Weise. Ihre Methode des Schreibens ist die des Versuchs und der Irrtumsberichtigung, die Methode der Fehlerkorrektur.

Es scheint, daß Mozart, obwohl er manches umgearbeitet hat, eher zu ersten Gruppe der schöpferischen Menschen gehörte. Aber Beethoven gehörte sicher zur zweiten Gruppe, zu denen, die mit vielen Korrekturen arbeiten.

Es ist interessant, sich darüber Gedanken zu machen, wie jene Künstler vorgehen, die zu dieser zweiten Gruppe gehören. Ich möchte betonen, daß alles, was ich darüber sagen werde, spekulativ ist, aus Vermutungen besteht. Ich vermute also, daß diese Künstler mit einem Problem, mit einer Aufgabe beginnen; zum Beispiel mit der Aufgabe, ein Violinkonzert zu schreiben oder eine Messe oder eine Oper. Zur Aufgabe gehört, so vermute ich, eine Vorstellung vom Umfang des Werkes, von seinem Charakter und von seiner Struktur – von der Sonatenform zum Beispiel – und vielleicht auch von einigen der zu verwendenden Themen. Vielleicht liegt der Plan auch weit ausführlicher vor, insbesondere im Falle einer Messe oder einer Oper.

Aber wenn es dann zur Ausführung kommt, wenn die Arbeit der Verwirklichung kommt und die der Niederschrift, dann ändert sich, für den Künstler, mit der Fehlerkorrektur auch sein Plan. Der Plan wird mehr konkret, mehr bildhaft. Jede Stelle wird danach beurteilt, ob sie dem mehr und mehr deutlich werdenden Idealbild entspricht. Und umgekehrt: Das Idealbild wird durch die Arbeit an der Ausführung dauernd korrigiert. Es gibt hier eine mehrfache Rückwirkung, ein Geben und Nehmen zwischen dem Plan, dem immer deutlicher werdenden Idealbild, und der im Werden begriffenen Ausführung, und vor allem auch der Fehlerkorrektur.

Man sieht es wohl am deutlichsten bei einem Maler, der an einem Porträt arbeitet, der also versucht, ein Naturobjekt auf eine gewisse, teilweise vorbestimmte Weise zu erfassen. Er entwirft, er skizziert, er korrigiert. Er setzt hier einen Farbfleck auf, und er tritt zurück, um die Wirkung zu prüfen. Aber die Wirkung des aufgesetzten Farbfleckes hängt stark vom ganzen Zusammenhang ab, von allem, das bereits existiert; und überdies hat der neue Farbfleck wieder seine Rückwirkung auf das Ganze; alles ändert sich durch ihn, alles wird anders – besser oder schlechter. Und mit der Rückwirkung auf das ganze Bild ändert sich auch das nie ganz festgelegte Idealbild; also das Ziel, das dem Künstler vorschwebt. Und in dem besonderen Fall des Porträtisten ändert sich auch die erstrebte Ähnlichkeit mit dem Objekt und jene Auffassung des Objekts, die der Maler zu verwirklichen sucht.

Das wichtige hier ist, daß das Malen, also ein Verwirklichungsversuch, der Korrektur selbstverständlich vorangehen muß. Andrerseits muß aber eine Idee, ein Idealbild da sein, mit dem die vorhandene

Ausführung verglichen werden kann, da der Vergleich erst die Korrektur ermöglicht. Wenn, wie im besonderen Fall des Porträtisten, ein Objekt vorliegt, das abgebildet werden soll, so dürfte das wohl das Problem erleichtern. Ähnlich dürfte es in der Musik die Korrektur erleichtern, wenn ein zu komponierender Text vorliegt. In jedem Fall läuft die Fehlerkorrektur auf einen Vergleich hinaus, auf einen Vergleich zwischen dem Erreichten und dem Erstrebten, dem Idealbild des Werkes, das sich dauernd unter dem Eindruck der Arbeit ändert. Das werdende Werk an sich greift so immer wichtiger und bedeutungsvoller in die schöpferische Arbeit ein. So kann es bei einem großen Werk dazu kommen, daß der Künstler, der es schrieb, es kaum mehr als sein eigenes Werk erkennt. Es ist größer, als er es sich dachte. Das ist mit Haydns *Schöpfung* geschehen und, in einer ganz anderen Weise, mit der von Schubert selbst aufgegebenen *Unvollendeten Symphonie*.

Ich wende mich nun abschließend dem Vergleich mit den Naturwissenschaften zu, die von den Kulturpessimisten weit mehr verlästert als verstanden werden. Hier ist das Werk die Hypothese, die Theorie; und das Ziel der Tätigkeit ist die Wahrheit oder die Annäherung an die Wahrheit und die Erklärungskraft. Dieses Ziel ist weitgehend konstant, und das erklärt, warum es einen Fortschritt gibt; es ist ein Fortschritt zu immer besseren Theorien, der über Jahrhunderte hin anhalten kann. Während in der Kunst die wichtigste Kritik die schöpferische Selbstkritik des Künstlers ist, ist die Kritik in der Wissenschaft nicht nur die Selbstkritik, sondern auch dic Kritik durch Gemeinschaftsarbeit: Wenn ein Naturwissenschaftler einen Fehler übersieht oder ihn – was glücklicherweise recht selten vorkommt – zu verdecken sucht, so wird dieser Fehler fast immer mit der Zeit von anderen Forschern gefunden werden. Denn das ist eben die Methode der Wissenschaft: die Selbstkritik und die gegenseitige Kritik. Diese Kritik mißt die Theorie an ihren Leistungen in der Suche nach Wahrheit. Das macht sie zur rationalen Kritik.

So hat das Werk des schöpferischen Forschers, die Theorie, viel mit dem Kunstwerk gemein; und die schöpferische Arbeit des Forschers ähnelt der des Künstlers – zumindest des Künstlers jener Gruppe, zu der Beethoven gehört; der Gruppe, die mit einer kühnen Konzeption beginnt und die ihr Werk durch Korrektur der Konzeption zu ungeahnten Höhen erheben kann; so daß sich aus der schönen *Chorphantasie* der unbeschreibliche Hymnus *An die Freude* entwickelt.

In der Wissenschaft entspricht dem großen Künstler der große Theoretiker, und dieser läßt sich, ähnlich wie der Künstler, von seiner Phantasie, von seiner Intuition, von seinem Formgefühl leiten. So sagte Einstein von der Atomtheorie, die Niels Bohr im Jahre 1913 aufstellte – einer bahnbrechenden Theorie, die aber bald darauf verbessert wurde –, daß sie ein Werk von »größter Musikalität« sei. Aber im Gegensatz zu einem großen Kunstwerk bleibt die große Theorie verbesserungsfähig.

Das weiß der Forscher; und er weiß auch, daß seine Phantasie, seine Intuition und sogar sein Formgefühl ihn viel öfter in die Irre führen als zum Ziele: zu einer besseren Annäherung an die Wahrheit. Daher ist in der Wissenschaft die dauernde kritische Überprüfung nicht nur durch den Urheber unerläßlich, sondern auch durch andere Forscher. In der Wissenschaft gibt es kein großes Werk, das *nur* auf Inspiration und Formgefühl beruht.

Meine Damen und Herren! Ich will mit einem Zitat schließen, das von einem der größten Wissenschaftler aller Zeiten stammt, von Johannes Kepler, dem großen Kosmologen und Astronomen, der im Jahre 1630 starb, also im zwölften Jahre des Dreißigjährigen Krieges. In dem Zitat geht Kepler von seiner Theorie der Bewegung der Himmelskörper aus, die er mit der Musik vergleicht, vor allem mit der himmlischen, der göttlichen Sphärenmusik. Aber, fast ohne daß er es will, schließt Kepler mit einem Hohelied an die von Menschen erschaffene Musik, an die damals noch recht neu entdeckte Vielstimmigkeit. Kepler schreibt:[1]

> So sind die Bewegungen der Himmelskörper ein ewiges Konzert: ein Konzert, besser vernehmbar durch die Vernunft als durch das Gehör oder die Stimme. Denn die Himmelskörper bewegen sich in Spannungen und Dissonanzen, ähnlich den Synkopen und Vorhalten mit ihren Auflösungen, durch die die Musiker die Dissonanzen der Natur nachahmen. Denn die Himmelskörper erreichen mit Sicherheit ihre vorbe-

1 Vom Autor übersetzt aus Keplers lateinischem Text, *Harmonices Mundi*, Lincii Austriae, 1619, S. 212.

stimmten Kadenzen, von denen jede aus sechs Planeten besteht, ganz wie ein sechsstimmiger Akkord. Und mit ihren Bewegungen artikulieren und rhythmisieren sie die Unermeßlichkeit der Zeit. Denn es gibt kein Wunder, das größer ist und erhabener als jene Gesetze, nach denen man mit mehreren Stimmen in Harmonien singt; Gesetze, die der Antike unbekannt waren, die aber nun endlich entdeckt wurden, vom Menschen, dem Nachahmer seines Schöpfers. So kann der Mensch, in einer kurzen Stunde, durch den kunstvollen Zusammenklang vieler Stimmen, eine Vision der Ewigkeit der Welt hervorzaubern; und so erreicht er im süßesten Gefühl des Glücks und der Freude über die Musik – das Echo Gottes – nahezu jene Befriedigung, wie sie Gott selbst, der Schöpfer, in seinen eigenen Werken findet.

Register der Namen, Institutionen etc.

Sachregister